독일사의 이해를 넓히기 위한

독일 역사 산책

독일사의 이해를 넓히기 위한

독일 역사 산책

정선영

들어가는 말

필자는 청소년 시절에 우연히 '젊은 베르테르의 슬픔'을 구해서 읽게 되었다. 독일 낭만주의의 대표 작품을 읽기에는 아직 이른 나이였지만, 한창 문학 소년의 꿈을 키우고 있었던 필자에게 '젊은 베르테르의 슬픔'은 엄청난 감동과 충격을 안겨주었다. 롯데가 건네준 권총으로 자살한 베르테르가 너무 애처로워 나는 며칠간 눈물을 줄줄 흘릴 정도였다. 그 후부터 필자는 괴테에 대해 관심을 갖고 괴테의 전기를 읽게 되었으며, 괴테의 작품들을 쉽게 요약한 책들을 찾아서 읽게 되었다. 그리고 평생 괴테 탐구자 중의 한 사람이 되었다. 괴테와 함께 필자가 좋아했던 독일 문학가는 헤르만 헤세였다. 다른 문학 소년들처럼 필자도 헤르만 헤세의 시를 낭송했으며, 그의 소설인 '데미안', '수레바퀴아래서', '지성과 사랑'을 읽으며, 젊음의 고민과 방황이 인생에 던져주는 의미가 무엇인지를 배웠다.

청소년 시절에 필자는 또 베토벤 음악을 만났다. 마침 필자가 사는 곳의 옆집에 어떤 대학생이 살고 있었는데, 저녁만 되면 온 동네가 떠들썩하게 웅장한 음악을 축음기로 틀어놓곤 했다. 필자는 그 웅장한 음악이 다름 아닌 베토벤의 음악인 것을 나중에 알게 되었으며, 어느덧 그 음악에 심취하게 되었다. 그 다음부터 필자는 라디오에서 흘러나오는 클래식 음악을 통해 베토벤에 빠져들게 되었다. 특히 베토벤의 바이올린 협주곡, 피아노 협주곡 제5번 '황제', 교향곡 제5번 '운명'과 제6번 '전원' 등을 들으며, 이러한 위대한 작곡가를 낳은 독일에 대해 더 많은 동경심을 갖게 되었다.

대학에 들어가서 필자는 한국사나 동양사보다 서양사에 더 많은 관심을 갖고 공부했는데, 그것은 아마도 청소년 시절부터 이어온 독일 및 독일사에 대한 관심의 연장 때문이 아닌가 생각된다. 특히 당시에 이름난 서양사학자였던 김성근 교수님의 서양사개론과 독일사 전공의 소장학자였던 이민호 교수님의 독일사특강은 서양사 내지 독일사에 대한 관심을 증폭시키는 역할을 하기에 충분했다.

그러나 대학교 때 필자가 접하게 된 독일은 중고등학교 때 만났던 낭만적이고 문학적인 독일이 아니었다. 필자는 대학에 들어가서야 제2차 세계대전의 비극성, 특히 홀로코스트(Holocaust)에 대해 자세하게 알게 되었으며, 그 중심에 독일이 자리잡고 있음을 깨닫게 되었다. 그 때 서양사, 특히 독일사에 대해 관심을 가진 역사학도에게 가장 어필되는 독일 및 독일어권 역사가로는 랑케(Leopold von Ranke)와 부르크하르트(Jacob Christoph Burckhardt), 그리고 마이네케(Friedrich Meinecke)가 있었다. 특히 마이네케는 '독일의 비극'을 써서 독일을 제2차 세계대전을 일으킨 전범국가로 만든 근본적인 원인을 규명하려고 했다. 그때부터 독일에 대한 필자의 관심 중 가장 큰 부분을 차지한 것은 괴테와 실러, 그리고 칸트와 베토벤의 나라 독일이 어떻게 해서 인류 최대의 전범국가가 되었는가 하는 점이었다. 특히 히틀러는 그렇다고 하더라도 그렇게 위대한 문화를 탄생시킨 독일 국민이 어떻게 해서 히틀러 같은 광인에 이끌려 전쟁에 뛰어들고, 유대인을 학살하는 일에 동참했는지 도저히 이해가 되지 않았다. 따라서 독일에 대한 관심은 독일에 대한 동경심과 독일에 대한 의혹이 기묘하게 중첩되어 그 폭을 넓히게 되었다.

필자가 대학에서 오랫동안 문화사와 서양근대사를 가르치면서도 항상 뇌리에서 떠나지 않았던 주제가 있다면 바로 독일의 비극성 문제였다. 다시 말해서 독일이 어떻게 해서 제1차 세계대전과 제2차 세계대전에서 연달아 전범국가의 오명을 뒤집어쓰게 되었는가 하는 점이었다. 그러다보니 19세기 독일의 민족주의 문제에 관심을 갖게 되었고, 특히 자유주의적 민족주의가 국수주의적 민족주의로 변하는 과정에 많은 관심을 갖게 되었다. 그러나 독일사 전공자가 아니었기 때문에 필자가 가르치는 독일사의 지식은 한계를 지닐 수 밖에 없었다.

그러다 필자는 대학에서 퇴임을 하게 되었으며, 평생 처음으로 생긴 시간의 여유로 인해 그 동안 읽고 싶었던 독일과 관련된 책들을 보다 집중해서 읽게 되었다. 무엇보다 필자는 괴테, 실러, 헤르만 헤세, 토마스 만 등의 문학 서적과 헤겔, 니체 등의 철학 서적 등을 다시 읽었다. 그리고 독일사 관련 책들과 제1, 2차 세계대전 관련 책들, 그리고 히틀러와 홀로코스트 관련 책들을 집중해서 읽게 되었다.

이러한 가운데 유럽에 거주하던 딸의 가족 덕분에 필자가 평소에 가고 싶었던 독일의 몇몇 도시를 집중적으로 들러 볼 수 있는 기회도 갖게 되었다. 여행하면서 필자는 불현듯 필자가 오랫동안 관심을 가졌던 독일의 역사에 대해 여러 사람, 특히 제자들과 함께 가볍게 공유하고 싶다는 생각을 갖게 되었다. 독일사를 본격적으로 연구한 전공자는 아니지만, 역사학도의 한 사람으로 필자가 느끼고 공부한 독일사의 지식을 가까운 사람들에게 전하고 싶다는 소박한 마음, 그것이 바로 이 책을 쓰게된 동기이다. 이 책의 제목을 '독일사의 이해를 넓히기 위한 독일의 역사 산책'이라고 정한 이유는 바로 그 때문이다.

차례

7장 독일 도시의 역사 산책 / 287

1장

독일의 고대 및 중세 역사 산책

1. 게르만족과 독일의 관계

로마제국과 게르만족

고대 로마 사람들은 라인강 동쪽, 즉 지금의 독일 지역을 게르마니아(Germania)라고 불렀고, 그 곳에 사는 사람들을 게르만족이라고 불렀다. '게르마니아'란 이름은 본래 라인강 서쪽의 갈리아(Gallia), 즉 지금의 프랑스 지역에 살던 사람들이 라인강 동쪽에 살던 사람들을 게르마니아라고 부른 데서 유래한다. 갈리아를 정복한 카이사르(Gaius Julius Caesar)나 '게르마니아'라는 역사책을 쓴 타키투스(Publius Cornelius Tacitus)도 이 명칭을 그대로 사용함으로써 게르마니아, 혹은 게르만족은 보편적인 지역명이나 종족명으로 굳어지게 되었다.

게르만족의 원주지는 스칸디나비아 반도 남부와 덴마크, 그리고 발트 해 남쪽 연안지대, 즉 지금의 독일 북부지역이었다. 이들은 따뜻한 지방을 찾아서 남쪽으로 이동을 시작하여, 카이사르가 활동하던 기원전 1세기경에는 라인 강 지역까지 내려왔으며, 얼마 후에는 다뉴브강에까지 도달함으로써 현재의 중앙유럽과 동유럽에 걸친 광범한 지역에 분포하게 되었다.

카이사르가 죽고 아우구스투스(Augustus) 황제가 활동하던 기원전 1세기에 로마제국의 국경선은 라인강과 다뉴브강이었다. 카이사르가 일시적으로 라인강을 넘어 게르마니아로 진격한 적이 있었지만, 갈리아와 브리타니아(Britannia)를 정복한 카이사르도 라인 강을 넘어 게르마니아를 정복하는 일은 망설였다. 그는 자기가 정복한 갈리아를 침략한 게르만족의 부족을 응징하기 위하여 라인 강에다 부교를 가설하고 게르마니아로 진격한 일은 몇 번 있었지만, 응징이 어느 정도 성과를 거둔 후에는 즉시 철군하고 부교도 철거시켰다.

그러나 아우구스투스 황제는 자기의 양아버지인 카이사르의 교훈을 무시하고 본격적인 게르마니아 정복에 나섰다. 그의 목표는 라인 강보다 훨씬 동쪽에 있는 엘베 강으로 로마제국의 국경선을 확장하려는 데 있었다. 이러한 정복사업은 어느 정도 효과를 거두어 게르마니아의 대부분이 로마제국의 통치아래 들어오게 되었다고 그는 자랑하기도 했다. 그러나 그 때 뜻하지 않은 비보가 날아들었다. 서기 9년에 바루스(P.Q. Varus) 장군이 지휘하는 로마의 정예부대 3개 군단과 보조병 등 모두 3만 5천명이나 되는 로마군이 게르마니아 중부에 있는 토이토부르크(Teutoburg) 숲 한가운데서 헤르만(Hermann)[1]이 이끄는 게르만족 전사들의 매복 작전에 걸려 전원 몰사를 당하는 참사가 일어났던 것이다.

토이토부르크 숲에 있는 헤르만 동상

토이토부르크 숲은 독일 중북부 노르트라인베스트팔렌주에 있는 데드몰트시에서 5킬로미터 정도 떨어진 숲으로 지금은 많은 부분이 마을과 평지로 변했지만, 당시만 해도 침엽수와 너도밤나무, 참나무가 무성한 전형적인 독일 숲이었다. 거대한 토이토부르크 숲은 키가 큰 나무들이 무성하게 우거져 대낮에도 어둡고 무서운 숲인데, 로마군은 헤르만의 모략에 속아서 길고 좁은 숲길을 일렬로 행진하다 숲 속에 매복하고 있던 게르만족 전사들의 공격에 속수무책으로 당했던 것이다. 결국 이 무서운 숲에서 벌어진 3일 간의 혈전 끝에 로마제국의 정예부대 3개 군단은 헤르만이 이끄는 게르만족 전사들에 의해 전멸을 당하고 말았다.[2)]

아우구스투스 황제는 너무 큰 충격에 빠진 나머지 며칠 동안 통곡하며, "바루스여, 내 군단을 돌려다오"라고 절규했다고 한다. 이후 아우구스투스 황제는 게르마니아로부터 로마군단을 완전히 철수했다. 그리고는 라인 강과 다뉴브 강을 국경선으로 삼아 게르만족이 이 두 개의 강을 넘어 침입하는 것을 막는 데 치중하는 소극적인 방어 전략으로 급선회했다.

게르만족의 침입을 저지하는 문제는 모든 로마황제의 큰 골칫거리였다. '글래디에이터(Gladiator)'란 영화를 보면, 첫 장면부터 막시무스(Maximus) 장군이 이끄는 로마군단이 게르만족 군대와 어두운 숲 속에서 처절한 접전을 벌이는 장면이 나온다. 이것은 그 영화의 배경인 2세기말 마르쿠스 아우렐리우스(Marcus Aurelius) 황제 시대에 로마군단과 게르만족의 전투가 얼마나 치열하게 전개되었는지를 말해주는 좋은 사례라고 할 수 있다. 로마의 황제들은 게르만족의 침입을 막기 위하여 라인 강과 다뉴브 강 주변에다 철통같은 방어망을 구축했다. 라인강을 따라 구축된 요새지 가운데는 후일에 큰 도시로 발전한 요새지들이 있는데, 뒤셀도르프, 쾰른, 코블렌츠, 마인츠, 만하임

등의 도시가 바로 그것이다.

3세기를 지나 4세기에 접어들면 로마군단과 게르만족 사이에 더 치열한 전투가 끊임없이 계속되었다. 서기 378년 8월 9일에는 아드리아노플(Adrianople, 지금 터키의 에디르네)에서 게르만의 일파인 고트족과 전투를 벌이다가 로마제국의 발렌티니아누스(Valentinianus) 황제가 전사하는 일도 있었다. 그러나 말기에 이를수록 심각한 군사력의 약화에 시달려야 했던 로마제국은 방침을 바꾸어서 로마제국 영내로 들어온 게르만족을 동화시키는 정책을 폈으며, 그 일부는 로마군단의 용병으로 편입시켰다. 그러다 보니 게르만족 출신 용병들의 영향력이 커지면서 476년에 로마제국은 결국 게르만의 용병대장인 오도아케르(Odoacer)에 의해 멸망하게 되었다.

게르만족의 대이동

무엇보다 게르만족의 무서운 힘을 세상에 널리 알린 사건은 게르만족의 대이동이었다. 375년 아시아 계통의 훈족이 흑해 연안에 살고 있던 게르만의 일파인 동고트족을 압박하면서 게르만족의 대이동이 시작되었다. 동고트족의 이동에 자극을 받은 게르만의 여러 부족들은 서로 경쟁하듯이 유럽과 아프리카 각지로 물밀듯이 이동하기 시작하였던 것이다.

먼저 이동한 동고트족은 이탈리아에 침입하여 동고트왕국을 걸설하였다. 그리고 다뉴브강 하류에 살고 있던 서고트족은 410년에 로마에 들어가 로마를 약탈한 후 스페인으로 가서 서고트 왕국을 건설하였다. 또, 오스트리아와 헝가리 부근에 살고 있던 반달족은 멀리 스페인을 거쳐 북아프리카로 진출한 후 그곳에다 반달왕국을 세웠다. 한편, 서부 게르만에 속하는 프랑크족은 유럽의 서북부에 살다가 남쪽으로 내려와 지금의 프랑스 지역 대부분을 차지하고 프랑크 왕국을 건설하였다. 그리고, 서부 발트 해 연안에 살고 있던 앵글족과 색슨족은 영국으로 건너가 일곱 개의 왕국을 건설하였다. 그 외에도 부르군드족, 롬바르드족 등 여러 부족들이 유럽 각지로 이동했다.

이러한 게르만족의 이동을 통하여 알 수 있는 것은 게르만족은 대단히 다양한 부족으로 이루어졌으며, 대이동을 시작하기 전에도 이미 중앙유럽과 동유럽에 걸친 넓은 지역에 퍼져 살았다는 사실이다. 또, 대이동에 가담한 부족들은 그들이 이동한 지역에서 자기들의 부족 이름을 딴 왕국을 건설한 것으로 보아, 게르만족의 이동은 서유럽과 남유럽의 모든 국가와 민족들에게 엄청난 영향을 주었다는 것을 알 수 있다. 그리고 대이동 시기에 이동한 부족들은 결국 그들이 이주한 나라에서 원주민들과 동화되면서 그들 부족의 삶을 이어갔으며, 그들이 본래 살던 게르마니아와의 모든 인연은 끊어졌으리라 본다.

게르만족의 이동과 관련해서 우리가 추론해 볼 수 있는 사실이 두 가지가 있다. 하나는 유럽의 나라들 중 게르만족의 영향을 받지 않은 나라는 거의 없기 때문에 게르만족을 오늘날의 독일 민족에 국한시켜 보는 태도는 게르만족을 너무 좁게 해석하는 태도라는 것이다. 다른 하나는, 게르만족의 이동이 다 끝난 후 실제로 독일의 역사를 만든 사람들은 대이동 때 이동하지 않고 자기 땅에 그대로 남아있던 부족들이라는 것이다. 작센, 튜링겐, 슈바벤, 프리젠, 바이에른 같은 부족들이 바로 그들이다.

2. 독일 민족의식의 형성

독일사의 기원 문제

독일의 역사는 언제부터 시작되었는가? 역사가들은 일반적으로 독일의 역사가 843년에 베르됭 조약에 의해 프랑크 왕국이 동프랑크와 서프랑크로 나누어 졌을 때부터 시작되었다고 주장한다.

중세 유럽의 주인공으로 볼 수 있는 프랑크족은 프랑스의 중앙부에 자리를 잡고 486년에 메로빙거(Merovinger) 왕조를 수립하였으며, 다시 752년에 카롤루스(Carolus) 왕조를 수립하였다. 카롤루스 왕조의 칼(Karl) 대제[3]는 정복사업을 벌여 오늘날의 프랑스, 독일, 이탈리아를 포함하는 대제국을 건설하였다. 그리고 800년에 로마를 방문하여 교황으로부터 서로마제국 황제의 관을 받게 되었다.

칼 대제가 죽은 후 그의 아들 루이가 왕위를 계승하였으나, 그가 죽은 후 루이의 세 아들 간에 왕위 다툼이 일어났다. 그 결과 세 아들은 843년에 베르됭(Verdun) 조약을 맺고 프랑크 왕국을 세 등분으로 나누었다. 첫째 아들은 중프랑크, 둘째 아들은 동프랑크, 셋째 아들은 서프랑크를 나누어 가졌다. 그 후 중프랑크의 일부인 로트링겐(Lothringen)의 국왕이 후계자 없이 죽자, 870년에 동프랑크와 서프랑크는 메르센(Meerssen) 조약을 맺고 로트링겐을 나누어 가졌다. 베르됭 조약과 메르센 조약에 의해 오늘날의 이탈리아(중프랑크), 독일(동프랑크), 프랑스(서프랑크)의 영토가 어느 정도 갖추어졌다. 말하자면, 베르됭 조약과 메르센 조약은 오늘날의 이탈리아, 독일, 프랑스의 기원을 이룬 조약이라고 할 수 있다.

독일 민족의식의 형성

로마의 역사가 타키투스가 기원전 1세기 무렵에 쓴 '게르마니아'가 15세기경에 발견됨으로써 독일인들은 독일 민족이 옛날부터 특별한 민족이었음을 알게 되었다. 이 책 덕분에 독일인들은 유럽인들 사이에 널리 퍼져있던 선입견들, 즉 독일인들을 폄하하는 여러 가지 주장들에 당당하게 맞설 수 있는 무기를 갖게 된 것이다. 그 이전까지 유럽 사람들은 독일인들을 '거칠고 숲에 찌든 야만인'으로 간주했다. 그러나 타키투스 덕분에 독일인들은 '성실하고 용맹하며 단순소박하게 살아가는 독일인'이라는 새로운 독일인 상을 내세울 수 있게 된 것이다.

이것은 독일의 역사에서 중요한 의미를 갖는다. 왜냐하면 새로운 '독일인 상(像)'의 정립과 함께 독일 역사상 최초로 독일민족이라는 개념이 자리를 잡기 시작했기 때문이다. 따라서 '독일인의 역사'라는 개념도 바로 이 시기, 즉 15세기 경에 나타났다고 할 수 있다.[4)]

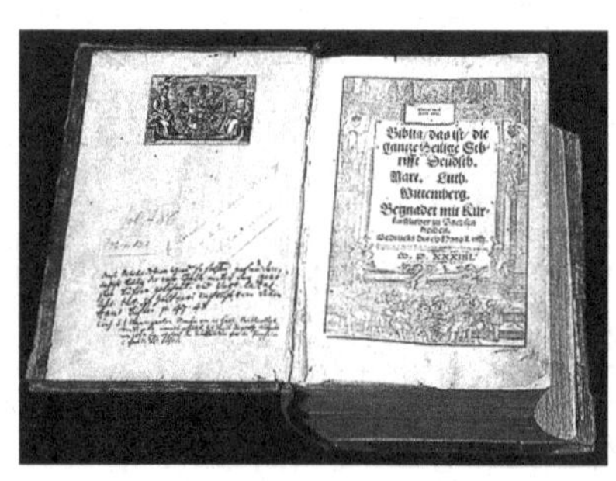

루터의 독일어판 성서

독일의 민족의식 형성에 크게 기여한 사람 중에는 종교개혁가 마르틴 루터가 있다. 루터가 마이센-작센(Meissen-Sachsen)의 독일어로 번역한 성서는 독일의 문화적 통일에 크게 기여했기 때문이다. 이로부터 독일에서 표준 문어체의 기준이 된 것은 루터가 사용했던 마이센-작센 지방의 방언이었다.[5] 그 후 18세기에 교양계층이 크게 성장하면서 이들을 중심으로 표준 문어체 독일어가 발전하였으며, 문학, 연극, 오페라 등의 분야에서 표준 독일어를 사용하는 풍조가 전 독일에 걸쳐 확대되었다.

그러나 프랑스 혁명과 나폴레옹 전쟁 전만 하더라도 스스로를 독일인이라고 느낀 사람들은 소수에 불과했다. 그 보다는 좀 더 넓은 의미의 세계시민으로 자처하거나, 아니면 지역적 정치단위인 영방국가(領邦國家)에 충성을 다해야 한다고 대부분의 독일인들은 생각하였다. 그러나 프랑스 군대에게 패배한 데 따르는 굴욕감, 패배한 독일의 각 영방국가들이 짊어져야 했던 가혹한 재정적 부담, 프랑스군의 횡포와 만행에 대한 분노 등이 겹치면서 각지에서 프랑스군에 대한 저항운동이 나타났다. 독일의 청년들은 자발적으로 프랑스군과 싸우는 군대에 지원했고, 부인들은 무기를 만드는데 쓰라고 자신들의 패물을 자진해서 내놓았다. 1808년에 유명한 철학자인 피히테는 '독일 청년들에게 고하는 글'이라는 연설문에서 독일의 민족의식을 고취하기도 했다.

그리하여 나폴레옹의 압제에서 벗어나기 위한 해방 전쟁은 어느덧 독일인의 민족 전쟁으로 전환되었다. 그리하여 나폴레옹의 지배에서 벗어나기 위해 해방 투쟁을 전개하던 몇 년 사이에 독일인들은 이제 스스럼없이 자신이 독일인임을 느끼게 되었다. 나폴레옹 군대를 물리친 라이프치히 전투를 민족해방전쟁으로 부르는 데는 다 그만한 이유가 있는 것이다.[6]

3. 중세 독일왕국의 변천

신성로마제국의 성립과 문제점

10세기 초 동프랑크의 카롤루스 왕계가 단절되고, 프랑켄(Franken) 지방의 공작인 콘라트(Konrad) 1세가 동프랑크의 왕으로 선출되었다. 콘라트는 최초의 순수한 독일 왕이라고 할 수 있었다.

콘라트가 죽은 후에는 왕위가 작센의 대공 하인리히(Heinrich)에게 넘어가면서 1세기 이상 작센 왕조가 계속되었다. 하인리히의 뒤를 이어 왕이 된 오토(Otto) 1세는 봉건제후의 세력과 맞서 왕의 권위를 세웠다. 그는 또 951년에 이탈리아로 원정을 떠나 이탈리아 왕의 미망인인 아델하이트를 도와주고, 나중에는 그녀와 결혼하여 이탈리아 왕을 칭하였다. 그리고 10년 후에는 교황의 요청으로 다시 이탈리아로 진격하여, 이탈리아 귀족들의 횡포로부터 교황을 해방시켜 주었다.

신성로마제국 황제의 왕관

이에 대한 보답으로 교황은 962년에 오토 1세에게 로마 황제의 관을 씌어 주었다. 이로써 1806년 나폴레옹에 의해 해체될 때까지 독일을 상징하던 신성로마제국(Holy Roman Empire)이 탄생하였다.

중세 유럽의 유일한 제국이었던 신성로마제국은 사실상 이름만 거창했지 내막을 들여다보면 전혀 실속을 갖지 못한 제국이었다. 왜냐하면, 신성로마제국은 무려 300여개의 제후 국가들과 자치도시들로 이루어진 혼합체에 불과했기 때문이다. 이러한 제후 국가들을 독일사에서는 영방국가(領邦國家)라고 부른다. 이러한 영방국가들 가운데는 성의 망루에서 전체를 조망할 수 있을 정도로 작은 영주국들이 있었는가하면, 고도로 발달한 행정기구와 자체의 지방회의를 가진 큰 제후국들도 있었다. 그리고, 프랑크푸르트, 뉘른베르크, 브레멘 같은 부유하고 강력한 자유도시들도 있었다.7)

그러나 영방국가들은 각기 독자적인 힘을 보유하고 있어서, 어떠한 황제라도 강력한 권한을 행사할 수가 없었다. 영방국가는 가장 강력한 힘을 가진 7선제후(選帝侯)를 비롯하여, 공작령, 백작령, 주교령, 수도원령, 제국자치도시, 그리고 기사단이 지배하는 기사령 등 다양한 층으로 구성되었다.

신성로마제국이 허울만 좋은 제국이라는 것은 고정된 수도가 없다는 점에서 잘 드러난다. 서유럽의 국가들이 비교적 명확한 경계를 지닌 영토를 갖고, 정치적, 경제적 중심지인 왕궁이나 수도를 가지고 있었던 반면에, 신성로마제국은 그 경계가 불분명한 상태로 남아 있었고, 고정적인 수도를 갖지 못하였다.8)

신성로마제국이 독일에서 허약한 제국으로 남아 있게 된 이유 중의 하나는 역대 황제들이 이탈리아에 대해 지나친 관심과 열정을 쏟았다는 데에도 있었다. 오토 1세가 이탈리아로 진격하여 이탈리아 왕을 칭하고, 962년에 로마교황으로부터 신성로마황제의 칭호를 받은 이후부터 역대 신성로마황제들은 거의 습관적으로 이탈리아 문제에 관여했다.

이것은 신성로마제국이라는 이름에 어울리는 제국을 건설하기 위해서는 옛날 로마제국의 본거지인 이탈리아를 차지해야 한다는 환상 때문이라고 할 수 있었다. 그러다보니 역대 신성로마제국의 황제들은 이탈리아에서 기득권을 갖고 있던 교황과 충돌할 수 밖에 없었다.

이와 같은 신성로마황제들의 이탈리아에 대한 지나친 관심은 독일 자체에도 치명적인 피해를 주었다. 왜냐하면 황제의 몸은 독일에 있으면서 마음은 이탈리아에 가 있으니 역대 황제들은 당연히 독일 국내의 통치를 소홀히 할 수 밖에 없었기 때문이다. 이로 말미암아 독일 내부에서 황제권은 더욱 약화되었고, 300개 이상의 영방국가로 산산조각이 나있는 독일의 분열은 더욱 조장되었던 것이다.

황제와 교황과의 싸움 격화

작센 왕조의 마지막 왕 하인리히 2세가 후사가 없이 죽자, 독일의 유력 가문들은 모여서 잘리어(Salier) 가문의 콘라트 2세를 황제로 선출하였다. 이로써 잘리어 왕조가 시작되었다.

콘라트 2세의 뒤를 이은 하인리히 3세와 그 뒤를 이은 하인리히 4세 시대에는 신성로마제국 황제와 로마 교황과의 대립이 본격적으로 시작되었다. 특히 로마 교황 그레고리우스(Gregorius) 7세가 신성로마 황제가 갖고 있던 성직자 임명권, 즉 성직서임권을 찾아오려고 하자, 하인리히 4세는 교황을 축출하려고 했다. 그러나 교황 그레고리우스 7세가 선수를 쳐서 황제를 파문에 처했다. 이에, 독일에서도 교황에 동조하는 제후가 늘어가면서 황제의 자리가 위태로워졌다. 황제

하인리히 4세는 할 수 없이 1077년 추운 겨울 카노사(Canossa)에서 휴양 중이던 교황을 찾아가서 무릎을 굽히고 사죄를 받았는데 이를 '카노사의 굴욕'이라고 한다. 그 후 하인리히 4세는 독일 내의 내전을 수습한 후 로마로 쳐들어가 교황의 군대를 패배시킴으로써 교황에게 복수했다.

'붉은 수염' 황제 프리드리히 1세

12세기말에 독일의 왕권은 잘리어가로부터 호엔슈타우펜가(Hohenstaufen)로 넘어갔다. 호엔슈타우펜가 출신으로 1135년에 왕이 된 콘라트 3세는 제2차 십자군 원정에 참가했으나 실패하고 돌아왔다. 콘라트 3세가 죽은 후 그의 조카인 프리드리히(Friedrich) 1세가 황제가 되었다. '붉은 수염'이라는 뜻의 바르바로사(Barbarossa) 황제로도 불리는 프리드리히 1세는 교황을 응징하기 위하여 이탈리아 원정을 6번이나 감행했으나 대부분 실패로 끝났다. 그는 1189년에 십자군 원정에 참여하여 성지를 향해 출발했으나, 그 이듬해에 소아시아의 강가에서 목욕을 하다가 67세의 나이로 익사하고 말았다. 그러나 예루살렘으로 가던 중에 사망했다 하여 그의 죽음은 신화로 남아서 그는 독일 민족의 상징적 인물이 되었다. 프리드리히 1세, 즉 바르바로사 황제는 죽은 것이 아니라 튀링겐 주에 있는 키프호이저 산의 동굴에 잠들어 있을 뿐이며, 언젠가 독일이 국난을 당할 때 나라를 구하기 위해 깨어난다는 것이 그러한 신화의 주된 내용이다. 이러한 신화를 이용한 사람은 엉뚱하게도 히틀러였다. 히틀러는 1941

년 6월 22일 소련을 침공했는데, 그 작전명은 다름 아닌 프리드리히 1세의 별명인 바르바로사(붉은 수염)였던 것이다.

대공위 시대와 7선제후의 등장

호엔슈타우펜 왕조가 무너진 1254년부터 1273년까지 독일에는 제대로 된 황제가 없었기 때문에 이 시기를 역사에서는 대공위시대(大空位時代) 라고 부른다.

대공위시대에 나타난 큰 변화 중의 하나는 황제 선출권을 가진 7선제후(選帝侯) 제도가 처음 등장했다는 것이다. 1257년에 이루어진 황제 선거에서 7명의 제후들이 모여 황제를 선출했는데, 이 때 등장한

7선제후를 나타낸 그림. 왼쪽으로부터 쾰른 대주교, 마인츠 대주교, 트리어 대주교, 팔라틴 변경백(팔츠 백작), 작센 공작, 브란덴부르크 변경백, 보헤미아 왕을 나타내고 있다.

7명의 제후들은 그 후로도 새로운 황제를 뽑을 때 마다 고정적으로 황제선출권을 행사하게 되었다. 7선제후는 마인츠 대주교, 쾰른 대주교, 트리어 대주교, 보헤미아 왕, 팔라틴 변경백(팔츠 백작), 작센 공작, 브란덴부르크 변경백을 말한다.

1356년 카를 4세 시대에는 이들의 권리를 법적으로 보장하는 금인칙서(金印勅書)라는 문서를 만들기도 하였다.[9] 금인칙서라는 이름은 7선제후 제도에 관한 황제의 칙서가 금빛이 나는 황제 인장으로 찍혀졌기 때문이다. 금인칙서에는 황제를 선출하는 경우에 선제후 7명 가운데 적어도 4명이 출석해야 하며, 과반수 이상의 찬성을 얻으면 황제로 선출된다고 하였다. 황제가 서거하면 선제후들은 프랑크푸르트에 모여 30일 이내에 황제를 선출하게 되어 있었다.

7선제후들이 황제선출권을 독점하면서 7선제후들의 권력은 황제와 맞먹을 정도가 되었다. 심지어 7선제후들은 황제가 마음에 들지 않으면 자기들끼리 모여서 새로운 황제를 뽑는 경우도 있었다. 이로써 신성로마제국의 황제권은 더욱 약화되었다.

합스부르크 왕가의 등장과 발전

1273년에 신성로마황제가 된 루돌프(Rudolf)는 합스부르크(Habsburg) 가문 출신이었다. 그는 자기의 등극을 인정하지 않는 보헤미아 왕 오토카르와의 싸움에서 승리하여 오토카르를 처형한 후 오토카르가 점령하고 있던 오스트리아를 자기의 아들에게 주었다. 이로써 오스트리아를 중심으로 한 합스부르크 왕가의 기초가 세워졌다. 합스부르크 왕가는 오스트리아를 기반으로 유럽에서 가장 강력한 왕가의 하나로 발전하게 되었다. 1291년에 루돌프가 죽자 루돌프의 아들인 알브레히트(Albrecht)가 황제가 되었다.

1308년에 알브레히트가 세상을 떠난 후 신성로마제국의 황제 자리는 130년간 보헤미아(체코)에 터전을 둔 룩셈부르크 가문에게로 넘어갔으나 1438년에 다시 합스부르크 왕가에게로 돌아왔다. 1438년에 선제후들은 합스부르크 왕가의 알브레히트(Albrecht) 2세를 황제로 선출했다. 이로부터 합스부르크 왕가는 1806년 신성로마제국이 해체될 때까지 무려 368년 동안이나 황제를 배출하는 가문이 되었다. 그리고 신성로마제국이 해체된 후에는 새로 성립된 오스트리아 제국의 황제를 배출하는 가문으로 그 영광을 이어갔다. 지금도 오스트리아 수도인 빈에 가면 합스부르크 왕가의 화려했던 과거의 영광을 여기저기서 찾아볼 수 있다.

16세기에 합스부르크 왕가는 성공적인 결혼 정책을 통하여 상상도 못할 정도로 엄청난 영토를 보유하는 왕가가 되었다. 신성로마황제 막시밀리안(Maximilian) 1세와 프랑스 부르고뉴 출신의 마리아 왕비 사이에 태어난 미남 왕자 필립은 에스파냐의 공주 후아나(Juana)와 결혼함으로써 후아나가 상속받은 에스파냐의 카스티야(Castilla)와 아메리카의 서인도 제도를 소유하게 되었다. 그리고 미남 왕자 필립과 후아나 사이에 태어난 아들인 카를(Karl) 5세는 아버지인 미남 왕자 필립이 갖고 있던 영토를 상속받은 외에도 1516년에 외조부인 에스파니아 아라곤(Aragon)의 왕인 페르디난트(Ferdinand)가 죽자, 그로부터 에스파냐 전체와 이탈리아의 시칠리아, 사르디니아, 나폴리, 그리고 스페인령 아메리카를 상속받게 되었다.

신성로마황제 막시밀리안 1세의 가족(위의 왼쪽으로부터 막시밀리안 1세, 미남왕자 필립, 막시밀리안 1세의 왕후인 부르군드의 마리아, 아래 왼쪽으로부터 미남왕자 필립의 아들 페르디난트 1세, 카를 5세, 미남왕자 필립의 양자인 루드비크 야기레오)

1519년에는 친조부인 신성로마황제 막시밀리안 1세까지 사망하자 카를 5세는 오스트리아를 상속받는 동시에 신성로마제국의 황제로 등극까지 하게 되었다. 그리하여 카를 5세 시대에 이르러 합스부르크 왕가의 영토는 오스트리아, 네덜란드, 프랑스의 부르고뉴, 에스파냐, 이탈리아의 시칠리아, 나폴리 등의 유럽 영토와 중남 아메리카의 대부분을 차지하는 그야말로 해가 지지 않는 대제국이 되었다.

그러나 카를 5세는 1517년 루터의 종교개혁이후 날로 확대되는 프로테스탄트와의 싸움과 프랑스 및 투르크와의 전쟁 등에 시달린 탓인지 스스로 퇴위하고 말았다. 그는 퇴위하기 전에 네덜란드와 에스파냐 및 중남아메리카의 소유권은 아들인 펠리페 2세에게 넘겨주고, 오스트리아 및 신성로마제국 황제 자리는 동생인 페르디난트에게 넘겨주었다. 이로써 합스부르크 왕가의 영토는 오스트리아와 에스파냐로 나누어지게 되었다.

2장

독일의 근대 역사 산책

1. 프로이센의 대두

프로이센은 어떻게 태어났는가?

중세 독일사를 이해하는 데 있어서 최대의 난제가 신성로마제국이라면, 근대 독일사를 이해하는 데 있어서 최대의 난제는 바로 프로이센(Preussen) 문제이다. 왜냐하면, 프로이센은 17세기에 갑자기 혜성처럼 대두한 후 1871년에는 독일의 통일과 독일제국의 수립에 있어서 주역을 담당했던 나라였는데 제2차 세계대전이 끝난 이후에는 갑자기 역사 무대에서 사라져버렸기 때문이다. 지금은 독일 지도의 어디를 보아도 그 이름을 찾기 힘들 정도로 프로이센은 독일사를 공부하는 사람들에게 한없이 생소하게 느껴지는 나라가 되었다.

프로이센 왕국을 건설한 가문은 호엔촐레른(Hohenzollern) 가문이다. 본래 독일 서남부지역에 있는 슈바벤(Swaben) 지방의 백작이었던 호엔촐레른가는 1415년에 오스만 제국의 군대를 격파한 공을 인정받아 당시 신성로마제국의 황제인 지기스문트(Sigismund)로부터 새로운 영지인 브란덴부르크(Brandenburg)를 상속받고 선제후까지 되었다. 브란덴부르크는 신성로마제국의 동쪽 변경지역, 즉 지금의 베를린과 그 주변에 자리잡은 독일의 영방국가 중 하나로서 황제선출권을 가진 7선제후 중의 하나였다. 현재도 베를린 주변 지역의 주를 브란덴부르크주라고 하는 것은 브란덴부르크가 지닌 역사성을 잘 말해주고 있다.

17세기에 브란덴부르크는 중세시대에 독일기사단이 개척한 땅인 프

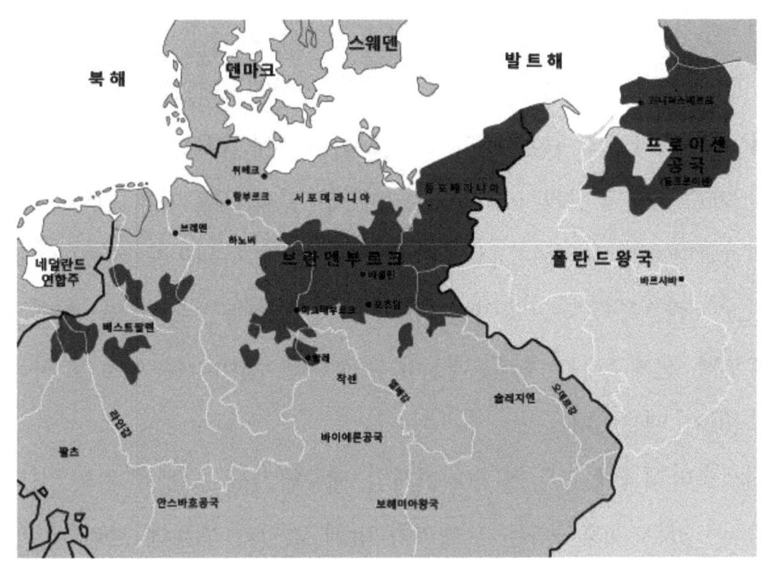

브란덴부르크-프로이센(17세기 말)

로이센 공국을 합병하여 브란덴부르크-프로이센이 되었다. 프로이센 공국은 폴란드를 지나서 멀리 러시아 쪽에 붙어 있는 공국이었다. 프로이센 공국이 있던 땅은 세계 제2차 대전 후 러시아와 폴란드가 나누어가졌기 때문에 현재 프로이센의 북부는 러시아, 남부는 폴란드 영토로 되어 있으며, 그 중심 도시는 러시아 영토인 칼리닌그라드(Kaliningrad)이다. 현재 그 지역에서 독일인들은 전체 인구의 1퍼센트 밖에 안되기 때문에 독일과의 관련성은 거의 사라졌다고 볼 수 있다.

브란덴부르크-프로이센이 발전하게 된 것은 '프리드리히(Friedrich)'란 이름이 붙은 4명의 군주들 때문이었다. 대선제후 프리드리히 빌헬름, 프리드리히 1세, 프리드리히 빌헬름 1세, 프리드리히 2세(프리드리히 대왕)가 바로 그들이다. 먼저, 대선제후 프리드리히 빌헬름(1640~1688)은 30년 전쟁에 참가하여 동포메라니아와 마그데부르크 등을 획득했다. 그 뒤를 이어, 프리드리히 1세(1688~1713)는 에스파니아 계승전쟁에 참가하여 신성로마황제로부터 프로이센 왕의 칭호를 허락받았다. 이 사건은 역사적으로 매우 중요한 의미를 지닌다. 왜냐하면, 브란덴부르크-프로이센을 지배하는 브란덴부르크의 선제후는 이후부터 선제후라는 이름 대신에 프로이센 왕이라는 칭호를 사용하게 되었기 때문이다.

신성로마제국에 포함된 300여개의 제후국가들 중에서 왕의 칭호를 붙일 수 있는 제후국가는 보헤미아 밖에 없었기 때문에 브란덴부르크 선제후가 프로이센 왕이 된 것은 그 위상이 크게 높아진 것을 의미한다. 이후부터 브란덴부르크-프로이센은 프로이센 왕국, 브란덴부르크-프로이센의 군주는 그냥 프로이센 왕이라고 부르게 되었다. 이름만 높아진 것이 아니었다. 실제로 프로이센 왕은 신성로마제국의 황제가 되는 오스트리아 군주와 대등한 왕처럼 행세하기 시작했다.

태생적으로 군국주의 국가로 자라난 프로이센

프로이센의 국가적 성격을 말할 때 가장 주목해서 볼 것은 프로이센은 태생적으로 군국주의에 바탕을 두고 발전한 국가라는 점이다. 이렇게 된 이유는 아마도 브란덴부르크-프로이센이 신성로마제국에서도 최전방에 속하는 동북쪽 변경지역에 자리잡았기 때문일 것이다. 그리하여 프로이센은 군사작전의 수행을 위해 설치했던 전면전 병참

부를 기반으로 하여 관료제도가 발달했다. 이는 군사행정과 일반행정이 결합되었음을 의미했다. 또한 프로이센은 전국토를 군사구역인 칸톤(kanton)으로 분류하고, 농민은 병사, 귀족은 장교로 편성하여 유사시에 활용했는데 이는 군사제도와 사회제도가 일치했음을 말해준다.[10]

그리하여 프로이센은 사회 전체가 무장한 병영, 베를린은 북방의 스파르타라고 칭할 정도로 군국주의적인 성격이 강한 나라로 발전했다. 프로이센의 군국주의를 확고하게 다진 사람은 프리드리히 1세의 아들인 프리드리히 빌헬름 1세(1713~1740)였다. 그는 국가의 모든 분야에서 근검절약을 실천하면서도 군사력 확충에는 돈을 아끼지 않았다. 그리하여 상비군을 배로 늘리고, 최신식의 무기를 갖추는 한편 엄격한 훈련을 실시했다.[11]

또한, 프로이센의 특징 중의 하나는 군주와 토지귀족이 결탁한 국가라는 점이다. 프로이센의 군주는 토지귀족인 융커(Junker)들의 독립적인 세력을 약화시키는 대가로 이들에게 고위관직, 군장교 독점권, 영지내의 농민지배권 등 각종 특권을 부여했다.[12] 이들 융커는 프로이센의 장교직을 독점했기 때문에 처음부터 프로이센의 보수적인 군부집단을 대표했다. 1871년에 독일을 통일하는 데 주역을 담당한 것은 바로 비스마르크를 대표로 하는 프로이센의 융커였다. 이들 융커들은 통일된 독일에서도 특권 집단으로 행세하면서, 대외 관계나 전쟁 등 독일의 주요한 정책 결정에 있어서 핵심적 역할을 담당했다.

오스트리아로부터 슐레지엔을 빼앗다

프리드리히 빌헬름 1세의 아들인 프리드리히 2세(1740~1786)때 와서 프로이센은 유럽에서 가장 능률적이고 훈련이 잘 된 20만의 대군을 거느리게 되었다. 이와 같이 4대에 걸쳐 양성된 우수한 군대를 가지고 프리드리히 2세는 겁도 없이 오스트리아를 상대로 도전장을 내밀었다.

오스트리아의 합스부르크 왕가는 15세기 이래 대대로 신성로마제국 황제를 배출할 정도로 그 위세가 대단한 가문이었다. 이러한 오스트리아에 신생 국가나 마찬가지인 프로이센이 전쟁을 걸어온 것이다. 이렇게 해서 벌어진 전쟁이 바로 오스트리아 왕위계승전쟁(1740~1748)과 7년 전쟁(1756~1763)이다.

두 차례에 걸친 전쟁의 발단은 신성로마황제이자 오스트리아 왕인 카를 6세의 죽음이었다. 카를 6세는 아들이 없었으므로 생전에 영방국가의 제후들을 설득하여 자기의 딸인 마리아 테레지아(Maria Theresia)가 신성로마황제 및 오스트리아 왕이 되는 것을 보장하는 국사소칙(國事詔勅)을 발표하였다. 그러나 1740년 카를 6세가 서거하자, 바이에른, 프랑스 등이 국사소칙에 대해 이의를 제기함으로써 오스트리아 왕위계승전쟁이 벌어졌다. 이 틈을 타서 프리드리히 2세는 군대를 보내 인구가 많고 산업이 발달한 오스트리아의 슐레지엔(Schlesien)[13]을 일방적으로 점령했다. 싸움은 프로이센, 프랑스, 바이에른 대 오스트리아, 영국, 작센의 싸움으로 확대되었으나 프로이센 군대의 승리로 끝났다. 그리하여 프로이센의 슐레지엔 영유권이 인정

프리드리히 2세

마리아 테레지아

되었다. 그 대신에 마리아 테레지아의 오스트리아 왕위계승권과 그녀의 남편 프란시스의 신성로마황제 즉위가 허용되었다.

그러나, 프로이센에게 슐레지엔을 빼앗긴 마리아 테레지아는 오랫동안 숙적 관계였던 프랑스를 비롯하여 러시아, 스웨덴 및 독일의 많은 영방 군주들을 자기편으로 끌어들였다. 그리고 1756년에 7년 전쟁을 일으켰다. 이 싸움에서 프로이센은 베를린까지 함락될 정도로 처음에는 고전을 면치 못했다. 그러나 중간에 오스트리아의 동맹국인 러시아가 전쟁에서 발을 빼면서 전세가 역전되었다. 결국 1763년에 전쟁은 프로이센의 승리로 끝나고, 프로이센의 슐레지엔 영유가 재확인되었다.

프로이센은 또, 18세기 말에 오스트리아 및 러시아와 합작하여 3

차례에 걸쳐 폴란드 영토를 나누어 가졌는데, 이때 프로이센이 폴란드로부터 빼앗은 땅은 지금의 폴란드 북부 지역의 대부분에 걸쳐 있는 지역으로, 프로이센은 이를 서프로이센이라고 불렀다. 그리고 폴란드 너머에 있었던 본래의 프로이센은 동프로이센이라고 불렀다. 그리하여 프로이센은 본래의 브란덴부르크-프로이센이 갖고 있었던 영토에다 새로이 슐레지엔과 서프로이센을 추가함으로써 그 영토가 2배 이상 늘어나게 되었다.

2. 30년 전쟁의 비극

30년 전쟁의 막을 연 보헤미아 반란

1517년에 루터가 일으킨 종교개혁의 영향을 받아 신성로마제국의 일부인 보헤미아(지금의 체코)에도 많은 신교도들이 나타났다. 그리고 그 중의 상당수는 칼뱅파 신교도였다. 그런데 문제는 그 당시 보헤미아가 신성로마제국의 황제이자 오스트리아의 왕을 배출하는 합스부르크 왕가의 직접적인 지배를 받고 있었다는 사실이다. 합스부르크 왕가는 전통적으로 독실한 구교 가문으로 루터의 종교개혁을 탄압한 카를 5세를 배출한 가문이기도 했다. 이렇게 볼 때 보헤미아에서 신교와 구교 간의 심각한 다툼이 일어날 가능성은 충분히 예견할 수 있는 일이었다.

신성로마황제 마티아스에 대한 항의의 표시로 프라하 시민들이 프라하 왕궁의 관리들을 창밖으로 내던지는 장면

이러한 가능성은 1618년 5월에 프라하의 신교도 지도자들이 신교를 탄압하는 신성로마황제 마티아스(Matias)에 항의하기 위하여 프라하 왕궁으로 들어가 황제의 앞잡이라고 여겨지는 관리 2명을 창밖으로 내던지는 사건을 일으킴으로써 현실화 되었다. 그리고 그 이듬해 보헤미아 의회는 합스부르크 왕가에 대한 복종을 거부하고, 칼뱅파 신교도였던 팔츠(Pfalz) 선제후인 프리드리히 5세를 보헤미아 왕으로 추대했다.

한편, 마티아스 황제의 죽음으로 새로이 신성로마 황제가 된 페르디난트 2세는 1620년에 가톨릭 연맹과 스페인 군대의 도움으로 보헤미아 군대를 격파하고, 프리드리히 5세를 내쫓았다. 그리고 보헤미아에 대한 철저한 보복을 가하였다. 보헤미아는 황제군에 의해 약탈을 당하고 파괴를 당했다. 바야흐로 30년 전쟁의 막이 오르고 있었다.

30년 전쟁의 원인은 물론 루터의 종교개혁에까지 거슬러 올라갈 수 있다. 루터가 종교개혁을 일으킨 후 루터를 지지하는 신교도 제후와 이를 반대하는 구교도 제후 간에 오랜 전쟁을 벌인 결과 양측은 화해하고 1555년 아우크스부르크(Augsburg) 종교화의를 맺었다. 그러나 이 화의는 많은 모순을 내포하고 있는 불완전한 화의에 불과했다. 이 종교화의에서는 신교를 믿느냐, 구교를 믿느냐 하는 종교의 선택권을 영방 제후들에게만 부여했기 때문이다. 그러므로 어떤 제후가 구교를 선택하면 그 제후가 다스리는 영토내의 모든 사람들은 무조건 구교를 믿어야 했다. 한마디로 개인 신앙의 자유가 전혀 없었다는 것이 1555년 아우크스부르크 종교화의가 내포한 가장 큰 모순이었다.

또 하나의 모순은 신교 중에서도 루터파만 인정하고 다른 종파는 인정하지 않았다는 것이다. 당시에 칼뱅파 신교도는 독일 내에서 상당수가 있었는데도 불구하고 이들은 공식적으로 인정을 받지 못하였다. 이와 같은 아우크스부르크 종교화의가 내포한 몇 가지 모순들이 결국 독일 역사상 최악의 전쟁으로 연결될 줄을 그 누가 알았으랴.

국제전쟁으로 확대된 30년 전쟁

30년 전쟁의 도화선을 제공한 것은 물론 보헤미아의 반란이었다. 1620년에 황제군대가 가톨릭 연맹과 스페인 군대의 도움으로 보헤미아의 반란을 진압했을 때만 해도 전쟁은 끝난 것처럼 보였다. 그러나 그것은 전쟁의 제1막에 불과했다. 1625년에 신교국가에 속하는 덴마크 군대가 독일의 신교도들을 돕는다는 명분으로 이 전쟁에 개입하면서 바야흐로 30년 전쟁의 제2막이 시작되었던 것이다.

덴마크 군대는 발렌슈타인(Albrecht Wallenstein)이 이끄는 황제군에 의해 패배하고 물러갔으나, 그 뒤를 이어 같은 신교 국가인 스웨덴이 덴마크를 대신하여 독일 땅에 군대를 파견했다. 1631년 9월에 스웨덴 왕 구스타프(Gustav) 2세가 이끄는 신교군대는 황제군대를 크게 격파했다. 그러나 그 이듬해 구스타프 2세는 발렌슈타인이 이끄는 황제군대와 싸우다 전사하였다. 그 이후 이 진흙탕 같은 전쟁에 뛰어든 것은 다름 아닌 프랑스였다. 프랑스의 수상인 리슐리외(Richelieu)는 독일의 곤란한 처지를 이용하여 큰 이권을 챙기기 위하여 꺼져가던 전쟁의 불씨를 다시 되살려 제3단계의 전쟁을 일으켰다.

이번에는 프랑스 군대와 스웨덴 군대가 연합하여 독일 황제의 군대와 싸우면서, 제멋대로 독일 땅 곳곳을 누비며 약탈을 자행하였으므로 독일의 피해가 그 어느 때보다 컸다. 이렇게 되자 황제군과 가톨릭연맹은 더 이상 싸울 기력을 상실하고 1648년 10월에 평화조약을 체결했는데, 이것이 바로 유명한 베스트팔렌(Westfalen) 조약이다.

30년 전쟁의 결과 : 독일의 분열과 파괴

세계 최초의 국제조약으로 불리는 베스트팔렌 조약은 당시 유럽의 국제관계나 독일의 역사에 엄청난 영향을 미친 조약이었다. 이 조약에 의해 신교측에 가담했던 스웨덴과 프랑스는 독일로부터 노른자위

베스트팔렌 조약의 체결에 앞서 선서하는 각국 대표들(1648.5.15, 세라르트 테르보르흐의 작품)

땅을 양도받았을 뿐 아니라 신성로마제국의 정치에 개입할 수 있는 권리를 확보하게 되었다. 그리고 스위스와 네덜란드의 독립이 정식으로 승인받았다.

베스트팔렌 조약은 독일의 역사에 막대한 영향을 미치게 되는 몇 가지 중요한 결정을 했다. 우선 독일 내에서 개인 신앙의 자유가 인정되었고, 칼뱅파도 승인을 받음으로써 전쟁의 원인이었던 아우크스부르크 종교화의가 내포했던 모순을 깨끗이 해결하는 데 성공했다. 이로써 루터의 종교 개혁이래 100년 이상 지속되었던 독일의 종교적 분쟁은 일단락 지어졌다.

한편, 베스트팔렌 조약은 300개 이상이나 되는 독일 영방 제후들에게 완전한 자치권을 부여했다. 이로써 각 영방 제후들은 신성로마 황제의 간섭을 받지 않고 독자적으로 전쟁도 선포하고 조약도 체결할 수 있는 권한을 행사할 수 있게 되었다. 이렇게 되자 신성로마제국은 글자그대로 유명무실한 제국으로 전락하고 말았다. 한마디로 독일은 300개 이상의 영방국가로 분열된 것이나 마찬가지였다. 이것은 그렇지 않아도 분열되었던 독일을 더 큰 분열의 수렁으로 몰아넣는 결과를 가져왔다.

30년 전쟁이 독일에 미친 영향은 이것으로 끝난 것이 아니었다. 30년 전쟁의 결과 독일은 완전히 쑥대밭이 되었다. 전쟁의 피해가 얼마나 극심했던지 복구하는 데만 100년이 걸렸다고 할 정도로 30년 전쟁의 피해는 실로 엄청난 것이었다. 이와 같이 그 전쟁에서 독일을 황폐하게 만든 주범은 다름 아닌 신교와 구교 군대가 동원한 다수의 용병들이었다. 아무런 규율이 없는 용병들의 살인과 약탈, 그리고 파괴와 방화로 인해 독일의 전 국토는 완전히 폐허가 된 것이다. 독일의 중세 도시 중 파괴되지 않은 도시는 거의 없을 정도로 도시와 농촌 할 것 없이 모든 지역이 파괴되었다. 여기에다 페스트까지 창궐하여 수많은 사람들이 목숨을 잃었다. 그리하여 전쟁이 끝난 1648년의 독일 인구는 전쟁 전 1,700만 명에서 1,000만명으로 격감하였다. 독일이 이러한 인구 손실을 다시 회복하는 데는 무려 150여년의 기간이 소요되었다고 한다.14)

30년 전쟁으로 인한 도시와 농촌의 파괴는 독일의 상업과 무역도 파괴시켰다. 중세이래 독일의 상업과 무역을 주도하던 도시들의 대부분이 파괴되면서 그 동안 꾸준히 성장하던 독일의 상업과 무역도 쇠퇴의 길로 들어섰다. 이와 같은 상업과 무역의 쇠퇴는 결과적으로 도시의 부르주아 계급, 즉 시민계급의 쇠퇴를 초래하였다. 그리하여 독일의 시민계급은 중세 도시의 발생 이후에 힘들게 쌓아 올렸던 정치적, 경제적 영향력을 거의 다 상실하게 되었다. 서유럽의 시민계급이 상공업의 발달과 함께 계속 성장하여 시민혁명을 통해 정치와 사회의 주도세력으로 성장한 반면에 독일에서는 이러한 시민계급이 제대로 성장하지 못함으로 말미암아 보수적인 토지귀족과 군부 세력이 독일 역사의 주인공으로 대두하게 되었던 것이다.

3. 나폴레옹의 독일 침입과 지배

나폴레옹에게 연전연패한 오스트리아

1796년 알프스 산맥을 넘으며 '나의 사전에 불가능은 없다'고 외친 나폴레옹 군대와 오스트리아의 군대가 북부 이탈리아에서 맞붙었다. 당시 북부 이탈리아의 지배권은 오스트리아 합스부르크 왕가에 있었기 때문에 오스트리아 군대는 이곳으로 침입한 나폴레옹 군대와 싸우지 않으면 안되었던 것이다. 결과는 나폴레옹 군대의 대승으로 끝나고 오스트리아는 프랑스와 치욕적인 캄포포르미오(Campo Formio) 조약을 체결했다. 이 조약에 의해 오스트리아는 오스트리아령 네덜란드(지금의 벨기에)를 포함한 라인 강 좌측의 모든 영토를 프랑스에 넘겨주어야 했다. 그리고 북부 이탈리아의 대부분의 영토도 프랑스에 이양되었다. 1801년에 오스트리아는 1796년의 치욕을 만회하기 위하여 나폴레옹에게 도전했으나, 또 다시 패배를 당하여 뤼네빌(Luneville)조약을 맺고 물러나지 않으면 안되었다.

나폴레옹에 의해 단숨에 해체된 신성로마제국

이와 같이 두 차례의 전투를 통해 오스트리아의 세력을 약화시킨 나폴레옹은 비록 이름만 남긴 했지만 아직도 거대한 제국의 그림자를 드리우고 있는 신성로마제국을 해체시키기로 결심했다. 그리하여, 나폴레옹은 1803년에 신성로마제국의 대표자회의를 열고 자기가 일방적으로 작성한 신성로마제국의 개편안을 통과시켰다.

이 개편안에 따라 신성로마제국에 소속된 영방국가와 자유도시는 그 숫자가 314개에서 30개로 줄었다. 이때 바이에른, 바덴, 뷔르템베르크 같은 큰 영방국가는 크기나 인구가 두 배 이상으로 확장되었으나, 소규모 국가들이나 주교나 수도원장 등이 다스리던 종교령의 대다수는 이름도 없이 사라졌다. 그리고 오랫동안 번성해온 제국 내의 자유도시들도 일부만 제외하고는 대부분 없어졌다. 이렇게 해서 300개의 영방국가들이 서로 공존하던 신성로마제국의 전통적 질서는 한 순간에 무너지고, 오직 강한 힘을 가진 국가, 나폴레옹에게 충성을 맹세한 국가들만이 살아남았다. 살아남은 국가들도 자기들 동족끼리의 동맹보다는 나폴레옹의 환심에 기대어 각자 자기들의 살길을 모색하는 비참한 처지로 전락했다.15)

1805년 12월 2일 프랑스, 오스트리아, 러시아의 황제가 맞붙어 이른바 삼제회전(三帝會戰)이라고 불리는 아우스터리츠(Austerlitz) 싸움에서 나폴레옹은 다시 한번 대승을 거두었다. 그리고 오스트리아는 또다시 치욕적인 조약에 서명해야 했다. 그러나 나폴레옹 편에 가담했던 바이에른, 뷔르템베르크는 왕의 칭호까지 사용하면서 왕국으로 승격할 수 있었다.16)

더 나아가 1806년 7월 12일에 바이에른, 바덴, 뷔르템베르크를 포함한 16개 국가들은 신성로마제국과의 결별을 선언하고, 나폴레옹이 판을 짜놓은 라인연방에 가입했다. 이들 독일 국가들은 스스로 나폴레옹의 보호막 안으로 들어간 셈이었다. 그러자, 신성로마제국 황제 프란츠 2세는 8월 6일에 자진해서 신성로마제국 황제의 칭호를 내려놓는다고 선언하였다. 그리고 더 이상 신성로마황제라고 부르지 말고 오스트리아 황제라는 직함으로 불러달라고 말했다. 이로써 962년 이후 무려 844년 동안 독일을 상징하던 신성로마제국은 역사 속으로 영원히 사라졌다. 잘났든 못났든지 간에 1000년 가까이 중부유럽에서 군림하던 제국의 몰락치고는 너무 어이없고 초라한 종말의 순간이었다.

독일 땅을 마음대로 유린한 나폴레옹

신성로마제국이 해체된 이후 그 때까지 중립적인 입장을 고수하던 프로이센이 1806년 10월 9일에 갑자기 나폴레옹에 선전을 포고했다. 그러나 불과 5일 후 프로이센 군대는 예나(Jena)와 아우에르슈테트(Auerstäd) 전투에서 치명적인 패배를 당했고, 프로이센 왕은 프로이센의 동북부 지방인 메멜(Memel)로 피신했다. 10월 27일 나폴레옹은 베를린에 입성하며 승리의 개가를 불렀다. 그리고 프로이센은 1807년 7월 9일 틸지트(Tilsit) 평화조약을 체결하지 않으면 안되었다. 이 조약에 의해 프로이센은 국가 존망의 위기에까지 직면했으나 러시아 황제의 주선으로 간신히 목숨만은 살아남았다. 그 대신 영토의 절반과 인구의 절반을 상실하는 큰 손실을 당했으며, 막대한 배상금까지 지불해야 했다. 군사력의 규모도 크게 축소되어 한때 독일의 최강 군대를 자랑하던 프로이센의 위상은 크게 추락했다.[17)]

1808년 경 네덜란드에서 러시아 국경에 이르기까지 독일의 모든 지역은 나폴레옹의 통제 아래 들어갔다. 심지어 나폴레옹은 독일 땅에다 베스트팔렌 왕국이란 급조된 나라를 만들어서 자기의 형인 제롬(Jerome)에게 하사했다. 나폴레옹은 자기의 위세를 과시하기 위하여 1808년 9월에는 에르푸르트(Erfurt) 공국으로 독일의 제후들을 소집하여 자신에게 충성을 맹세하라고 요구하기까지 했다. 이당시 독일 땅에서 나폴레옹의 지배로부터 자유로운 국가나 지역은 하나도 없었다. 그 많은 독일의 왕이나 군주들은 나폴레옹의 위세에 눌려 숨죽이고 살아야 했다.

나폴레옹은 1812년 러시아 원정 시에도 오스트리아와 프로이센, 그리고 라인연방에 소속된 국가들로부터 5만 명의 병사를 차출하여 데리고 갔다. 그리고 독일 지역을 거쳐서 러시아로 행군하면서 독일에서 식량을 조달했으므로 독일인들은 또다시 큰 고통을 당할 수 밖에 없었다.

나폴레옹이 독일인들에게 남긴 트라우마

나폴레옹이 러시아 원정에서 패배하고 돌아온 후 프로이센은 러시아와 연합군을 조직하고 나폴레옹과 싸웠으나 또 다시 패배하였다.

그러나 1813년 10월 16일 영국, 오스트리아까지 참전한 라이프치히 전투에서 프로이센을 비롯한 독일의 군대는 처음으로 나폴레옹 군대를 패배시킬 수 있었다. 그리고 1815년 6월 18일 엘바 섬에서 탈출해서 돌아온 나폴레옹의 군대를 워털루(Waterloo) 전투에서 격파함으로 오스트리아와 프로이센을 비롯한 독일의 국가들은 비로서 나폴레옹의 지배로부터 완전히 벗어날 수 있게 되었다.

그러나, 나폴레옹 전쟁 기간 중 벌어진 오스트리아와 프로이센 군대의 연속적인 패배, 나폴레옹에 의한 신성로마제국의 해체와 독일의 재편성, 나폴레옹의 독일 영토 유린, 나폴레옹에 대한 독일 군주들의 충성 맹세 등의 과정을 지켜보면서 독일인들은 역사상 처음으로 집단적인 패배감과 굴욕감을 맛보게 되었다. 이러한 감정은 독일인에게 엄청난 트라우마로 작용했으며, 이것은 결과적으로 독일인들로 하여금 외세, 특히 프랑스에 대한 분노와 적대감을 증폭시키는 결과를 가져왔다. 이후 19세기와 20세기에 걸쳐 독일이 유난히도 프랑스를 불구대천의 원수로 간주하면서 프랑스와의 싸움에 사활을 걸었던 이유는 바로 이 때문이었다.

반면에 나폴레옹의 압제에 대한 저항과 프랑스에 대한 적대감은 독일 역사상 처음으로 나타난 강렬한 국민의식 내지 민족의식의 분출로 연결되었다. 철학자 피히테가 "독일 국민에게 고함"이라는 강연을 통해 이루고자 했던 것도 바로 독일 국민의 각성이었다. 이러한 국민의식 내지 민족의식의 각성은 곧 독일 민족주의의 태동을 의미하는 것이다. 이러한 민족주의와 함께 독일인들은 이제 하나로 합쳐진 독일을 향해 나아가기 시작했다.

4. 프랑크푸르트 국민의회의 실패

독일 통일의 꿈을 안고 출발한 프랑크푸르트 국민의회

프랑크푸르트를 여행하는 사람들이 반드시 찾아보는 장소 중의 하나인 뢰머(Römer) 광장 주변에는 놓쳐서는 안 되는 건물이 하나 있다. 바로 파울(Paul)교회이다. 1833년에 지어진 이 교회는 외관상으로는 별로 볼품이 없는 건물이기 때문에 사람들의 관심을 끌지 못하는 것 같다. 그러나 뢰머 광장 주변에 있는 건물들 가운데 역사책에 반드시 등장하는 건물은 바로 파울교회이다. 왜냐하면 이 교회가 바로 1848년 5월부터 독일의 각처에서 모여든 국민의회의 대표들이 1년 가까이 독일의 통일 문제를 논의하던 역사적인 장소이기 때문이다.

1848년에 일어난 프랑스 2월 혁명의 영향을 받아 유럽 각국에서는

프랑크푸르트의 파울교회

자유주의 혁명이 일어났다. 독일도 그 영향에서 벗어날 수 없었다. 오스트리아의 수도인 빈에서도 혁명이 일어나 반동정치를 일삼던 메테르니히가 실각했으며, 프로이센에서도 3월 혁명이 일어나 국왕이 프로이센 국민의회의 소집을 약속하였다. 그리고 오스트리아와 프로이센을 포함한 독일연방의 국가들은 독일의 통일 방안을 찾기 위하여 프랑크푸르트에서 국민의회를 소집하기로 합의했다.

그리하여, 1848년 5월 18일에 독일 각국에서 성인남자들의 보통·평등선거에 의해 선출된 585명의 대표들이 프랑크푸르트의 파울교회에서 개최된 국민의회에 참가하였다. 1849년 3월 30일까지 계속된 이 국민의회에는 그 시대에 이름을 날린 자유주의자와 민족주의자들이 대거 참여하였다.

프랑크푸르트 국민의회의 대표들은 당시 30여개의 국가와 자유도시로 분할되어 있던 독일을 어떤 방식으로 통일할 것인가 하는 문제를 집중적으로 의논했다. 특히 통일 독일의 주도권을 누가 잡느냐를 둘러싸고 대독일주의와 소독일주의로 나누어 몇 달 동안 치열한 논쟁을 벌였다. 대독일주의자는 다민족 국가인 오스트리아를 통일 독일에 포함시키자고 주장했고, 소독일주의자는 오스트리아를 제외시키고 프로이센을 중심으로 통일을 해야 한다고 주장했다.

국민의회는 마지막에 가서 미국, 프랑스, 벨기에의 헌법을 모방한 헌법을 채택했는데, 이 헌법에서는 천부인권설, 개인의 자유권 등을 명문화하였다. 현재의 독일 기본법 역시 상당부분 이 헌법에 뿌리를 두고 있다.

또한 국민의회의 대표들은 대독일주의에 따른 통일 방안을 포기하고, 오스트리아를 제외시키는 소독일주의를 채택했다. 그리고 프로이센 왕을 새로 창설되는 자유주의적 독일제국의 황제로 삼기로 최종적으로 결정했다. 바야흐로 자유주의적이고 민주적인 방법에 의한 독일 통일이 눈앞에 다가온 것 같았다.

자유주의적 통일 노력의 실패, 그 결과는?

국민의회의 대표들은 설레는 마음을 가지고 프로이센의 수도인 베를린으로 향했다. 그러나 운명의 장난이었을까. 이들의 기대는 여지없이 무너져 내렸다. 왜냐하면 당시 프로이센 왕 빌헬름 4세가 '이 따위 더럽기 짝이 없는 왕관을 받을 수 없다'라고 경멸적으로 외치면서 황제관의 수용을 거부했기 때문이다.

프로이센 왕은 왜 프랑크푸르트 국민의회의 대표들이 1년 가까운 세월동안 죽을 힘을 다해 마련한 통일 독일의 황제관을 거부했을까? 한마디로 말해서, 프로이센 왕은 반자유주의자였기 때문이다. 그는 평소부터 자유주의자들을 경멸하는 사람이었다. 따라서 자유주의자들이 만든 황제 자리는 절대로 받을 수 없다는 것이 그의 소신이었다. 오히려, 그는 황제의 타이틀을 의회가 아닌 제후들의 손으로부터 받기를 원했다. 그는 또, 황제가 되었을 때 필연적으로 따라올지 모르는 오스트리아와의 충돌을 우려했으며, 유럽 강대국들의 항의를 두려워했다. 이런 저런 이유 때문에 프로이센 왕은 국민의회 대표들이 애써서 만든 통일 방안을 단칼에 거부했던 것이다.[18]

이로써 독일인 모두에게 큰 기대를 모았던 프랑크푸르트 국민의회의 모든 노력은 실패로 끝났다. 그리고, 그 실패는 독일의 역사에서 씻을 수 없는 상처를 남겼다. 역사상 처음으로 보통·평등선거로 뽑힌 국민의 대표들이 1년 가까이 진지하게 중지를 모아 결정한 독일 통일의 방안이 프로이센 국왕의 말 한마디에 쓰레기 더미에 버려지는 어처구니없는 현실에 국민의회 대표들은 깊은 좌절감을 맛보았다. 그것은 또한 독일이 자유주의적이고 민주적인 방식에 의해 통일되기를 바라고 있었던 모든 독일인에게도 깊은 상처를 남겼음은 물론이다.

무엇보다 국민의회의 실패가 가져온 가장 큰 후유증은 독일인들로 하여금 자유주의적이고 민주적인 방법으로는 독일의 통일이 불가능하다는 인식을 심어주었다는 것이다. 이것은 결국 독일인들로 하여금 새로운 통일의 방안, 즉 무력을 통한 방법을 찾게 만드는 불행한 결과를 가져왔다. 여기에 비스마르크의 철혈정책이 등장할 여지가 마련되었던 것이다. 이와 같이 서유럽적, 자유주의적 이념에 근거하여 독일을 통일하고자 했던 마지막 시도가 좌절되었다는 의미에서 1848년은 독일사의 중요한 분기점인 동시에 독일의 비극으로 연결되는 중요한 해로 기록될 수 있는 것이다.

제2차 세계대전 후에 '독일의 비극'을 써서 히틀러의 제3제국이 출현하게 된 역사적 배경을 깊이있게 탐구한 바 있는 독일의 역사가 마이네케는 독일의 통일이 1848년의 프랑크푸르트 국민의회에서 제시한 방법에 의해 성취되었다면, 독일은 서유럽과 밀접한 관계를 유지하며 발전하였을 것이라고 주장하고 있다. 그러한 방법이 실패함으로 말미암아 서유럽적인 방법, 즉 자유주의적이고 민주주의적인 방법은 퇴조하고, 반면에 프로이센적인 방법, 즉 군국주의적인 방법이 전면에

등장하게 되었다고 그는 주장하고 있다.[19)]

이와 함께 나폴레옹의 지배를 받으면서 분출하기 시작한 독일의 민족주의도 처음에는 자유주의적 민족주의의 색채가 강했으나 프랑크푸르트 국민의회의 실패와 함께 완전히 그 색채를 바꾸어 군국주의적 민족주의의 방향으로 넘어가게 되었다. 이제 독일의 민족주의는 독일 자체 내의 자유와 통일을 넘어서 자국의 이익을 위해서라면 주변 국가로의 침략도 서슴지 않는 방향으로 그 노선을 바꾸었다고 할 수 있다.

5. 비스마르크의 철혈정책과 독일의 통일

비스마르크의 철혈정책 등장

1862년 9월 24일 프로이센 왕 빌헬름(Wilhelm) 1세는 군비 확충을 둘러싼 의회와의 갈등을 해결하기 위한 하나의 방법으로 강경한 보수주의자인 비스마르크(Otto Eduard Leopold von Bismarck)를 프로이센의 수상으로 임명하였다. 비스마르크는 프로이센의 토지귀족인 융커출신으

오토 폰 비스마르크

로 자유주의에 대해 적대감을 갖고 있는 극단적인 민족주의자인 동시에 군국주의자였다. 그는 또, 프로이센이 독일의 주도권을 장악하기 위해서 오스트리아를 힘으로 굴복시켜야 한다고 오래전부터 주장해온 사람이었다.[20)]

비스마르크는 수상으로 취임한지 얼마 안 되어 프로이센 의회에서 다음과 같이 연설을 했다. "이 시대의 중요한 문제는 연설이나 다수결에 의해서 해결되지 않습니다. 그러한 방법이 잘못되었다는 것은 1848년과 1849년에 이미 증명되었습니다. 따라서 중요한 문제는 피와 철에 의해 결정되는 것입니다."

비스마르크는, 1848~1849년에 열렸던 프랑크푸르트 국민의회에서 사용되었던 토론이나 다수결 같은 민주적인 방법이 독일의 문제를 해결하는 데는 아무런 효과가 없음을 지적하면서, 오로지 피(전쟁)와 철(군사력)만이 효과적인 방법이라는 것을 강조한 것이다. 그래서 비스마르크의 정책을 철혈정책이라고 부르는 것이다. 비스마르크의 이 연설은 독일사에서 중요한 의미를 지닌다. 왜냐하면 이 연설이야말로 그 이후 독일이 나아갈 목표와 그 목표를 달성할 수 있는 수단이 무엇인지를 극명하게 제시해 주었기 때문이다.

덴마크 및 오스트리아와의 전쟁

철혈정책을 국가의 목표로 제시하고 막강한 군사력을 손에 쥐게 된 비스마르크는 그의 계획을 구체적으로 실천해 나가기 시작했다. 이 계획 실천에 있어서 첫 번째 희생물이 된 나라는 덴마크였다. 그리고 덴마크와의 전쟁에 있어서 구실을 제공한 것은 슐레스비히(Schleswig)와 홀스타인(Holstein) 문제였다. 독일과 덴마크 사이에 자리잡은 슐레스비히와 홀스타인 공국은 덴마크 영토로 편입되지는 않았지만 중세 이래로 덴마크 왕이 개인 영주의 자격으로 다스려왔던 지역이었다. 나폴레옹 전쟁이 끝난 후에 열린 1815년의 빈회의에서는 두 지역에 대한 덴마크 왕의 개인적인 지배를 인정하면서도 홀스타인 공국은 독일연방을 구성하는 35개 국가 중 하나로 편입시켰다. 그리고 슐레스비히 공국은 독일연방 외부에 남도록 했다.

1860년대에 와서 덴마크와 독일에서 민족주의 운동이 활발하게 일어나면서 두 나라는 슐레스비히와 홀스타인 문제를 둘러싸고 본격적으로 대립하게 되었다. 1863년 11월에 덴마크가 덴마크 인이 비교적 많이 사는 슐레스비히 공국을 덴마크의 영토라고 선언하면서 일방적으로 합병해버리자, 독일에서 반(反)덴마크 감정이 고조되었다. 이 틈을 타서 비스마르크는 오스트리아를 끌어들여 덴마크와 전쟁을 벌였다. 그리고 이 전쟁에서 일방적인 승리를 거둔 프로이센은 슐레스비히를, 그리고 오스트리아는 홀스타인을 각각 나누어 가졌다.[21)]

그 다음 비스마르크의 목표는 오스트리아를 독일연방에서 추방하고 프로이센이 독일 내에서 주도권을 장악하는 일이었다. 오스트리아와 프로이센의 싸움은 어떻게 보면 거의 숙명적인 것이었다. 왜냐하면, 두 나라는 이미 18세기에 두 차례의 전쟁을 치른바 있었기 때문이다. 오스트리아 계승전쟁과 7년 전쟁이 그것이다. 이 두 차례의 전쟁에서 프로이센은 승리를 거두고 오스트리아로부터 슐레지엔을 빼앗은 바 있었다.

1806년에 신성로마제국이 해체되고, 1815년에 새롭게 조직된 독일 연방 안에서도 오스트리아와 프로이센의 대립은 계속되었다. 독일 연방은 35개 국가와 4개의 자유시로 구성되었는데, 오스트리아는 의장 국가로서 여전히 우두머리 행세를 했고, 이에 대해 프로이센은 사사건건 오스트리아와 대결하는 자세를 취했다.

1848년에 개최된 프랑크푸르트 국민의회에서도 가장 큰 문제는 오스트리아와 프로이센의 대립이었다. 이 의회에서 크게 부각된 대독일주의와 소독일주의의 대립은 사실상 오스트리아 지지세력과 프로이센 지지세력 간의 대립이었다. 두 나라 사이의 대립관계는 1862년 비스마르크가 프로이센 수상이 되면서 더욱 악화되었다.

1866년 6월에 드디어 오스트리아-프로이센 전쟁이 시작되었다. 사람들은 전쟁이 장기전으로 갈 것을 예상했다. 그러나 전쟁은 불과 7주 만에 끝났다. 프로이센의 일방적 승리였다. 전쟁 후 프로이센은 북독일연방을 조직하고 독일의 패권을 잡았다. 이와 함께 오랫동안 프로이센과 함께 독일의 패권을 다투던 오스트리아는 독일 연방으로부터 배제되었다. 15세기 이래 독일 전체의 황제 자리는 언제나 오스트리아의 합스부르크 왕가가 쥐고 있었다. 독일인들의 정치적 중심지도 베를린이 아니라 빈이었다.[22] 그러던 오스트리아가 독일 연방으로부터 쓸쓸히 추방된 것이다. 이와 같이 독자적인 길을 가게 된 오스트리아는 제국 내에서 이탈할 가능성이 높았던 헝가리와 손을 잡기 위하여 국명 자체를 오스트리아-헝가리 이중 왕국으로 바꾸게 되었다.

철혈정책의 완성 : 프로이센-프랑스 전쟁에서의 승리

비스마르크의 다음 목표는 프랑스였다. 프로이센이 프랑스와의 전쟁에 뛰어든 이유는 무엇이었을까? 첫째는 남부독일 문제였다. 프로이센-오스트리아 전쟁에서 승리한 후 프로이센은 북독일연방을 조직하여 그 맹주가 되었으나, 전쟁 중 오스트리아 편이 되어 프로이센에 대항했던 남부 독일의 강대국들인 바이에른, 뷔르템베르크, 바덴, 헤센-다름슈타트(Hessen-Darmstadt) 4개국은 전쟁 후에도 프로이센에 협조하기를 거부했다. 이들 4개국을 끌어들이지 않고서는 완전한 독일의 통일이 사실상 불가능하다고 판단한 비스마르크는 프랑스와의 전쟁을 벌여서 이들 4개국을 자기편으로 만들 생각을 했다. 둘째는 유럽에서의 패권을 노리는 비스마르크의 장기적인 목표였다. 오스트리아를 굴복시킨 후 유럽 본토에서 독일의 가장 강력한 적수는 프랑스 밖에 없다고 비스마르크는 생각하였다. 또, 나폴레옹 전쟁 당시 독일은 프랑스에 의해 여러 가지로 고통을 당한 경험이 있었기 때문에 이제 그 고통을 되갚아 줄 때가 왔다고 비스마르크는 생각했을 것이다.

프로이센-프랑스 전쟁의 직접적인 원인은 엠스(Ems) 전보 사건이었다. 1868년 에스파냐에서 혁명이 발생하고 새로 들어선 혁명정부는 프로이센 왕가 출신을 새로운 에스파냐의 왕으로 추대하였다. 그러나 프랑스가 강력하게 항의하자, 프로이센 왕가에서는 에스파냐의 요구를 거절하겠다는 의사를 표명하였다. 그러나 이에 만족하지 못한 독일주재 프랑스 대사는 엠스온천에서 휴양중인 프로이센 왕 빌헬름

1세를 찾아가 프로이센 왕가에서 분명히 에스파냐 왕위를 거절하겠다는 왕의 공식적인 약속을 받으려고 하였다. 빌헬름 1세는 프랑스 대사의 요구를 거절하고, 그 상세한 내용을 비스마르크에게 전보로 보냈다.

비스마르크는 이 전보 내용을 가위질해서 프로이센과 프랑스의 양쪽 국민들이 다 같이 분노와 흥분의 감정을 나타내도록 적당히 조작하여 발표하였다. 비스마르크의 의도대로 프랑스 국민들은 프로이센 왕이 프랑스 대사를 모독했다고 비난하면서 프랑스 황제 나폴레옹 3세에게 프로이센에 선전포고를 할 것을 촉구하였다. 나폴레옹 3세는 선뜻 내키지 않으면서도 국민들의 여론에 떠밀려 1870년 7월 19일 프로이센에 선전포고를 했다. 프로이센-프랑스 전쟁이 일어난 것이다.

이 전쟁은 민족전쟁이라고 불러도 이상하지 않을 정도로 독일과 프랑스 양측에서 민족적 열기가 솟아올라서 극도의 흥분상태를 나타낸 전쟁이었다. 심지어는 북독일연방에 가입하기를 거부했던 남부 독일의 4개 국가도 민족적인 여론의 재촉에 못이겨 할 수 없이 프로이센을 도와 프랑스와의 전쟁에 뛰어들 정도였다.[23] 그러나 팽팽한 접전이 예상될 것 같았던 프로이센-프랑스 전쟁 역시 당초 예상과는 달리 사전에 미리 철저한 전쟁 계획을 세워놓은 프로이센에게 일방적으로 우세한 방향으로 전개되었다. 개전한지 두 달도 안되어 프랑스 황제 나폴레옹 3세가 세당(Sedan)에서 포로가 될 정도였으니 말이다. 그 후 파리에 세워진 프랑스 임시정부는 항전을 계속하였으나, 결국 1871년 1월에 임시정부도 성문을 열고 프로이센에 항복을 하였다.

전쟁이 프로이센의 승리로 끝난 후 독일의 대표들은 1871년 1월

베르사유 궁전에서 개최된 독일제국 선포식(1871.1.18, 안톤 폰 베르너의 작품). 단상 중앙에 서있는 사람이 빌헬름 1세이고, 단아래 흰 제복을 입은 사람이 비스마르크이다.

18일 베르사유 궁전에서 가장 크고 화려한 방인 거울의 방에 모였다. 이 자리에 참석했던 북독일연방의 대표단은 프로이센 왕 빌헬름 1세를 독일 황제라고 불렀다. 마침내 분열되었던 독일이 통일되고, 새로운 독일제국이 탄생하는 순간이었다.

1871년 독일제국의 선포: 독일사의 축복?

이로써 독일은 1806년에 신성로마제국이 해체된 이후 65년 만에 신성로마제국을 대신하는 새로운 제국 시대를 맞이하게 되었다. 신성로마제국이 300개 이상의 영방국가로 분열된 형식상의 제국이었다면, 비스마르크가 이룩한 제2제국은 비록 25개의 지역 국가로 구성된 연

승리의 여신 빅토리아의 금빛 상으로 유명한 베를린 전승기념탑

방국가의 형태를 취하기는 했지만, 황제와 수상의 권한이 강화된 실질적인 제국이었다고 할 수 있다.

1871년에 이루어진 독일의 통일과 독일제국의 선포는 당시 독일인의 입장에서 볼 때는 그야말로 경이스러운 대사건임에 틀림없다. 독일인들은 1871년에 수립된 독일제국을 신의 특별한 은총으로 생각했다.[24] 그리하여 그들은 독일제국의 성립을 가능하게 했던 덴마크, 오스트리아, 프랑스와의 연달은 승리를 영원히 기념하기 위해 베를린 한가운데다 베를린 전승기념탑을 세웠다. 그리고 69m나 되는 이 탑의 꼭대기에는 승리의 여신 빅토리아의 금빛 상을 세워놓았다.

그러나 이 사건으로부터 50년쯤 지난 후의 독일의 형편을 보면, 1871년 독일제국의 선포는 마냥 축하할만한 사건은 아니었다는 사실을 금방 깨닫게 된다. 왜냐하면 독일이 제1차 세계대전에서 비참한 패배를 당하고, 굴욕적인 베르사유 조약을 맺게 된 계기는 바로 1871년의 승리와 환호 뒤에 숨어있었기 때문이다.

여기에서 우리는 1871년의 독일 제국의 수립이 내포한 태생적인 문제는 무엇이었는지 잠시 성찰할 필요가 있다. 무엇보다 독일의 통일과 독일제국의 수립이 갖고 있는 문제의 본질은 그것이 비스마르크의 철혈정책을 통해 달성되었다는데 있었다. 독일의 통일이 1848년의 프랑크푸르트 국민의회에서 제기된 것과 같은 자유주의적, 민주주의적 방식과는 거리가 먼 철혈정책에 의해 달성됨에 따라 이후 독일 국민들의 마음 속에는 "군비와 전쟁만이 모든 문제를 해결한다"는 군국주의적 심성이 자리잡은 것은 아니었을까?

이와 같이 독일제국에서 만연한 군국주의적 습성의 배후에는 프로이센이 있었다. 독일제국은 형식상 4왕국(프로이센, 바이에른, 작센, 뷔르템베르크), 6대공국, 5공국, 7후국(侯國), 3자유시 등 모두 25개 국가로 이루어진 연방국가로 각 국가의 대표들로 구성된 연방 참의원

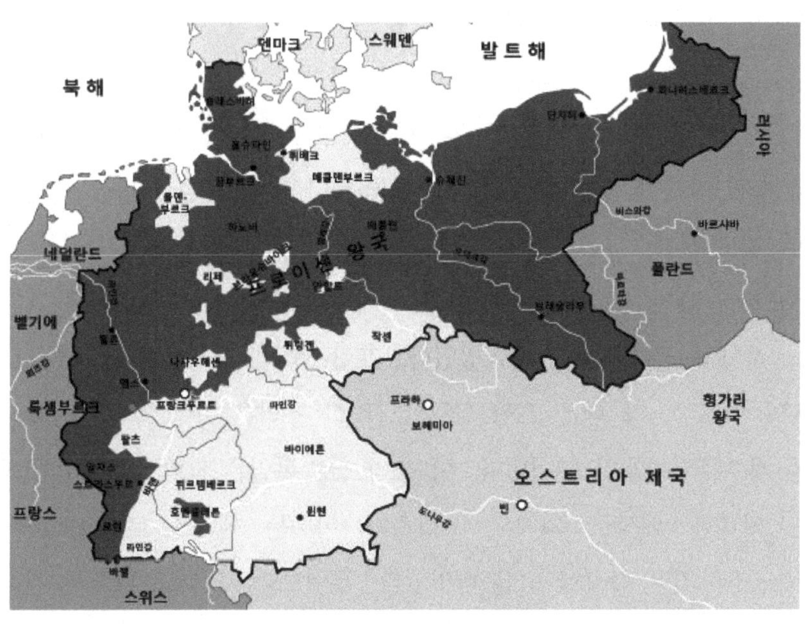

1871년에 통일된 독일에서 약 60퍼센트를 차지하는 프로이센 왕국의 영토

이 상원을 구성하여 여기서 독일 제국의 중요한 문제를 결정하였다. 그러나 내막을 들여다보면 독일통일의 주역인 프로이센 왕국의 영향력이 거의 절대적이라고 할 수 있었다. 왜냐하면 프로이센은 면적과 인구에서 전 독일의 약 60퍼센트을 차지할 정도로 독일제국을 구성하는 다른 국가들과는 비교가 안될 정도로 막강한 힘을 가진 나라였기 때문이다.

그런데 프로이센은 17세기에 갑자기 존재감을 드러낼 때부터 그 수도인 베를린을 북방의 스파르타라고 칭할 정도로 군국주의적인 성격이 강한 나라였다. 이와 같이 태생적으로 군국주의적 속성을 지녔던 프로이센과 마찬가지로 1871년에 새로 성립된 독일제국 역시 태생적으로 군국주의적 속성을 지녔다고 볼 수 있다. 이런 나라가 통일 후에도 독일제국의 주도권을 차지했으니 그 후의 독일 제국이 어떤 방향으로 나아갈 것인지는 너무나 명약관화한 사실이라 하겠다. 이렇게 볼 때 제1차 세계대전의 싹은 바로 1871년 독일 통일과 독일제국의 성립 깊숙한 곳에 이미 잠재되어 있었다고 해도 결코 과장된 말은 아니라고 본다.

또한, 제1차 세계대전의 비극을 초래한 불행의 싹은 프로이센-프랑스 전쟁의 끝부분에도 숨어있었다. 프랑스와의 전쟁에서 승리한 후 독일이 프랑스와 맺은 프랑크푸르트 평화 조약은 프랑스의 입장에서 볼 때 너무 가혹한 것이었다. 이 조약으로 독일은 50억 프랑이나 되는 막대한 배상금 외에도 프랑스가 아끼는 알사스-로렌(Alsace-Rorrain) 같은 중요한 땅을 빼앗았다. 무엇보다 프랑스로 볼 때 견디기 힘들었던 것은 자기네 왕의 궁전인 베르샤유 궁전에서 독일이 독일제국을 선포하며 환호했다는 사실이었다. 이러한 사실들은 프랑스인들의 마음속에 독일에 대한 적대감을 심어주기에 충분했으며, 이러한 적대감은 결국 제1차 세계대전 후 프랑스가 중심이 된 연합국이 독일에 강요한 베르사유 조약에서 분출되었다. 그 조약에 나타난 독일인의 예상을 뛰어 넘는 가혹한 조항들은 사실상 독일에 대한 프랑스인의 오랜 분노의 표현, 그 이상도 아니고 그 이하도 아니었던 것이다. 이렇게 볼 때 비스마르크의 철혈정책과 독일의 통일은 그 결과에 비추어 봤을 때 독일사의 비극으로 연결된 사건들의 하나라고 주장해도 지나친 말은 아닐 것이다.

3장

독일의 현대 역사 산책

1. 빌헬름 2세의 세계정책과 제1차 세계대전

비스마르크의 퇴장과 빌헬름 2세의 친정 시작

1871년 독일제국의 성립이후 비스마르크가 물러난 1890년까지 약 20년간의 시대를 역사에서는 흔히 '비스마르크 시대'라고 부른다. 왜냐하면 비스마르크가 재상으로 있었던 이 시기 동안 독일의 국내 문제 뿐 아니라 국외 문제 또한 전적으로 비스마르크의 손에 의해 좌우되었기 때문이다. 이 시기는 국내적으로 볼 때 정치적 갈등과 경제적 불경기로 점철된 시기라고 할 수 있었다. 그러나 국제적으로는 볼 때는 비스마르크의 교묘한 외교적 수완에 힘입어 유럽에서 보기 드물게 평화가 유지된 시기였다.25)

비스마르크는 비록 철혈정책을 통해 독일을 통일하기는 했지만, 통일 후에는 독일이 획득한 것을 지키는 데 그의 모든 외교 역량을 동원했다. 그의 외교정책은 한마디로 프랑스를 제외한 유럽의 모든 열강들과 친밀하게 지내는 것이었다. 그리고 독일을 겨냥한 유럽국가간의 동맹을 사전에 차단하는 것이었다. 이는 고도의 외교술과 정치적 자제력이 요구되는 정책이었는데, 이것이 가능했던 것은 비스마르크의 탁월한 경륜과 능력이 있었기 때문이었다. 그는 유럽의 열강들 사이를 오가며 부지런히 동맹관계를 맺기에 힘썼다. 1879년에 독일과 오스트리아-헝가리 사이에 맺은 2제(帝) 동맹, 1881년에 독일, 오스트리아-헝가리, 러시아 사이에 맺은 3제(帝) 동맹, 1882년에 독일, 오스트리아-헝가리, 이탈리아 사이에 맺은 삼국동맹, 1887년에 러시아와 맺은 독·러 재보장조약 등은 모두 그러한 노력의 산물이었다. 그리고 이러한 모든 동맹의 목표가 프랑스의 고립화에 있었음은 두말할 필요도 없다.26)

그러나 비스마르크의 외교적 수완에 의해 유지되는 이러한 동맹은 사실상 처음부터 많은 취약점을 지니고 있는 억지스러운 동맹이었다고 할 수 있다. 왜냐하면 독일과 동맹관계에 있었던 오스트리아가 삼제동맹에 들어있는 러시아와는 발칸반도의 지배권을 둘러싸고 서로 대립하는 관계에 있었고, 삼국동맹에 들어있는 이탈리아와도 영토문제로 서로 대립관계에 있었기 때문이다.27) 이러한 사정을 잘 아는 비스마르크는 1887년에 삼제동맹이 깨졌을 때 동맹국인 오스트리아가 모르는 상태에서 비밀리에 러시아와 독·러 재보장조약을 체결했던 것이다. 어찌되었든 비스마르크의 현란한 외교 정책은 독일이 통일된 1871년부터 제1차 세계대전이 발발한 1914년까지 40년 가까운 세월 동안 유럽의 장기적인 평화를 유지하는 데 크게 기여했음은 숨길 수 없는 사실이다.28)

빌헬름 2세

그러나 1890년 3월 2일 비스마르크가 해임되면서 비스마르크의 외교적 수완에 의해 유지되던

영국 잡지 '펀치'에서 권력의 자리에서 내려가는 비스마르크를 풍자한 삽화(1890.3. 29). 위에서 조롱하듯이 내려다 보는 사람은 빌헬름 2세이다.

유럽의 평화는 끝이 났다. 비스마르크와 보조를 같이 하던 독일 황제 빌헬름 1세가 1888년 사망한 후 후두암을 앓고 있던 그의 아들인 프리드리히 3세가 즉위했으나 몇 달 만에 사망하고, 결국 프리드리히 3세의 아들인 빌헬름 2세가 29세의 나이로 즉위하게 되었다. 빌헬름 2세는 뛰어난 재능과 기억력을 가졌지만, 편협하고 충동적인 성격에다 자제력이 부족했으며, 무엇보다 한쪽 팔의 불구로 인하여 마음의 상처를 심하게 갖고 있는 사람이었다.29) 그는 또, 프로이센의 군국주의자였던 프리드리히 대왕을 숭배한 나머지 프리드리히 대왕의 복장을 즐겨 입었으며, 자신을 신성로마제국 황제의 후계자로 여길 정도로 과시적이고 허영심이 강한 왕이기도 했다.30) 그는 1890년 만기가 된 러시아와의 재보장조약을 갱신하는데 반대함으로써 비스마르크가 그토록 공을 들였던 러시아와의 관계를 파탄냈다. 그리고 이에 대해 쓴 소리를 하는 비스마르크를 해임했다.

한편 비스마르크 시대 내내 심각한 불경기 상태에 있었던 독일의 경제는 빌헬름 2세 시기에 크게 성장하여, 독일의 경제는 이른바 고도 자본주의 단계로 발전했다. 그러나 급속한 산업화의 결과로 생겨난 공업과 농업, 자본가와 노동자, 귀족과 부르주아 사이의 사회적 간극 또한 날이 갈수록 심해졌다. 그러나 이와 같은 사회적 대립을 책임지고 조정해야 할 정당들은 서로 극심한 대립관계에 있었기 때문에 이러한 과제를 해결할만한 의지나 능력을 갖고 있지 못했다. 독일제국의 국정을 책임 맡고 있는 지배 엘리트들 역시 어렵고 복잡한 국내외적 상황을 헤쳐 나갈 만한 능력을 갖고 있지 못하기는 마찬가지였다. 당시 독일제국의 의사결정권을 가진 사람들은 황제를 포함하여 독일제국과 프로이센 내각의 구성원들, 프로이센 군대의 참모장들, 그리고 제국을 구성하는 25개 국가의 정부 대표들이었는데, 이들 집단은 한결같이 보수적이고 협소한 정치관을 지니고 있었기 때문이다.31)

빌헬름 2세의 세계정책, 유럽 열강들을 자극하다

독일제국의 정치적, 경제적 잠재력이 급격하게 확대됨에 따라 대다수의 독일인들은 자신들이 살고 있는 땅이 너무 비좁다고 생각하기 시작하였다. 독일인들의 마음속에 이른바 대국(大國)감정 같은 것이 나타난 것이다. "우리는 세계 강대국이 되어야 한다. 우리는 전 세계로 뻗어나가야 한다. 우리는 이제 전 세계에 앞장을 서야 한다."는 식으로 세계 최강대국이 되고자 하는 열망이 싹트기 시작한 것이다.32) 사실상, 비스마르크는 통일 후 유럽의 현상을 유지하는 일에 관심을 쏟다보니 해외 식민지 확보에는 별로 신경을 쓰지 않았다. 그렇다 보니 독일은 다른 국가들에 비해 상대적으로 해외 식민지가 적었고, 독일의 국민들은 뒤늦게 이러한 상황에 대해 불만을 갖게 되었던 것이다.

1890년에 비스마르크가 은퇴하고 빌헬름 2세가 직접 정치 일선에 뛰어들면서, 비스마르크가 일관되게 추구해왔던 유럽과 독일의 현상유지 정책은 폐기되었다. 그 대신에 새롭게 등장한 것이 세계정책이다. 이러한 새로운 대외정책은 식민지와 대외 무역의 확대를 염원했던 상공업자들의 요구로 인해 더욱 강화되었다. 그러나 독일의 세계정책은 시작 단계에서부터 커다란 암초에 부딪치게 되었다. 동유럽을 넘어 오스만 제국의 메소포타미아까지 그 영향력을 확대하려는 독일의 외교정책이 영국과 러시아를 크게 자극했기 때문이다. 특히 1899년 베를린, 빈, 바그다드를 연결하는 철도가 건설되기 시작하면서 이러한 긴장은 더욱 높아지게 되었다. 이것은 중동과 인도에서 이미 기득권을 갖고 있던 영국은 물론 발칸반도와 터키의 보스포러스 해협을 차지하려던 러시아의 야망과도 크게 충돌했기 때문이다.

또 다른 충돌 요소는 독일 함대의 건설문제였다. 1897년부터 독일 함대 건설이 본격화되어, 백만 명 이상의 회원을 가진 독일 함대협회라는 대중 조직까지 출현하였다. 이러한 운동은 당시 세계의 모든 바다를 주름잡고 있던 영국의 거센 반발을 불러일으킬 가능성이 매우 큰 예민한 사안임에도 불구하고 독일 황제 빌헬름 2세나 정치가들은 이러한 것들을 무시한 채 거침없이 독일 함대 건설에 박차를 가했다.[33]이와 같이 제1차 세계대전이 발발하기 전 10년 동안 독일의 외교정책은 점점 더 변덕스럽고, 호전적인 방향으로 달려가고 있었기 때문에 독일은 주변의 강대국들과 좌충우돌하는 상황에 놓이게 되었

던 것이다.34)

특히 빌헬름 2세가 추구한 중동으로의 팽창정책, 그리고 독일함대 건설은 러시아와 영국을 크게 자극하는 뇌관으로 작용했다. 이러한 사태가 초래한 결과는 무엇이었던가? 그것은 바로 비스마르크가 살아 있었다면 가장 통탄했을만한 사태, 즉 영국과 러시아가 프랑스에 접근하는 사태로 연결되었다. 1904년에 영국과 프랑스는 오랜 식민지 전쟁을 종결하고 영·불화친조약을 체결하였다. 1907년에는 영국과 러시아 사이에도 협약이 맺어졌다. 이로써 유럽의 열강들은 독일이 그 전에 오스트리아, 이탈리아와 맺었던 삼국동맹과 프랑스, 영국, 러시아 간에 새로 맺은 삼국협상의 대립 관계로 급속히 재편되었다. 유럽의 열강들이 아무런 중재세력 없이 두 개의 적대적인 동맹으로 나누어짐으로써 유럽은 이제 조그마한 불씨 하나로도 어쩔 수 없이 전쟁으로 돌입할 수 밖에 없는 위험한 상황에 놓이게 되었다.

범게르만주의와 범슬라브주의의 대립, 그 결과는?

이무렵 독일을 위기에 빠뜨릴 수 있는 국제관계의 위험 요소는 또 있었다. 그것은 바로 발칸반도에서 전개되는 범게르만주의와 범슬라브주의의 대립이었다. 이 지역에서 오스트리아가 중심이 된 범게르만주의와 세르비아가 중심이 된 범슬라브주의의 대립은 날이 갈수록 격화되고 있었다. 특히 1878년 오스트리아가 그 전부터 세르비아가 노리고 있던 보스니아-헤르체고비나를 일방적으로 합병한 이후 두 나라 간의 관계는 그야말로 최악의 사태로 치솟고 있었다. 오죽하면 발칸

세르비아의 암살범 프린치프가 오스트리아의 황태자 페르디난트 부부에게 총격을 가하는 장면(1914.6.28)

반도를 유럽의 화약고라고 했을까.

문제는 범게르만주의와 범슬라브주의의 대립은 단순히 오스트리아와 세르비아의 대립으로 끝날 문제가 아니라, 그 배후에 있는 독일과 러시아의 정면 대결로 확대될 수 있는 가능성이 얼마든지 있다는 데 있었다. 독일은 이 문제가 악화되었을 경우에 대비한 치밀한 전략을 수립하지 못했던 것 같다. 왜냐하면 오스트리아와 세르비아 간의 전쟁이 터졌을 때 독일은 깊이 생각해볼 시간도 갖지 못한 채 어쩔 수 없이 전쟁에 뛰어들었기 때문이다.

바로 이때 오스트리아-헝가리 제국의 페르디난트(Ferdinand) 황태자 부부가 1914년 6월 28일 보스니아의 수도인 사라예보에서 암살당했다는 소식이 전해졌다. 이러한 위기 상황 속에서 오스트리아-헝가리 제국과 동맹관계에 있었던 독일이 어떤 결정을 내리느냐가 초미의 관심사로 떠오르게 되었다. 만일에 제대로 된 지도자였다면 자기가 내린 결정이 독일과 유럽 전체에 미칠 파장을 충분히 내다보면서 보다 신중하고 합리적인 결정을 내렸으리라 본다. 그러나 당시 독일 황제 빌헬름 2세는 그렇지 못했다. 오스트리아-헝가리가 세르비아에 대한 응징을 결정하기 전에 먼저 독일정부에 의사타진을 해왔을 때 독일 황제 빌헬름 2세는 자기의 의사결정이 국제관계에 미칠 영향에 대한 충분한 고려도 없이 오스트리아-헝가리에게 아낌없는 지원을 약속했다. 말하자면 그는 오스트리아-헝가리 대표단에게 덜컥 백지수표를 던져준 것이다. 이때만 해도 빌헬름 2세와 그 핵심 참모들은 유럽에서 전면전이 일어나리라고는 꿈에도 생각하지 못하고, 단지 동맹국인 오스트리아-헝가리에게 믿음직한 형제국가임을 과시하기 위하여 이런 결정을 내렸다고 볼 수 있다.[35] 만일에 이때 비스마르크가 살아 있었다면 절대로 빌헬름 2세와 같은 결정을 내리지는 않았을 것이다. 비스마르크가 외교정책의 고수였다면 빌헬름 2세는 하수에 불과했다는 것이 독일의 비극이라면 비극이었다.

세르비아에 대한 응징책을 놓고 오스트리아-헝가리에서는 본래 세르비아 뒤에 있는 러시아의 개입을 염두에 둔 탓인지 강경론보다는 온건론이 우세했다. 그러나 독일 황제의 전적인 지원 약속 때문에 오스트리아는 갑자기 강경책으로 선회했으며, 7월 23일에 세르비아가 받아들이기 어려운 조건을 담은 최후통첩을 보냈다. 세르비아는 오스트리아-헝가리가 제시한 10개 요구사항 중 단 한 가지만 거부했음에도 불구하고 이미 강경론이 대세를 이루고 있던 오스트리아-헝가리는 7월 28일에 세르비아에 선전포고를 했다.[36]

독일은 비록 오스트리아-헝가리에 백지수표를 던져주기는 했으나, 내부적으로는 오스트리아가 세르비아를 신속히 응징한 후 사태를 종결시키기를 원했다. 또한 영국도 전쟁 발발 1주일 전에 분주한 외교

활동을 전개하여 오스트리아-세르비아 분쟁을 해결하기 위한 국제회의 소집을 요구했다. 그러나 이 제안은 오스트리아를 옹호하던 독일의 거부로 취소되었다.37) 그러한 가운데, 7월 30일에 러시아가 총동원령을 내리자 독일도 러시아에 최후통첩을 할 수 밖에 없었다. 마침내 전쟁이 시작된 것이다.

전쟁의 소식은 문자 그대로 모든 것을 휩쓸고 지나가는 폭풍과 같은 위력을 발휘하였다. 1870년 프랑스와의 전쟁에서 샘솟듯 나왔던 민족의식과 애국적 열광이 다시 독일을 휩쓸었던 것이다. 언제나 정부를 비판해 왔던 사회민주당의 모든 의원들까지 나서서 전쟁수행에 필요한 전쟁 공채안을 거의 만장일치로 통과시킬 정도였다. 이때만 해도 독일 국민은 전쟁이 '낙엽지기 전에' 끝날 것으로 생각했다. 다시 말해서 그들이 시작하려는 전쟁이 얼마나 길고 고된 여정이 될 것인지를 내다본 사람은 거의 없었던 것이다.38)

독일을 절망의 나락으로 몰아넣은 제1차 세계대전

20세기에 들어서면서 독일은 대규모의 전쟁 가능성에 대해 어느 정도 예견을 했던 것 같다. 이것은 1905년에 독일 육군참모부의 총사령관 슐리펜(Alfred Graf von Schlieffen) 장군이 두 개의 전선을 고려한 전략을 짜기 시작한 것을 통해서 잘 알 수 있다. 이른바 슐리펜 계획이라는 이 전략에 따르면, 만일에 전쟁이 발발하면 독일은 우선 서부전선에 병력을 집중시켜 중립국 벨기에와 북부 프랑스의 전선을 돌파하여 몇 주 내에 프랑스 군대를 섬멸하고, 그런 다음 병력을

동부전선으로 이동시켜 러시아의 군대를 격파한다는 것이었다.[39]

그러나 전쟁은 독일의 기대와는 너무나 다른 방향으로 진행되었다. 독일이 완전무결한 계획안이라고 자신했던 슐리펜 계획은 프로그램대로 작동하지 않았던 것이다. 우선, 프랑스 군대와 본격적인 싸움도 시작하기도 전에 러시아 군대가 밀려왔기 때문에 독일은 서부와 동부 두 전선으로 군대를 양분하는 수 밖에 없었다. 동부전선에서는 힌덴부르크(Paul von Hindenburg)Verdun) 장군이 지휘하는 독일 군대가 탄넨부르크(Tannenburg) 전투에서 대승을 거두는 성과를 거두기도 했지만, 서부전선의 상황은 기대했던 바와는 너무나 다르게 진행되었다. 독일 군대는 벨기에를 거쳐 프랑스 깊숙이까지 진격했지만, 파리를 불과 40km 남겨 두고 벌린 마른(Marne) 전투에서의 패배로 독일군의 진격이 일단 저지되었기 때문이다. 그리하여 1914년 10월부터 서부전선은 참호전의 양상을 보이기 시작하였다. 이때 형성된 양진영의 전선은 1918년 전쟁이 끝날 때까지 지속되었다.

그러는 사이에 초조해진 독일이 무제한 잠수함 작전을 전개한 것을 계기로 1917년 4월 2일부터 미국이 대독일전에 참가함으로써 전세는 역전되었다. 여기에다 독일이 서부전선의 교착상태를 타개하기 위하여 1916년 2월부터 12월까지 무려 50개 사단, 125만의 병력을 이용하여 최후의 반격을 시도했던 베르됭(Verdun)전투도 막대한 피해를 당한 채 독일군의 패배로 결론이 났다. 이에 당시 서부전선의 총사령관을 맡고 있던 힌덴부르크와 참모장 루벤도르프는 1918년 9월 29일에 빌헬름 황제에게 서부전선에서 독일군이 완전히 붕괴하기 전에 하루라도 빨리 새 정부를 구성하여 연합국과의 휴전협상에 나서라고 권유하기에 이르렀다.[40]이에 사회민주당, 자유당, 중앙당 출신 장관들로 구성된 내각이 10월 3일에 독일 정부의 이름으로 윌슨 대통령에게 휴전 및 평화 청원을 보내기에 이르렀다.[41]

휴전협상이 진행되는 중에 1918년 11월 3일에는 독일 함대가 머물고 있는 킬(Kiel) 군항에서 수병들이 영국함대를 공격하라는 독일 해군본부의 명령을 거부하고 반란을 일으켰다. 이와 함께 11월 9일에는 수천 명의 베를린 노동자들이 즉각적인 휴전과 빌헬름 2세의 퇴위를 요구하며 대대적인 시위를 전개하였다. 이를 계기로 각 도시에서 황제의 퇴위와 민주정부의 수립을 요구하는 혁명이 일어났다. 사회주의자들은 노동자·병사 소비에트를 조직하고 더욱 극렬하게 반정부운동을 전개하였다. 사태가 이렇게 되자 독일제국의 마지막 총리인 막스 폰 바덴은 독단적으로 황제의 퇴위를 선언하고 사민당 지도자인 프리드리히 에베르트(Friedrich Ebert)를 새로운 총리로 지명하는 사태까지 벌어졌다. 이에 독일 황제 빌헬름 2세는 11월 9일에 퇴위를 선언한 후 네덜란드로 망명했다.[42]

그로부터 이틀이 지난 후 독일의 외무상인 에르츠베르거(Matthias Erzberger)가 프랑스 콩피에뉴 근처의 어느 숲에서 휴전협정에 서명함으로써 제1차 세계대전은 끝이 났다. 1918년 11월 11일이었다. 이로써 1860년대에 시작된 비스마르크의 철혈정책이 초래한 엄청난 성공과 그로 인해 하늘을 찌르듯 승승장구하던 독일의 야망과 패기는 여지없이 무너지고, 독일은 처음으로 깊은 좌절과 절망의 수렁으로 빠지게 되었다.

2. 바이마르 공화국의 실패

독일 최초의 민주 공화국, 바이마르 공화국

1918년 11월 10일 제1차 세계대전에서 패배한 독일 황제 빌헬름 2세가 네덜란드로 망명한 후, 사회민주당과 독립사회민주당 의원들로 구성된 임시정부가 구성되었다. 그리고 사회민주당의 에베르트가 수상이 되었다. 그러나 1919년 1월에 베를린에서 레닌의 공산주의를 신봉하는 급진 좌파세력인 스파르타쿠스단(Spartakusbund)의 무장폭동이 일어나 베를린을 장악하는 사태가 일어났다. 이에 사회민주당이 이끄는 임시정부는 극우 성향을 지닌 퇴역군인들로 조직된 자유군단

바이마르 헌법이 제정된 바이마르 국립극장

을 끌어들여 스파르타쿠스단의 폭동을 진압했다.

이 폭동을 진압한 후 임시정부는 1919년 1월 19일에 새로운 헌법을 만들기 위한 제헌의회선거를 실시하였다. 이 선거는 독일역사상 처음으로 20세 이상의 성인남녀 모두가 참여한 보통선거였다. 이 선거의 결과 사회민주당, 중앙당, 독일민주당 등 온건좌파 및 중도세력이 76퍼센트의 표를 얻어 연립정부를 구성했다. 이 같은 선거결과는 당시 독일 국민의 대다수가 자유주의적이며 민주적인 공화정부를 원하고 있다는 것을 잘 말해주는 결과라고 할 수 있다.[43] 제헌의회는 극좌파들의 폭동으로 시끄러운 베를린을 피하여 괴테와 실러의 숨결이 서려 있는 도시인 바이마르에 모여 1919년 2월부터 헌법을 제정하기 시작하였다. 그리고 8월 14일에 역사상 바이마르 헌법이라고 불리어지는 새로운 헌법을 발표하였다. 이로써 독일 최초의 민주 공화국인 바이마르 공화국이 탄생하였다.

베르사유 조약이 던진 파문

새 정부가 추진해야 할 가장 큰 과제는 전승국과 평화조약을 마무리 짓는 일이었다. 새 정부는 그렇게 가혹하지 않은 평화조건을 전승국측이 제시할 것으로 예상했다. 즉 기껏해야 몇 개의 영토를 양보하고, 1871년에 프랑스가 독일에게 지불했던 전쟁보상금 정도만 독일이 내어주면 끝날 줄 알았던 것이다. 그러한 환상은 전승국측이 1919년 5월 7일에 평화조건을 공포하자 여지없이 깨져버렸다. 제시된 평화조건에 의하면, 독일은 영토의 14%를 양도해야 했고, 라인강

좌안(左岸) 지역은 15년간 연합국 군대가 점령하게 되어 있었다. 그로 인해 독일은 인구의 10%와 철광석의 절반, 석탄매장량의 4분의 1을 내주어야 했다. 또한 모든 해외식민지를 포기해야 했으며, 해외에 투자한 모든 자금과 특권을 잃어야 했다. 거기 더하여, 독일 군대는 육군 1만명과 해군 1만 5천명으로 제한되었으며, 탱크, 비행기, 잠수함의 보유도 금지되었다.[44)]

이러한 조약의 내용이 알려지자 독일의 국민들은 엄청난 충격과 배신감에 몸을 떨어야 했다. 그야말로 망연자실의 상태에 빠지게 된 것이다. 독일의 샤이데만 총리가 "이러한 조약에 서명하는 손은 썩어 문들어 지는게 낫다"라고 말하며 조약을 거부한 것은 당시 독일인의 정서를 잘 나타낸 것이었다.[45)] 그러나 독일은 연합국과의 새로운 전쟁을 시작할만한 여력을 갖고 있지 않다는 것도 엄연한 사실이었기 때문에 1919년 6월 22일에 열린 독일 의회에서는 237대 138로 조약을 받아들이기로 가결했다.

그리하여 1919년 6월 28일 독일 정부의 대표가 전승국의 대표들과 만나서 프랑스 베르사유 궁전에 있는 거울의 방에서 이른바 베르사유 조약을 체결하였다. 그 방은 48년 전에 빌헬름 1세의 황제 즉위식과 독일제국의 건국이 선포된 장소였다. 장소는 같았지만 승자와 패자는 완전히 뒤바뀐 상황 속에서 굴욕적인 조약이 체결되었던 것이다.

독일의 시각에서 보면 베르사유 조약은 '조약'이 아니라 무조건 지키라는 '명령'에 불과한 것이었다. 따라서 이 굴욕적인 조약을 강요한 프랑스를 비롯한 전승국에 대해 극심한 적대감을 갖는 것은 물론 이에 대해 적극적인 항의를 못하고 질질 끌려 다니는 인상을 주었던 바이마르 새 정부의 정치지도자들에게도 배신자라는 낙인을 찍게 되었다. 이를 계기로, 그 동안 민주적 정부가 공산주의를 막아줄 최선의 정부라고 정부를 추켜세웠던 보수진영과 민족주의 진영은 완전히 태도를 돌변해 바이마르 정부를 격렬하게 비판하기 시작했다. 심지어는 그 동안 중립적인 태도를 보였던 사람들 가운데서도 바이마르 정부를 반대하는 진영에 가담하는 사람들이 눈에 띄게 늘게 되었다.

바이마르 공화국의 치명적인 문제점들

이러한 와중에도 1919년 8월 14일에는 바이마르 공화국의 헌법이 공포됨으로써 전후 독일의 국가적 기초가 마련되었다. 그러나 1920년 6월 6일에 바이마르 헌법에 따라 처음 실시된 총선에서는 민주적 헌법질서를 지킬 수 있는 유일한 세력이었던 사회민주당, 중앙당, 독일민주당의 연합정부가 43%의 의석을 얻는데 그쳐, 그때까지 지켜왔던 3분의 2석을 상실하는 사태가 일어났다. 그 이후 바이마르 공화국의 유일한 지지 세력이었던 사회민주당, 중앙당, 독일민주당의 연합세력은 정부를 구성할 수 있는 과반수 의석을 확보하는 데 한번도 성공하지 못했다.

온건 민주세력이 과반수 의석을 상실한 대신에 극좌파는 20퍼센트, 극우파는 28퍼센트로 의석을 늘렸다. 이러한 상황에서는 내각이 정상적인 수명을 누릴 가능성은 처음부터 불가능했다. 바이마르 공화국이 지속된 14년 동안 무려 16차례나 내각이 바뀐 것은 바이마르 정부의

불안정성을 상징적으로 말해주는 사태라고 할 수 있다.[46)]

이와 같이 바이마르 공화국이 정상적으로 작동하기 어려웠던 이유 중의 하나는 바이마르 헌법이 갖고 있던 치명적인 문제점에서도 찾아볼 수 있다. 바이마르 헌법은 겉으로 볼 때 남녀평등과 인권과 자유를 보장한 최첨단의 민주주의적 헌법이라고 할 수 있었다.[47)] 그러나 이 헌법은 지나치게 이상적인 민주적 헌법을 지향한 탓인지 당시 독일의 상황에 맞지 않는 많은 문제점을 내포하고 있었다. 그 헌법에서는 정당 설립의 자유를 보장하고, 비례대표제를 확대한 결과 선거 때마다 수많은 정당들이 난립하는 결과가 나타났다. 이것은 결과적으로 안정적인 다수당의 출현을 어렵게 만들어 국정의 혼란을 초래하는 원인이 되었다. 더욱이 여러 가지 문제로 불만이 많은 계층이 증가하다 보니 선거를 치를 때마다 온건 민주세력의 의석은 줄어들고, 공산당, 나치당 같은 극좌나 극우를 표방하는 정당들의 의석이 증가하는 현상이 나타났다.

사실상 바이마르 공화국 헌법에서는 이러한 극우, 혹은 극좌 정당에 대한 견제 장치가 전혀 없었다. 1920년대의 상황으로 보아 바이마르 공화국을 지지하는 온건한 민주 정당보다는 공화국 자체를 파괴시키려는 극우, 혹은 극좌 정당이 국민을 선동함으로써 의회를 장악할 가능성이 높았는데, 바이마르 헌법을 만든 사람들 가운데서 헌법에다 그러한 견제 장치를 마련할 정도로 높은 통찰력을 가진 사람은 없었다.

또한, 바이마르 헌법 속에는 마치 악마의 발톱처럼 깊숙이 숨겨져 있는 치명적인 약점이 하나 있었다. 그것은 바로 대통령에게 부여된 긴급 명령권이었다.48) 연립내각이 제 구실을 할 때만 해도 사람들은 이 긴급 명령권이 별다른 의미가 없다고 생각했다. 그러나, 민주정당들이 연립정부를 구성하지 못하고 대통령이 임명하는 총리가 내각을 구성하는 사태가 벌어지자, 긴급 명령권은 효력을 발휘하기 시작했다. 왜냐하면 대통령 내각의 총리들은 수시로 대통령의 긴급 명령권을 남발하여 정권을 유지하려고 했기 때문이다. 무엇보다, 대통령의 긴급명령권이 그 악마적인 발톱을 본격적으로 드러낸 것은 다름 아닌 히틀러의 내각을 통해서였다. 1933년에 히틀러가 내각 총리로 임명되었을 때 순식간에 의회를 해산하고 강력한 독재정부를 수립했는데, 이 때 이용했던 무기가 바로 대통령의 긴급 명령권이었던 것이다.

천문학적 규모의 전쟁 배상금과 인플레이션

이와 같이 곤경에 처해있는 바이마르 공화국을 한층 더 어렵게 만든 것은 다름아닌 연합국이 패전국 독일에 부과한 배상금 문제였다. 베르사유 조약이 체결된 후에도 1년 반이나 지난 1921년 1월 29일 연합국 측이 요구한 배상금 액수가 드디어 세상에 공표되었다. 배상금 액수에 대해서 독일 관리들은 30년에 걸쳐 약 300억 마르크 정도를 지급할 것으로 예상했었다. 그러나 이번에도 그 액수는 독일인들의 기대를 크게 벗어난 것이었다. 연합국은 무려 2,260억 마르크라는 천문학적인 배상금을 독일에 요구했던 것이다. 이것은 독일에 대한 복수심에 불타는 프랑스와 벨기에 대표들의 강한 압력이 작용한 결과라고 볼 수 있었다. 그러나 독일 정부가 이를 거부하자, 미국과 영국이 나서서 프랑스를 설득한 끝에 배상금 액수는 1,320억 마르크로 조정되었다. 그들은 또한 독일 수출액의 26퍼센트를 무조건 배상금 지불에 사용하도록 요구했다.

그렇지 않아도 독일 정부는 전쟁이 끝난 후 전쟁 미망인과 고아들에 대한 지원이나 사회 복지비 지출 등에 이미 막대한 예산을 쏟아붓고 있었다. 여기에다 천문학적 규모의 전쟁 배상금까지 떠안게 되자 독일 정부는 할 수 없이 막대한 부채를 얻어 이 문제를 해결하고자 했다. 그로 인해 정부 부채가 엄청나게 늘어나자 인플레이션 현상이 나타나기 시작했다. 더욱이 독일의 중앙은행이 부족한 외화를 확보하기 위해 화폐를 한정 없이 찍어내자 인플레이션 현상은 더욱 가속화되어, 화폐경제는 붕괴상태에 이르렀다. 그리하여 전쟁 초에 1달러 대 4.2마르크였던 환율은 1922년에는 1달러 대 4,500마르크로 올라갔으며, 그 이듬해인 1923년에는 무려 1만 7,900마르크로 치솟았다.[49]

1923년에는 독일이 배상금 지급을 제대로 하지 않자 프랑스군이 배상금 대신에 석탄이라도 가져가겠다고 독일 최대의 석탄 광산인 루르(Ruhr) 지방에 진주하는 일까지 발생했다. 그러자 독일 광부들의 파업으로 루르 탄광은 폐쇄상태에 들어갔다. 독일 정부가 파업 중인 광부들에게 막대한 생활비를 지급하자 정부의 재정 상태는 더 악화되고, 인플레이션은 이제 통제 불능의 상태에 이르렀다. 독일 국민은 1920년대 초에 세계 역사상 최악의 인플레이션을 경험하고 있었던 것이다.

평화와 경제회복을 향한 짧았던 희망

1923년 가을은 전후 독일이 가장 어려운 시기였다. 그러나 당시 총리였던 슈트레제만(Gustav Stresemann) 내각은 1924년 획기적인 화폐개혁을 통해 극심했던 인플레이션을 극복하고, 독일의 마르크화를 안정시킬 수 있었다. 총리직에서 물러난 슈트레제만은 다시 외무장관으로 있으면서 연합국 측과의 성공적인 외교 교섭을 진행하였다. 그리하여 1924년에 미국의 은행가인 도스가 제안한 이른바 도스안(Dawes Plan)을 통해 배상금의 액수를 경감받게 되었다. 이와 함께 독일의 경제도 놀라운 회복세를 나타내어 1924년에서 1929년 사이 독일의 총 생산량은 50퍼센트나 증가하였다.

그리고 1925년에는 로카르노(Locarno) 조약이 체결되어 독일, 프랑스, 벨기에가 공유하고 있던 국경지대를 침략하지 않는다는 안전보장조약을 맺었다. 1926년에는 독일이 국제연맹에도 가입했다. 1929년에는 독일의 배상금 액수가 다시 한번 줄어들었다. 이와 같이 1924년부터 1929년까지 외무장관을 지낸 슈트레제만의 노력이 성과를 거두어 독일은 전후 외교적 고립에서 벗어나 당당히 국제사회의 일원으로 발돋움하게 되었다. 독일 영토에 주둔했던 외국 군대도 철수했다.50)

독일이 화폐개혁을 통해 극심한 인플레이션을 극복하고 마르크화를 안정시킨 1924년부터 1930년까지 6년이란 시기는 바이마르 공화국의 황금시대였다. 이 시기는 마르크화의 안정과 함께 경제가 성장의 기운을 보이기 시작했고, 정치도 비교적 안정되었으며, 독일의 국제적 위상도 높아진 시기였다. 이렇게 해서 독일은 어둠의 시대를 뒤로 하고 평화와 경제회복의 밝고 희망찬 시대를 향해 나아가는 것처럼 보였다.51)

파울 폰 힌덴부르크

1925년 대통령 선거에서는 제1차 세계대전 당시 육군 참모총장으로서 패전의 총책임자이면서도 우파들에 의해 전쟁 영웅처럼 떠받들어지고 있던 힌덴부르크(Paul von Hindenburg)가 대통령으로 당선되었다. 그는 80세가 넘는 고령인데다 주변에는 언제나 프로이센의 지주 귀족이나 반민주적인 인사들에 의해 둘러싸여 있어서 그가 바이마르 공화국을 수호할 의지가 있는지는 분명하지 않았다.

1928년의 선거에서는 모처럼 사회민주당이 의석의 3분의 1정도를 얻어 사회민주당의 헤르만 뮐러(Hermann Müller)가 총리로 임명되었다. 뮐러는 중도우파인 독일인민당까지 포함하는 민주적 정당들의 연립정부를 구성하였다. 그러나, 루르탄광의 파업, 베를린의 공산당 폭동 등으로 사회 분위기가 어수선한 가운데 뮐러총리가 실업 수당의 액수를 올리려고 하자 대기업의 로비를 받은 독일인민당은 연립정부에서 탈퇴했다. 사회민주당 역시 뮐러가 자기네 당 출신이었음에도 불구하고 그의 정책에 대해 집단적으로 반대표를 던졌다. 그리하여 뮐러 수상은 결국 1930년 3월 27일에 사임했고, 얼마 후 세상을 떠났다. 뮐러의 사임과 함께 바이마르 공화국의 마지막 연립정부는 끝이 났다. 이와 동시에 바이마르 공화국의 전성시대도 끝나고, 바야흐로 바이마르 공화국을 파멸로 이끌 어두운 먹구름이 몰려들고 있었다. 다름아닌 경제공황과 나치 정부의 등장이었다.

바이마르 공화국은 왜 실패로 끝났는가?

바이마르 공화국은 태생적으로 수많은 적대세력들을 만들어냈다. 특히 제국시절에 특권과 혜택을 누리던 고위 장교단, 고위 관료, 사법부 판사, 산업가 등의 상당수는 공화국이라는 새로운 체제 때문에 자기들의 특권적 지위를 빼앗겼다는 상실감 때문에 노골적으로 바이마르 공화국에 반기를 들었다.52) 뿐아니라, 경제적 환경의 급격한 변화로 말미암아 위기감을 느끼고 있었던 중산층은 물론, 기업가와 농민들까지 자기들만이 피해를 당한다는 의식 때문에 바이마르 정부에 등을 돌렸다.53) 심지어는 바이마르 정부에서 일했던 관료들까지도 바이마르 정부에 대해 소극적인 태도를 취했다.

이와 같이 바이마르 정부에 적대적, 부정적 태도를 취하는 계층들이 증가하는 것에 더하여 바이마르 공화국은 이념, 종교, 계층, 지역에 따라 점점 더 타협하기 어려운 진영으로 나뉘어졌으며, 진영들 간의 분쟁은 점차로 전쟁 수준으로 확대되었다. 1930년대에 베를린을 비롯하여 주요 도시에서 벌어진 공산당과 나치당의 분쟁은 집단 패싸움의 양상을 넘어서 이미 살육전의 수준으로 발전하였다. 그리하여 독일 사회는 온갖 극렬한 대립으로 인하여 산산조각이 나고 있었던 것이다.[54] 이러한 분열과 대립은 결과적으로 나치가 성장할 수 있는 자양분이 되었다고 볼 수 있다.

바이마르 공화국 시대 독일의 정치적 상황을 더 어렵게 만든 요인 중의 하나로는 이른바 '배후중상설(背後重傷說)'을 들 수 있다. 이것은 제1차 세계대전 말기에 독일의 군대는 전쟁을 유리하게 이끌 수 있는 역량을 충분히 갖고 있었음에도 불구하고, 후방에 있던 좌파 정당들의 당리당략과 일부 군인 및 사회주의자들의 무분별한 혁명 때문에 승리에 대한 희망이 사라져 결국 패배하게 되었다는 것이다. 한마디로 독일 군대는 자국 내의 배신자들에게 "등을 찔려서" 전선에서 물러나게 되었다는 것이다.

이러한 배후중상설을 처음 주장한 사람은 제1차 세계대전 당시 독일군 총사령관인 힌덴부르크와 총참모장인 루덴도르프였다. 이들은 전쟁 패배의 책임을 후방의 정치가들, 특히 민주주의자나 사회주의자들에게 돌림으로써 자기들이 져야 할 책임을 모면하기 위하여 이러한 설을 만들어냈던 것이다. 이러한 배후 중상설은 사실상 현실적 근거가 부족한 신화에 불과한 것이었지만, 문제는 이러한 신화를 수백만의 독일 국민이 확실한 사실로 굳게 믿었다는 데에 있었다. 이러한 신화는 제1차 세계대전에서의 패배와 굴욕적인 베르사유 조약을 도무지 받아들이기 어려웠던 독일 국민들의 정서와 맞물려 엄청난 파급효과를 가져왔다. 나치가 정권을 장악하기 위해 자주 써먹었던 것도 바로 배후중상설이었다. 어떻게 보면, 바이마르 공화국에서 벌어졌던 분열과 대립은 곧 전쟁 결과를 있는 그대로 받아들이려는 집단과 절대

로 받아들이지 않으려는 집단 간의 대립이었다고 할 수 있다.[55)]

이상에서 본 바와 같이 독일의 국민들은 극우세력이나 극좌세력은 물론 평범한 중산층이나 농민, 지식인, 관료들까지 바이마르 정부를 비판하는 데 가세했다. 이렇게 볼 때 바이마르 공화국의 실패는 처음부터 예정된 것이었는지 모른다. 문제는, 바이마르 공화국의 실패가 단순히 독일 민주주의의 쇠퇴에 그치지 않고, 나치당 같은 극단적인 세력이 대두할 수 있는 길을 열어주었다는 점에서 문제의 심각성이 있다. 바이마르 공화국의 실패가 독일의 비극으로 취급되어야 하는 이유는 바로 여기에 있는 것이다.

3. 나치당의 대두와 그것을 가능케 한 요인들

연립내각의 붕괴와 대통령 내각의 출현

바이마르 공화국의 마지막 연립정부인 헤르만 뮐러 내각이 사라지던 1930년 3월 27일은 그 전해인 1929년 10월 25일 뉴욕 증권거래소에서 시작된 세계공황의 파도가 바야흐로 독일의 경제에도 심각한 타격을 주고 있던 때였다. 세계공황 이후 전 세계에서 관세장벽이 높아지면서 독일의 수출은 크게 줄어들었으며, 외국 자본의 유입도 중단되었다. 독일 자체 내의 생산과 소비도 급격히 감소하기 시작했다. 반면에 실업률은 급격히 증가하여 1930년에 이미 20퍼센트를 넘어서고 있었다.

이러한 상황에서 의회 내의 유력한 정당들이 연립정부를 구성하던 지금까지의 전통이 깨어지고, 대통령이 직접 임명하는 총리가 내각을 구성하는 이른바 대통령 내각이 탄생하게 되었다. 1930년 3월 힌덴부르크 대통령은 중앙당 당수인 하인리히 브뤼닝(Heinrich Brüning)으로 하여금 새 정부를 구성하게 했다. 경제전문가였던 브뤼닝은 독일의 경제를 살리기 위한 적극적인 노력을 했으나, 자본의 해외 유출이 심해져서 독일은 외국으로부터 거의 돈을 빌릴 수가 없었다.56) 재정의 고갈로 실업수당도 지불할 수 없게 되었다. 이에, 브뤼닝은 재정적자를 줄이고 독일 화폐의 가치 하락을 막기 위하여 정부 공공지출의 억제와 실업수당 및 복지수당의 삭감 등을 골자로 하는 긴축 예산안을 의회에 제출했다. 7월 16일에 사회민주당과 공산당, 국가인민당은 합세하여 브뤼닝이 제출한 예산안을 거부했다. 이에 맞서서 브뤼닝은 헌법 48조에 규정된 대통령의 긴급명령권을 발동하여 의회를 해산했으며, 의회 해산기를 이용하여 예산안을 통과시켰다.

브뤼닝의 경제조치들은 재정의 안정을 기하고 인플레이션을 억제하는 데는 효과적이었으나, 경제공황으로 인하여 어려움을 겪는 시민들에게는 고통을 가중시키는 처방이라고 할 수 있었다. 이러한 브뤼닝의 경제조치들은 결과적으로 사회 내 불만세력의 수를 증가시키고, 나치와 공산당의 득세를 도와주는 결과를 가져오게 되었다.57) 이러한 가운데 1930년 9월 14일에 총선거가 실시되었다.

나치당의 대두

1930년 9월 14일에 실시된 국회의원 선거에서는 그 누구도 예측하지 못한 결과가 나타났다. 다름아닌 국가사회주의 독일 노동자당(Nationalsozialistische Deutsche Arbeiterpartei : 약칭 '나치당')의 대두가 그것이다. 히틀러의 나치당은 9월 14일의 선거전을 주도한 결과 무려 107석의 의석을 거머쥐어 공산당에 이어 의회 내 제 2정당으로 부상했던 것이다. 나치당은 2년 전인 1928년 5월에 실시된 선거에서는 불과 12석의 의석만을 얻는데 그쳤는데, 2년 만에 무려 10배에 가까운 107석의 의석을 차지하는 데 성공했던 것이다. 반면에 브뤼닝을 지지했던 민주주의 정당들은 참패했다.[58]

나치당이 불과 2년 사이에 이와 같이 경이적인 득표율을 기록한 이유는 무엇일까? 그 비밀의 열쇠 중의 첫 번째는 물론 1929년의 세계공황이 독일에 끼친 영향에서 찾을 수 있다. 미국에서 시작된 세계공황은 유럽 각국에 엄청난 영향을 미쳤지만, 독일에 미친 영향은 거의 참사 수준에 가까웠다. 해외 투자가들이 독일에 투자했던 돈을 빼가면서 독일은 심각한 자본 부족 상태에 빠지게 되었다. 이로 말미암아 재정 및 금융상의 위기, 기업의 파산 사태가 줄을 이어 나타났으며, 실업자의 수도 300만 명을 넘어서게 되었다.[59] 나치당은 바로 이와 같이 경제공황의 여파로 실업과 빈곤 상태에 허덕이는 독일 민중의 마음을 파고들었다. 위에는 굶주린 대중의 모습을 리얼하게 그려 넣고, 아래에는 "히틀러, 우리의 마지막 희망"이라는 간단하면서도 절실한 문구를 써넣은 나치당의 선거 벽보는 나치당이 경제공황의 충격을 얼마나 효과적으로 이용했는지를 잘 보여주는 사례라고 할 수 있

다.[60]

나치당은 또한 제1차 세계대전에서의 패배이후 더욱 강화된 독일의 민족주의 열풍을 파고들었다. 베르사유 조약과 전쟁 배상금 문제로 야기된 연합국에 대한 분노와 적개심은 자연스럽게 독일의 민족주의를 강화시켰다. 여기에다, 충분히 이길 수 있었던 전쟁인데 갑자기 '등 뒤에서 칼로 찌른' 내부의 배신자들 때문에 억울하게 패전하게 되었다는 이른바 '배후 중상설' 또한 독일의 민족주의 확대에 기름을 붓는 역할을 했다. 경제공황으로 인하여 미국과 영국 등 자본주의 강국들에게 끌려 다니는 독일 경제의 비참한 모습이 날날이 드러나자 독일 국민들의 민족주의 열풍은 한층 더 깊어졌다. 이제 민족주의는 거의 모든 정당들과 단체들의 공유재산이 되었다. 그러나 그 어떤 정당이나 단체도 나치당만큼 그렇게 강력한 어조로 민족주의 감정에 불을 지필 수 있는 정당이나 단체는 없었다.

나치당은 또, 폴란드를 비롯하여 제1차 대전 후 주변 국가들에게 빼앗긴 땅을 언급하면서 영토수복의 필요성을 강조했는데, 이것 또한 독일 국경에 대해 불만을 갖고 있던 독일 국민들의 마음을 사로잡기에 충분한 것이었다. 그 밖에도 공산당의 확장에 대해 불안감을 갖고 있던 독일의 기업가와 중산층은 공산당 금지를 내세우는 나치당에 대해 호의적인 태도를 갖게 되었다. 이와 같이 나치당은 극단적이고 극우적인 정책을 전면에 내세워 당시 여러 가지로 불만과 좌절감에 사로잡혀 있던 독일국민의 마음을 사로잡았던 것이다.[61]

이와 같이 어려운 시기에는 온건한 정당보다는 극단적인 정당들의 선동책이 힘을 받게 마련이다. 히틀러나 괴벨스와 같은 나치당의 웅변가들은 전국 각지를 누비며 "우리의 몰락에 책임이 있는 자들을 제거하자!" "민족을 속이는 사기꾼들을 때려잡자!" 등 섬뜩한 구호들을 동원하면서 경제공황의 여파로 불만이 가득한 사람들을 선동했다.[62)]

1920년대 초 뮌헨의 맥주홀에서 탄생한 나치당은 10년 동안 선동, 테러, 폭동 등 온갖 불법적인 방법을 동원하여 중앙 정계에 진출하기 위해 몸부림쳤으나 그 성과는 기대만큼 크지 않았다. 그러나 1929년 가을에 찾아온 세계공황이라는 천재일우(千載一遇)의 기회를 잘 이용한 끝에 나치당은 마침내 1930년 9월 선거에서 원내 제2당의 지위를 차지하며 집권을 위한 발판에 바짝 다가설 수 있었던 것이다.

독일군 상병 출신이 나치당의 당수가 되다

여기서 우리는 나치당의 당수였던 히틀러라는 인물에 대해 좀 더 상세하게 알아둘 필요가 있다. 1889년 오스트리아 북부의 소도시인 브라우나우암인(Braunau Am Inn)에서 세관원의 아들로 태어난 히틀러는 그의 고향에서 가까운 린츠((Linz)에서 실업계 중학교를 졸업하고 실업계 고등학교에 입학했으나, 그의 나이 14세 때 아버지가 죽자 고등학교를 중퇴했다. 그리고 17세에 히틀러가 유난히 사랑하던 어머니마저 죽자 히틀러는 오스트리아의 수도인 빈으로 거처를 옮겼다. 어렸을 때부터 미술에 소질이 있다고 생각했던 히틀러는 빈으로 와서 빈 미술아카데미에 두 번이나 지원을 했지만 모두 낙방하고 말았다. 그러자 히틀러는 그곳에서 광고나 포스터를 그리거나 그림엽서를 팔아 생계를 유지했다.

아마도 제1차 세계대전이 아니었더라면 히틀러는 빈에서 이름없는 길거리 화가로 생을 마쳤을 것이다. 그러나 그의 생을 송두리째 바꿀 수 기회가 찾아왔으니, 바로 제1차 세계대전의 발발이다. 1914년 제1차 세계대전이 발발하자 히틀러는 독일 군대에 자원입대했다. 자기의 조국인 오스트리아에서는 병역기피자로 낙인찍혔던 히틀러가 엉뚱하게도 남의 나라인 독일의 군인으로 전쟁에 참여하더니 독일군의 최고 훈장인 철십자 훈장까지 받았다. 중학교 학력에다 내세울만한 경력이 전무했던 히틀러에게 이러한 참전 경력과 철십자 훈장은 그가 독일에서 대중 선동가로 자리잡는 데 있어 큰 밑천이 되었음은 물론이다.

종전과 함께 상병으로 제대한 히틀러는 1919년에 뮌헨으로 왔다. 당시 뮌헨은 극좌파와 극우파들의 선동이 난무하던 도시였다. 1919년 4월 7일에는 소련을 추종하던 극좌파들이 뮌헨 소비에트 공화국을 선포하여 잠시나마 뮌헨을 통치하는 일까지 발생했다. 이 반란이 제국정부에 충성을 바쳤던 군대에 의해 진압되자, 이번에는 극우파가 세력을 떨치게 되었다. 이 때 뮌헨에는 제대 군인들을 대상으로 한 국수주의적이고 반유대적인 색채를 띤 극우 단체들이 여러 개 있었는데, 이러한 단체 중 하나가 1919년에 페더(Gottfried Feder)라는 사람이 창설한 독일노동자당이었다. 이 정당은 민족주의와 사회주의의 혼합을 지향하는 극우단체로서 반유대주의를 표방하고 있었다. 이 단체에는 독일의 현 상태에 대해 불만을 가진 청년들이 많이 가입했는데, 그 중에는 제대 후 떠돌이 생활을 하던 히틀러도 있었다. 그는 1919년 10월 16일에 독일노동자당 집회에서 첫 연설을 한 후 그 당의 주목받는 인사로 떠올랐다. 뛰어난 웅변가이자 선동가인 히틀러가 가입하면서 독일노동자당은 급속히 그 세력을 확대하여 뮌헨에서만도 당원수가 약 5만 5천명에 이르게 되었다.

독일노동자당은 1920년에 국가사회주의 독일노동자당(약칭 '나치당')으로 당명을 바꾸었으며, 1921년에는 마침내 히틀러가 당수가 되었다. 히틀러가 주동이 되어 1920년에 발표한 나치당의 25개조 강령을 보면, 베르사유 조약의 폐기, 빼앗긴 독일 영토와 해외 식민지 회복, 의회제도 및 다당제 반대, 자본주의와 엘리트주의 반대, 외국인 및 이민자의 추방, 반유대주의, 순수 게르만족 중심의 민족공동체 형성 등 집권 후에도 이어질 나치당의 기본 이념과 정책을 뚜렷하게 표명한 것이 특징이다.

뮌헨에다 본부를 두었던 나치당은 독일에 조직된 수 많은 극우단체들 중에서도 가장 성장속도가 빨랐다. 나치당은 창립당시에 이미 하켄크로이츠(Haken kreuts), 즉 갈고리 십자가를 당의 상징물로 사용하고 있었으며, 행사시에는 모든 당원들이 입는 갈색 셔츠에다 하켄

나치당의 상징인 하켄크로이츠(갈고리 십자가)

크로이츠 완장을 차고 행진했다. 그리고 당의 행동대 역할을 하는 돌격대라는 준군사조직을 두었다.

뮌헨폭동, 그리고 나치당의 재건

그러나 히틀러는 급속한 성공에 도취된 나머지 자기의 카드를 너무 일찍 선보였다. 1923년 11월 9일에 히틀러는 나치의 상징인 하켄크로이츠를 시청 위에 내걸고, 나치 완장을 찬 돌격대를 선두로 뮌헨에서 폭력적인 시위를 일으켰다. 나치당의 폭동이 일어나기 1년 전인 1922년에 이탈리아의 무솔리니가 '검은 셔츠단'이라는 파시스트 무장부대를 이끌고 로마로 행진하여 정권을 장악한 일이 있었는데, 히틀러의 행동은 다분히 무솔리니의 로마 행진을 모방한 것이었다. 그러나 히틀러의 무장 시위는 베를린으로 출발하기도 전에 그 지역사령관인 로소가 이끄는 경찰과 군대에 의해 신속하게 진압되었다. 그 결과 양측에서 17명이 사망하고, 많은 나치대원이 체포되었다.

독일사에서 '뮌헨 폭동'으로 알려진 이 폭동에 히틀러와 함께 참가한 사람들 중에는 헤스(Rudolf Hess), 괴링(Hermann Göring), 힘러(Heinrich Himmler), 룀(Ernst Röhm), 프리크(Wilhelm Frick), 슈트라서(Gregor Strasser), 로젠베르크(Alfred Rosenberg), 한스 프랑크(Hans Frank) 등 훗날 나치 정권의 핵심적 역할을 담당할 나치당의 주요 인사들이 대부분 포함되어 있었다.

뮌헨 폭동이 실패로 끝난 후 히틀러도 체포되어 육군형무소에서 수감생활을 하게 되었는데, 그 기간 동안 그가 구술하고, 그의 부하인 루돌프 헤스가 받아 쓴 책이 바로 '나의 투쟁'이다. 5년형을 선고받았던 히틀러는 불과 1년 3개월 만에 석방되고, 그 동안 중단되었던 나치당의 활동도 재개되었다. 그는 석방 된 후 단 한번의 연설로 분열되었던 나치당을 다시 통일시키는 데 성공했다.63) 동시에 나치당은 전국 주요 도시에 관구를 설치하여 그 조직을 급속하게 확대시켜 전국적인 정당 조직을 갖추었다. 나치당은 선거 때 마다 극단적인 방법을 동원하여 의석수를 늘려가다가, 1930년 9월 14일 선거에서 마침내 원내 제2당의 지위를 확보하는데 성공했던 것이다.

그러는 사이에 경제문제는 더욱 심각하게 돌아갔다. 1932년 독일의 산업생산은 1927년에 비해 50퍼센트나 감소했으며, 수출도 1929년에 비해 62퍼센트나 감소했다. 이에 따라 기업과 은행의 도산이 줄을 이었다. 실업자의 수도 급증하여 1930년 310만명에서 1932년에는 630만명으로 급증함으로써 취업가능한 사람 중 1/3이 실직상태에 놓이게 되었다.64) 이렇게 되자 정부에 대한 극단주의자들의 위협은 더 커지게 되었으며, 베를린 시내에는 내전이 곧 발발할 것 같은 긴박감이 감돌기도 하였다.

1932년 나치당의 선거 포스터('우리의 마지막 희망, 히틀러'라는 선전 문구가 뚜렷하게 보인다)

이러한 가운데 1932년 4월

10일 대통령 선거가 실시되었다. 이 선거에는 각 정당에서 출마자가 나왔지만, 가장 강력한 경쟁 상대는 현역 대통령인 힌덴부르크와 나치당의 히틀러였다. 나치당은 선전책임자인 괴벨스(Joseph Goebbels)의 전략에 따라 모든 선전과 선동술을 총동원하여 히틀러의 당선을 위해 노력했으나 히틀러는 힌덴부르크에 비해 큰 차이로 낙선했다. 1932년 4월 10일의 대통령 결선 투표에서 힌덴부르크가 53퍼센트를 얻은데 반해 히틀러는 36.8퍼센트를 얻은데 그쳤다. 여기에서 한가지 주목해야 할 사실이 있다. 그것은 정통보수파에 속하는 힌덴부르크가 1932년 대통령 선거에서는 우파가 아닌 중도파와 좌파의 지지를 받아 당선되었다는 사실이다. 우파의 대부분은 힌덴부르크보다 훨씬 더 극우적인 히틀러를 지지했기 때문이다.65)

실패로 끝난 나치 돌격대 소탕 작전

대통령 선거가 끝난 후 정부에서는 나치당의 행동조직에 대한 대대적인 소탕 작전을 계획하고 있었다. 총리인 브뤼닝과 내무장관 겸 국방장관인 그뢰너(Wilhelm Groener)는 이번 기회에 나치당의 준군사조직에 철퇴를 가하기 위하여 4월 13일에 대통령의 국권수호 긴급조치를 발동했다. 그리고 약 40만 명에 달하는 나치 돌격대와 친위대의 활동 금지령을 선포했다. 이와 함께 경찰들은 돌격대가 사용하는 공간들을 폐쇄 조치했다. 그야말로 나치당의 행동 조직을 일거에 무너뜨릴 수 있는 획기적인 조치가 내려졌던 것이다. 그러나 이 조치는 브뤼닝 내각의 일부 장관이나 대통령인 힌덴부르크 측근들 사이에서도 반대의견이 나온 데다가 브뤼닝과 그뢰너가 의회를 설득하는데 실패함으로 말미암아 철회되고 말았다.

1932년 5월 9일 의회에서는 나치당뿐 아니라 국가인민당, 독일공산당 까지 합세하여 브뤼닝 내각에 대한 불신임안을 발의했다. 이 불신임안은 통과되지 못했지만 브뤼닝 내각이 제출한 나치당 돌격대 금지령 또한 통과되지 못했다. 이로써 독일의 공식 정부가 나치당의 대두를 저지할 수 있는 마지막 기회는 좌절되고 말았다.66)

브뤼닝 내각이 무너진 것은 당시의 대통령인 힌덴부르크와의 갈등 문제 때문이었다. 당시 힌덴부르크와 가까운 동프로이센의 대지주들은 브뤼닝 총리가 동프로이센의 지주들에게 저리로 자금을 융자해주는 제도를 중단하자 브뤼닝을 해고하라고 힌덴부르크에게 압력을 가하고 있었다. 그리하여 힌덴부르크는 5월 29일에 브뤼닝이 제출한 동프로이센의 지주들과 관련된 새로운 긴급 조치에 서명하기를 거부했다. 이로써 브뤼닝의 내각은 총사퇴를 결의했다.67)

1932년 6월 1일 힌덴부르크는 사퇴한 브뤼닝 대신에 중앙당의 프란츠 폰 파펜(Franz von Papen)을 새 수상으로 임명했다. 제1차 세계대전 당시 서부전선에서 힌덴부르크와 같은 부대의 대대장으로 복무하다가 전쟁이 끝난 후 중령으로 퇴역한 파펜은 바이마르 공화국 시대에 정계에 입문했으나 그가 맡은 역할은 기껏해야 프로이센 주의원에 불과했다. 이와 같이 존재감이 미약했

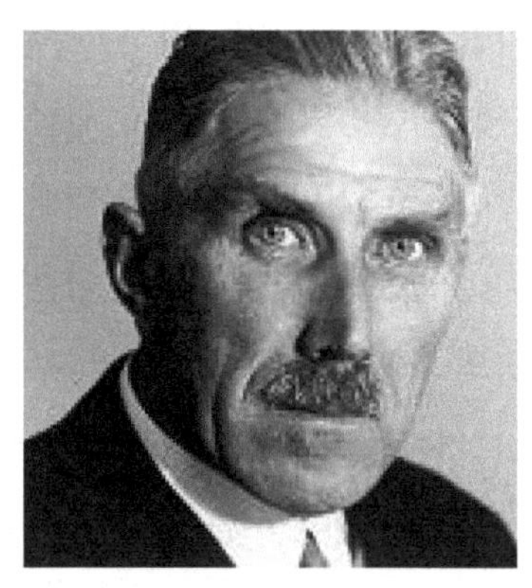
프란츠 폰 파펜

던 파펜을 높이 들어서 독일의 총리로 추천한 사람은 힌덴부르크의 측근인 쿠르트 폰 슐라이허(Kurt von Schleicher)였다.

슐라이허와 파펜은 제1차 세계대전 전에 독일군 참모부에서 함께 근무할 때 처음 만나 친구가 되었으며, 1932년 힌덴부르크 대통령의 선거운동을 같이 하면서 더 가까운 사이가 되었다. 그러나 슐라이허가 파펜을 총리로 추천한 이유는 따로 있었다. 그것은 바로 파펜을 총리로 내세우는 대신에 자기는 국방장관으로 있으면서 파펜을 자신의 꼭두각시로 만들 생각 때문이었다. 이러한 생각의 밑바탕에는 파펜을 자기보다 한 수 아래로 보는 슐라이허의 선입견이 크게 작용했다. 어찌되었든 파펜과 슐라이허, 이 두 사람의 역학관계는 독일 역사에서 중대한 의미를 갖는다. 왜냐하면 파펜의 총리 임명에서부터 불과 8개월이 지난 1933년 1월 30일에 히틀러가 총리가 되는데, 이 때 결정적인 키(key) 역할을 담당한 것이 바로 이 두 사람의 역학관계였기 때문이다. 어떻게 보면 독일 비극의 싹은 바로 파펜의 총리 임명에서부터 출발했다고 보아도 과언이 아닐 것이다.

파펜은 총리가 된지 얼마 안되어 슐라이허의 요구대로 브뤼닝 내각에서 시행했던 나치 돌격대 금지명령을 취소했다. 이에 더하여, 슐라이허는 파펜 정부를 이용하여 좌파로 구성되었던 프로이센 주정부를 끌어내기 위한 음모를 꾸몄다. 이러한 음모에 따라 파펜은 나치와 공모한 후, 1932년 7월 20일에 헌법 48조의 대통령의 긴급명령권을 이용하여 사회민주당의 브라운(Otto Braun)이 수상으로 있던 프로이센 주정부를 몰아냈다. 그리고는 파펜 자신이 프로이센 주정부의 수

쿠르트 폰 슐라이허

상 자리를 겸임했다.

그런데 슐라이허와 파펜이 합작하여 몰아낸 프로이센의 브라운 주정부는 브뤼닝 내각과 마찬가지로 나치당의 악마성을 비교적 정확하게 파악하고 나치 돌격대 소탕에 앞장서고 있던 민주 정부였다. 슐라이허와 파펜은 브뤼닝 내각에서 추진되었던 나치 돌격대 금지 명령을 취소하고, 나치 돌격대 소탕에 앞장서던 프로이센 주정부의 브라운 수상을 축출함으로써 나치 정권의 등장에 비단길을 깔아준 셈이 되었다. 슐라이허와 파펜이 꾸며낸 정치 공작에 의해 바이마르 공화국의 마지막 민주 정부는 사라지고, 나치 독재 정권의 등장은 이제 초읽기에 들어가게 되었다.[68]

4. 독일 파멸의 시작 : 나치당의 정권 장악

원내 제1당으로 등극한 나치당

새로 총리가 된 파펜은 힌덴부르크와 슐라이허의 요청에 따라 사회민주당 같은 좌파 정당에는 등을 돌리고 나치당 같은 우파 정당과 가까워지려고 했다. 그리하여 나치당의 요구에 따라 의회를 해산하고 총선거를 실시하였다. 1932년 7월 31일에 실시된 총선에서 나치당은 득표율 37.3퍼센트를 기록하여 230석의 의석을 얻었다. 그 뒤를 추격한 사회민주당은 133석, 중앙당은 97석, 독일공산당은 89석을 얻었다. 이제 나치당은 원내 제1당으로 부상함으로써 그 누구도 무시할 수 없는 세력으로 존재가치를 높였다.

총선이 끝나고 보름이 채 안된 8월 13일에 힌덴부르크 대통령은 히틀러와 면담을 했다. 면담 전에 히틀러는 대통령으로부터 총리직 요청이 있을 것으로 기대했다. 그러나 힌덴부르크는 총리직을 요구하는 히틀러의 요구를 단호히 거절하면서, "하나님, 그리고 내 양심과 조국 앞에서 독재정권을 수립할 가능성이 있는 나치당에게 정부의 전권을 넘겨줄 수는 없다"고 대답했다. 그 대신에 힌덴부르크는 히틀러에게 부총리직을 제안했다. 이번에는 히틀러가 거절했다. 이로써 총리직을 갈망하던 히틀러의 야망은 일단 실패로 돌아갔다.[69]

그런데 나치당의 등장에 꽃길을 열어 주었던 파펜 내각과 나치당의 사이가 벌어지는 사태가 발생했다. 파펜 총리가 1932년 8월 11일에 살인을 저지른 나치 돌격대 5명에 대한 사형선고를 내렸기 때문이다.[70]그리하여 나치당은 파펜 내각을 붕괴시키는 일에 모든 힘을 기울였다. 마침 제국의회 의장이 된 나치당의 괴링은 파펜 내각의 불신임안을 512대 42표라는 압도적 차이로 통과시켰다. 이 보다 앞서서 대통령은 의회 해산명령을 선포했기 때문에 또 다시 새로운 의회 선거가 실시되었다.

위기에 빠진 나치당

1932년 11월 6일로 정해진 선거를 앞두고 나치당은 나치당의 웅변학교에서 훈련받은 1,000여명의 강력한 연설가들을 동원하여 전국의 선거현장을 누볐다. 그러나 이번의 선거결과는 나치당의 기대에 훨씬 못 미치는 것이었다. 나치당의 득표율은 7월 31일의 선거 때 기록했던 37.3퍼센트에서 33.1퍼센트로 떨어졌다. 의석수도 7월 31일 선거 때 얻었던 230석에 훨씬 못 미치는 196석을 얻는데 그쳤다. 원내 제1당의 지위는 유지했지만, 나치당에게는 매우 실망스러운 결과라고 볼 수 있었다. 이렇다 보니 나치당의 반대 세력들 가운데서는 나치당은 이제 정점을 지나 내리막길로 들어섰다는 소문이 퍼지기 시작했다. 11월 6일 선거의 결과 히틀러의 총리직 취임 가능성도 낮아졌다. 저명한 기업가들이나 대지주들이 히틀러를 지지했지만, 대통령 힌덴부르크는 이번에도 히틀러의 총리 임명을 단호하게 반대했다. 이렇게 해서 총리직을 향한 히틀러의 재도전도 실패로 끝났다.[71]

선거가 끝난 후 힌덴부르크는 총리인 파펜에게 의회 내의 정당들과 타협하여 신속하게 내각을 구성하라는 지시를 했다. 그러나 의회 내에서 비교적 많은 의석을 갖고 있는 사회민주당과 중앙당이 이에 응하지 않자, 파펜은 내각 구성에 실패하고 사임하고 말았다. 파펜의 사임에는 한때 그를 대통령에게 강력히 추천했던 슐라이허의 입김이 크게 작용했다. 슐라이허는 파펜이 총리 자리에 계속 남아있으면 나치당과 공산당이 내란을 일으킬 것이라는 국방부의 보고서를 폭로함으로써 파펜을 궁지로 몰아넣었던 것이다. 이와 같이 슐라이허가 파펜을 음해한 이유는 파펜이 자기의 뜻대로 움직여 주지 않았기 때문이다. 이로써 파펜은 슐라이허에 대해 깊은 원한을 갖게 되었는데 이것은 파펜이 히틀러와 손을 잡게 되는 결정적 요인으로 작용했다.72)

1932년 12월 4일 힌덴부르크는 자기의 측근인 슐라이허(Kurt von Schleicher)를 대통령 내각의 새로운 총리로 임명했다. 그때까지 대통령의 측근으로 총리 임명에 큰 영향력을 행사하던 슐라이허가 바야흐로 내각의 책임자로 정치 일선에 직접 등장하게 된 것이다. 그는 의회 내 과반수의 지지세력을 확보하기 위해 사회민주당, 노동조합, 그리고 나치당까지 포함하는 연합전선내각을 구성하려고 했다.73)그러나 사회민주당의 협조를 얻는 것이 어렵다고 판단한 슐라이허는 나치당의 협조를 구하는 일에 모든 힘을 기울였다. 그는 나치당내의 대표적인 이론가로서 당내에서 영향력이 큰 슈트라서(Gregor Strasser)에게 접근해서 부총리와 노동부 장관직을 제안했다. 이에, 슈트라서는 나치당 회의에 참석해서 나치당이 슐라이허 내각에 협조할 것을 요청했다. 그러나 히틀러는 오히려 슈트라서가 슐라이허 내각에서 어떠한 직책도 맡아서는 안된다고 경고했다. 슈트라서는 결국 부총리직을 포기했지만, 나치당이 독일을 혼란에 빠뜨리는 일에만 몰두한다고 당의 노선에 반기를 들었다. 이것은 결국 히틀러의 지도력에 대한 비판이라고 볼 수 있었다. 당의 노선에 대한 슈트라서의 비판적 언동은 그렇지 않아도 총선의 실패로 위기감에 빠진 나치당에게 더 큰 타격을 안겨주었다.74)

그 해 12월 초에 실시된 지방 선거에서도 나치당은 크게 패했다. 튀링겐주의 선거에서는 무려 40퍼센트나 의석수가 줄어들었다. 이와 같이 갑자기 나치당의 지지율이 하락하게 되자 당의 재정상태도 악화되기 시작하여, 1932년에 나치당은 막대한 부채에 시달리게 되었다. 나치당의 직원이나 돌격대의 대원들에 대한 봉급이나 수당이 제대로 지급되지 않자 제복을 입은 돌격대원이 길거리에서 구걸하는 모습도 눈에 띄게 되었다. 이에 따라 당원들의 사기도 떨어지고 당원들 간의 갈등도 심해지게 되었다.

괴벨스가 그의 일기에서 고백한 것을 보면, 나치당의 지도자들은 1933년 1월에 자기들은 지금 몰락의 길을 걷고 있다고 자인하면서 일종의 체념 상태에 빠져 있었던 것 같다. 그야말로 나치당은 창당 이후 최악의 위기에 빠졌던 것이다. 당시 총리로 있던 슐라이허도 재빨리 나치당의 위기를 간파한 후 나치당은 이제 동력을 상실했으며, 필요한 것은 그들의 해산을 기다리는 것뿐이라고 말하기까지 했다.[75] 또, 「프랑크푸르트 차이퉁」이란 신문은 그 사설에서 "우리는 민주국가에 대한 나치의 공격을 마침내 물리쳤다"라고 호기롭게 선언하기도 했다.[76]

이 때 히틀러에게 반기를 들었던 나치당의 슈트라서가 자기의 지지파들을 결집하여 당의 지도 노선에 더 강력한 반기를 들었다면 나치당은 아마도 엄청난 타격을 입었으리라 본다. 실제로 슈트라서를 추종하는 베를린의 일부 돌격대원들은 슈트라서의 명령만 있으면 언제든지 행동에 나설 준비를 하고 있었다.[77] 그러나 히틀러만큼 큰 야망이나 권력욕을 갖지 못했던 슈트라서는 이 결정적 시기에 병가를 핑계로 몇 주 동안 자리를 비웠다. 그리고 이 틈을 타서 히틀러는 재빨리 슈트라서의 직위를 빼앗고, 그의 당내 기반을 정리하는 데 성공했다. 그로부터 슈트라서는 당으로부터 숙청당했으며, 나치당이 집권한

후인 1934년에 히틀러에 의해 처형되고 말았다.[78]

슈트라서 문제 못지않게 당시 나치당을 괴롭힌 불안요소 중의 하나는 총선 실시 문제였다. 왜냐하면 슐라이허 총리는 정당들의 협조를 얻지 못하면 다시 총선을 실시하겠다고 엄포를 놓았기 때문이다. 만일에 다시 총선이 실시된다면 나치당은 11월 6일의 선거 결과보다 더 나쁜 결과를 얻을 것으로 자인할 정도로 모든 상황은 나치당에게 불리하게 작용하고 있었다. 무엇보다 나치당의 급격한 대두를 가능하게 했던 경제공황의 위기가 서서히 개선되고 있다는 점이 가장 큰 문제였다. 한 때 6백만 명을 넘던 실업자 수도 조금씩 감소추세를 나타내고 있었다. 또 주식시장에서 거래되는 주식이나 채권의 가치는 30퍼센트 이상 급증했다. 독일 국민들의 가장 큰 불만 사항이었던 배상금 문제도 독일에 유리한 쪽으로 개선되고 있었다.

따라서 이러한 상황에서 다시 총선이 실시된다면 나치당은 11월 6일 선거에서 획득했던 196석에 훨씬 못 미치는 의석을 얻어서 참패할 것이라는 우려가 당내에서 팽배했던 것이다.[79]그러나 자신의 정권유지를 위해 나치당의 협력을 얻기에 급급했던 슐라이허 총리는 총선카드를 활용하여 히틀러를 몰락시킬 수 있는 방법보다는 그 반대로 히틀러를 자기의 우호 세력으로 만들 생각에만 골몰하고 있었다.

운명의 여신이 나치당의 손을 들어주다

이와 같이 절망적인 상황에서 헤매고 있던 나치당에게 꽉 막혀있던 판세를 단번에 뒤집을 수도 있는 새로운 도전의 기회가 찾아왔다. 1933년 1월 4일에 전 총리인 파펜이 쾰른의 은행가이자 나치 동조자인 슈뢰더의 저택에서 히틀러와 만나서 우파 정당으로 구성된 민족주의 정부를 구성할 가능성을 타진했기 때문이다. 슐라이허의 야심 때문에 총리 자리를 빼앗겼다고 생각한 파펜은 슐라이허 내각을 무너뜨리는 방법의 하나로 히틀러와의 제휴를 모색하고 있었던 것이다. 이 자리에서 두 사람은 슐라이허 총리가 물러나게 되면 그 다음 총리 자리는 서로 자기가 맡겠다고 주장했지만, 슐라이허 내각의 타도와 민족주의 우파 세력의 결집에 대해서는 서로 의견일치를 보였다.80)

쾰른 회동이 있은 지 닷새만인 1월 9일에 파펜은 힌덴부르크를 찾아가 나치당 같은 우파 보수 정당과 연합하여 연립내각을 구성할 용의가 있음을 전달했고, 이에 대한 힌덴부르크의 긍정적인 답변도 얻었다. 파펜과 히틀러는 1월 18일에 샴페인 상인인 리벤트로프의 집에서 다시 만났으나 누가 총리가 되느냐 하는 문제에 대해서는 결론을 내리지 못하고 헤어졌다. 그러나 이날의 모임을 계기로 파펜은 결국 그의 인생에서 가장 중요하고, 독일 국민으로 볼 때는 가장 치명적인 결정을 내렸다. 총리 외에 다른 자리에는 아무런 관심이 없는 히틀러를 붙잡기 위해서 할 수 없이 히틀러에게 총리 자리를 양보하되 실제 권력은 자기가 잡을 수 있는 방법을 찾아보기로 결심했던 것이다.81)

1월 22일에는 파펜과 히틀러, 그리고 대통령의 아들인 오스카(Oscar von Hindenburg)와 대통령 비서실장인 마이스너(Otto von Meisner)가 함께 만나 슐라이허 총리를 실각시키는 데 힘을 모으기로 합의했다. 오스카는 파펜과 마찬가지로 슐라이허와 친구관계에 있었으나, 슐라이허의 안하무인격인 태도로 인하여 마음의 상처를 받고 슐라이허를 원수처럼 생각하고 있었다. 이날 히틀러는 오스카와 단독으로 만나 자기를 총리로 밀어줄 것을 호소했으나 부정적인 답변만 들었다. 왜냐하면 오스카는 자기 아버지인 힌덴부르크 대통령에게 히틀러를 총리로 임명하면 결국 일당독재를 초래할 것이라고 경고하는 메모를 보낼 정도로 히틀러의 속성을 비교적 정확히 꿰뚫어 보고 있었기 때문이다. 그러나 파펜은 1월 23일에 힌덴부르크를 만나 처음으로 슐라이허 총리의 후임으로 히틀러를 추천했다. 이 자리에서 대통령은 여전히 히틀러에 대한 불신감을 내비치며 히틀러의 총리 임명을 반대했다. 대통령이 자문을 구하기 위해 불렀던 오스카 역시 대통령과 같은 의견을 나타냈다. 그러나 대통령 비서실장인 마이스너는 히틀러의 총리 임명에 찬성하는 입장을 취했다.

이와 같이 우익의 핵심 인사들 사이에서 히틀러의 총리직 내정이 거론되고 있었음에도 불구하고, 이 사실을 모르는 슐라이허 총리는 여전히 히틀러가 언젠가는 자기의 뜻에 굴복할 것이라는 집념을 갖고 히틀러와의 제휴를 모색하고 있었다. 슐라이허는 또, 여전히 파펜의 능력을 과소평가 한 나머지 파펜과 히틀러의 만남자체에 대해서도 큰 의미를 두지 않았다. 그리하여 슐라이허는 자기 뿐 아니라 독일 전체를 파멸로 이끌고 갈 파펜의 음모에 대해 수수방관하는 실책을 저질렀다.

한편 슐라이허 총리는 힌덴부르크 대통령에 대해서까지도 헛된 망상을 갖고 있었다. 즉 대통령은 언제든지 자기가 요청하면 흔쾌한 마음으로 의회를 해산하고, 선거를 연기해 줄 것이라고 생각하고 있었던 것이다. 이러한 망상에 빠져있다 보니 슐라이허는 대통령의 마음이 자기를 떠나 파펜에게 기울어져 있다는 사실도 눈치 채지 못했다. 이러한 슐라이허의 망상은 1월 23일에 이루어진 대통령과의 회동을 통해 여지없이 깨어졌다. 그날 회동에서 힌덴부르크는 의회의 해산과 선거의 연기 및 국가비상사태의 선언과 대통령 명령에 의한 통치를 원하는 슐라이허의 제안 중 의회의 해산에만 동의하고 다른 사항은 헌법 위반이라고 해서 거부했기 때문이다.[82] 여러 가지 상황을 고려해 볼 때, 만일 이 때 힌덴부르크가 슐라이허 총리의 요청을 받아들였다면 파펜의 음모와 나치당의 집권은 일단 저지되었으리라 본다. 그러나 이 모든 추측은 어디까지나 희망사항에 불과할 뿐이었다. 냉혹한 역사의 수레바퀴는 때로 사람들의 희망과는 반대로 굴러 가게 마련이니까.

슐라이허가 보다 노련하고 통찰력을 갖춘 정치가였다면 대통령이 신경을 쓰고 있는 헌법위반 사항이 아니면서도 현실적으로 난국을 헤쳐 가는 데 도움이 되는 다른 대안을 찾아보았을 것이다. 그러나 슐라이허는 1월 28일에 대통령을 다시 만났을 때, 1월 23일에 대통령이 이미 거절했던 안을 다시 제시했다. 그리고 대통령이 이를 거부하자 슐라이허는 즉각 내각 총사퇴를 결의했다.

1월 28일에 슐라이허가 사표를 제출하자 힌덴부르크는 파펜을 불러 새 내각 구성의 임무를 맡겼다. 그로부터 파펜은 히틀러를 총리로 앉히고 실권은 자기가 장악한다는 구상을 실천에 옮기기 위한 작업에 박차를 가했다. 이미 1월 24일에 파펜과 히틀러는 회동을 갖고 히틀러를 총리로 하는 우파 민족주의 내각을 구성하기로 합의한 바 있었다. 그리고 여기에 독일국가인민당의 당수 알프레트 후겐베르크와 퇴역군인들로 구성된 민족주의적 군사조직인 철모단의 지도자 프란츠 젤테를 내각에 참여시키기로 합의한 바 있었다.

그리하여 1월 27일에는 알프레트 후겐베르크와 프란츠 젤테까지 참여하는 민족주의 내각의 준비 모임이 있었다. 그러나 이 모임에서는 프로이센주의 내무장관 자리를 둘러싸고 히틀러와 후겐베르크 간의 심각한 의견 대립이 발생하여 우파 내각의 구성이 거의 무산될 위기에 처했다. 프로이센주는 독일의 수도인 베를린을 포함하여 독일 영토의 3분의 2를 차지할 정도로 막강한 힘을 가진 주였다. 따라서 프로이센주의 내무장관이 된다는 것은 독일 전체 경찰의 3분의 2를 차지하는 프로이센주 소속 1만 5천명의 경찰력을 단숨에 장악한다는 것을 의미했다. 이런 이유 때문에 히틀러는 프로이센주의 내무장관 자리를 나치당에서 맡아야 한다고 한사코 고집한 것이고, 후겐베르크는 이 중요한 자리가 나치당에게 넘어가는 것을 끝까지 반대했던 것이다.

그러나 프로이센주의 내무장관 자리를 둘러싼 히틀러와 후겐베르크와의 대립은 오래가지 못했다. 왜냐하면 파펜의 적극적인 설득에 의해 후겐베르크가 결국 물러섰기 때문이다. 지금까지 한번도 권력의 중심에 오른 적이 없었던 후겐베르크는 중앙 정부와 프로이센주의 농업장관과 경제장관이라는 4개의 장관직을 동시에 겸할 수 있는 중요한 기회를 놓치고 싶지 않았기 때문에 파펜의 설득에 굴복했던 것이다.83)

파멸로 가는 비극의 시작, 히틀러의 총리 임명

1933년 1월 중반까지만 해도 힌덴부르크는 몇 번이나 그 전해 8월과 11월에 맹세한대로 히틀러에게 정부를 넘기지 않겠다고 약속했다. 1월 22일에 파펜이 찾아와서 히틀러의 총리임명을 제안했을 때에도 힌덴부르크는 완강하게 거부했다. 그러나 1월 28일에 파펜이 힌덴부르크를 다시 만났을 때 힌덴부르크의 태도는 놀라울 정도로 변해 있었다.

그러면 불과 며칠 사이에 무슨 일이 있었던 것일까? 다시 말해서 1월 22일과 1월 28일 사이에 힌덴부르크의 심경이 변화되어 히틀러의 총리 임명을 받아들이게 된 이유는 무엇이었을까? 그 이유에 대해서는 지금까지 여러 가지 설이 난무하고 있다.

첫째, 힌덴부르크 대통령과 가까운 측근들의 권고가 큰 역할을 했을 것으로 보인다. 무엇보다 힌덴부르크의 고향인 프로이센주의 지주들이 슐라이허 총리가 자기들에게 불리한 정책을 추진하고 있다고 불평하면서 슐라이허 대신 히틀러를 총리로 임명하라고 힌덴부르크에게 계속 압력을 가했고, 여기에 힌덴부르크가 굴복했다는 것이다. 1월 28일에 힌덴부르크가 만난 동프로이센의 사령관 블롬베르크(Werner von Blomberg)는 한술 더 떠서 독일군대는 히틀러가 총리가 되는 것을 전적으로 찬성한다고 말함으로써 히틀러에 대한 힌덴부르크의 부정적 인식을 바꾸는데 큰 역할을 했다.

이에 더하여 문고리 권력이라고 할 수 있는 힌덴부르크의 아들 오스카 폰 힌덴부르크(Oscar von Hindenburg)와 비서실장인 오토 마이스너의 설득도 큰 효과를 발휘했다. 오스카는 1월 23일까지만 해도 히틀러의 총리 임명에 대해 거부감을 나타냈는데 1월 28일까지는 찬성하는 쪽으로 심경의 변화를 일으켰던 것이다.

둘째, 힌덴부르크가 후원금으로 구입한 프로이센의 한 농장을 자기 아들인 오스카의 명의로 소유권을 변경하면서 탈세를 했다는 신문기사 때문에 곤경에 처했는데, 힌덴부르크는 히틀러와 모종의 거래를 통해 이 문제를 덮으려 했다는 설도 힌덴부르크가 심경 변화를 일으킨 한 요인으로 제기되고 있다.[84)]

셋째, 1월 15일에 치른 리페-데트몰트 주의회 선거의 결과도 상황 변화에 영향을 준 것으로 보인다. 이 선거에서 나치의 득표율은 43%로서 39%를 기록한 사회민주당의 득표율을 앞질렀다. 이러한 득표율은 사실상 나치당이 리페-데트몰트에 모든 당력을 집중했기 때문에 나타난 결과였음에도 불구하고 나치당이 붕괴되고 있다는 항간에 떠도는 소문을 잠재우는데 어느 정도 효과를 발휘했으며, 동시에 힌덴부르크의 심경 변화에도 영향을 미쳤다는 것이다.

1월 28일 저녁에 파펜은 아직도 망설이는 힌덴부르크와 만난 자리에서 파펜과 슐라이허 내각에서 일한 바 있는 보수적인 장관들 대부분이 히틀러 밑에서 일할 뜻을 밝혔다는 이야기를 했다. 이에 힌덴부르크는 그 전처럼 히틀러에 대한 거부반응은 나타내지 않고 오히려 국방부와 외무부 장관 자리는 자기가 직접 뽑겠다는 의사를 나타냈다. 그러면서 힌덴부르크가 외무부 장관으로 추천한 사람은 전문 외교관인 콘스탄틴 폰 노이라트였고, 국방부 장관으로 추천한 사람은 동프로이센 사령관 베르너 폰 블롬베르크였다. 블롬베르크는 사실 친나치인사였는데 힌덴부르크는 그 사실을 몰랐다. 힌덴부르크와 파펜의 회동이 끝날 무렵에 파펜은 힌덴부르크가 자기의 계획에 완전히 동의한 것은 아니더라도 이미 그쪽으로 많이 기울어져있음을 느끼면서 자리를 떴다.

1월 29일 아침에 파펜은 새로운 내각의 출범과 함께 의회를 해산하고 새로운 선거를 실시해야 한다고 주장하는 히틀러의 제안을 받아들였다. 그 대신에 히틀러는 파펜이 부총리겸 프로이센주의 경찰청장으로 임명되는 것에 찬성했다. 그날 오후에 파펜은 히틀러 및 독일국가인민당의 후겐베르크와 철모단의 젤테를 만나 내각 인선을 마무리지었다.

그러나 힌덴부르크가 파펜의 계획에 완전히 동조한 것은 아니었으므로 파펜으로서는 대통령을 상대로 하는 추가적인 설득 과정이 필요했다. 그런데 이 문제는 너무나 쉽게 해결되었다. 다름 아니라 총리직에서 물러난 슐라이허가 군대를 이용하여 쿠데타를 일으킨다는 소문이 퍼졌기 때문이다. 이러한 소문은 사실 슐라이허 측근들의 경솔한 언행 때문에 빚어진 단순한 소문에 불과한 것이었지만 이 소문이 힌덴부르크 대통령과 그의 가족들에게 미친 충격은 대단한 것이었다. 어찌되었든 이러한 긴박한 상황을 이용하여 파펜은 그의 계획에 대한 대통령의 승인을 얻는데 성공했다.[85]

이와 같이 대통령 힌덴부르크는 자기 주변에 난데없이 밀려든 여러 가지 상황 변화에 당황한 나머지 깊이 생각할 겨를도 없이 그토록 혐오하던 히틀러를 총리로 임명하는 데 동의하고 말았다. 그리하여 1933년 1월 30일 힌덴부르크는 다시는 돌아올 수 없는 다리를 건넜다.[86] 바야흐로 독일 뿐 아니라 유럽 전체를 파멸로 이끌고 간 히틀러가 파멸의 단초가 될 독일 정권의 키를 장악하는 순간이었다.

이렇게 해서 대통령의 재가를 받아 완성된 장관들의 면면을 보면, 히틀러가 총리, 파펜이 부총리 및 프로이센주의 경찰총장, 나치당의 프리크가 내무장관, 나치당의 괴링이 무임소 장관과 항공 교통장관에 더하여 프로이센주의 내무장관을 겸하게 되어 있었다. 독일국가인민당의 후겐베르크는 중앙정부와 프로이센주 정부의 농업과 경제장관, 동프로이센 사령관인 블롬베르크는 국방장관, 철모단의 젤테는 노동장관을 맡았다. 그리고 외무, 재무, 우정, 교통장관, 일자리 창출 장관은 유임되었다. 이 각료 명단을 보면 나치는 11명의 각료 중 세 자리만 맡게 되어 있어서 나치의 권력장악치고는 무엇인가 크게 부족해 보이기도 했다.87)그러나 이것이 보다 큰 음모를 숨기기 위한 나치당의 속임수였다는 것을 깨닫는 데는 그렇게 많은 시간이 걸리지 않았다.

1933년 1월 30일 오전 11시 30분경에 힌덴부르크 대통령은 아돌프 히틀러에게 선서를 하게 한 후 그를 독일 총리로 임명했다. 히틀러는 이 자리에서 공화국의 헌법과 법률을 지키고 수호하겠다고 맹세했다. 수많은 우여곡절을 겪은 끝에 히틀러가 그토록 갈망하던 나치 내각이 어두운 그림자를 던지며 독일 역사 전면에 등장하는 순간이었다.

그날 저녁 히틀러는 총리 집무실의 열린 창문가에 서서 횃불을 든 수십만의 돌격대가 그를 향해 힘차게 경례하는 것을 지켜보았다. 그의 홍보참모인 괴벨스는 그날 저녁의 일기에서 "일개 상병이 호엔촐레른과 합스부르크 왕가를 계승하다니 이것이야 말로 기적이 아닌가?"라고 썼다.88)

민주주의의 주적(主敵)이라고 볼 수 있는 나치당의 우두머리가 정부의 수반이 되었는데도 바이마르 공화국의 옹호자들은 누구하나 저항하려 하지 않았다. 그것에 반대하는 시위조차 일어나지 않았다. 공화국의 유일한 지지 세력이라고 할 수 있는 사회민주당이나 중앙당 같은 민주 정당의 인사들도 별다른 반응을 나타내지 않았다. 일반 국민들도 무관심하기는 마찬가지였다. 그것은 영화관의 뉴스에서도 히틀러 내각의 등장은 상영되는 여섯 가지 사건들 가운데에서도 맨 마지막에 소개된 것 만 보아도 알 수 있다.89)

그러나 이 와중에서도 히틀러의 총리 임명이 내포한 위험성을 비교적 정확하게 지적한 사람이 있었다. 힌덴부르크의 참모로서 제1차 세계대전에서 독일군 총사령부를 이끌었던 루덴도르프(Erich Ludendorff)였다. 그는 한때 히틀러와 함께 뮌헨 폭동을 이끌었던 사람이었으나, 히틀러의 실체를 파악한 후에는 나치당과 거리를 두었는데, 히틀러가 총리로 임명되었다는 소식을 받자마자 그가 한 때 야전 사령관으로 모셨던 힌덴부르크 대통령에게 편지를 보내 이렇게 말했다.

"히틀러를 수상으로 임명한 것은 돌이킬 수 없는 과오입니다. 당신은 우리의 위대한 조국을 이 세대의 가장 선동적인 정치가에게 넘겨주고 말았습니다. 그 비열한 인간은 우리나라를 깊은 수렁 속으로 빠뜨릴 것이고, 우리들에게 상상도 할 수 없는 고통을 안겨주리라는 것을 나는 너무나 잘 알고 있습니다. 다음 세대는 당신의 이 잘못된 행위로 인해 당신의 무덤 앞에서 당신을 저주할 것입니다."90)

그러나 독일인 대부분은 내각 구성에 있어서 대통령인 힌덴부르크의 막강한 권위와 그에게 충성하는 군대, 그리고 파펜과 후겐베르크의 영향력, 세 명 밖에 안되는 나치당의 각료 수 등을 고려할 때 제

아무리 히틀러인들 함부로 행동하지 못할 것으로 생각했다. 그래도 우려를 나타내는 사람들에 대하여 파펜은 "우리가 히틀러를 고용한 것입니다. 나는 두 달 안에 그를 완전히 나의 수중에 넣을 것입니다." 라고 거만하게 대꾸하곤 했다. 후겐베르크를 비롯한 우익 보수주의자들도 내각에 들어간 보수주의자들이 히틀러를 손쉽게 통제할 수 있으리라고 확신했다. 좌익 사회주의자들은 히틀러가 산업자본가와 대지주의 꼭두각시에 불과하다고 생각했다. 우익이건 좌익이건 당시 독일의 정치가들은 히틀러의 정체를 너무나 모르고 있었다. 한마디로 당시 사람들에게는 히틀러와 나치 정권의 악마성을 제대로 판단할만한 능력이나 경험이 부족했던 것이다. 이것이야 말로 독일사의 최대 비극이라고 할 수 있지 않을까?

히틀러의 총리 임명에 대해 책임질 사람은 누구인가?

히틀러 당시의 사람들은 1933년에 가장 강력한 당의 대표인 히틀러를 총리로 임명하는 것 말고는 다른 대안이 없었다고 할지 모른다. 그러나 앞에서도 밝힌 바와 같이 히틀러가 총리가 되는 데는 다른 무엇보다 힌덴부르크, 슐라이허, 파펜, 오스카, 그리고 후겐베르크와 같은 우파 정치인들의 책임이 크다고 할 수 있다. 왜냐하면 이들은 다 같이 공산당 및 사회민주당과 같은 좌파 정당에 대한 경계심과 혐오감에 사로잡힌 나머지 사회민주당 같은 온건 좌파정당과의 연합보다는 나치당 같은 극우정당과의 제휴를 선택했기 때문이다.

이들은 10여년에 걸쳐 히틀러와 나치당이 보여준 비정상적인 폭력성 및 야만성에 대해 인지하고 경험할 시간이 충분했음에도 불구하고 이를 애써 부정하고 자기들의 개인적인 이해관계에 따라 히틀러와 손을 잡았다. 특히 힌덴부르크는 히틀러를 총리로 임명하기 몇 달전만 해도 "나치주의자들이 이끄는 내각은 십중팔구 일당 독재로 귀결되고, 민족 내부의 갈등을 극도로 악화시킬 것"이라고 말할 정도로 나치의 속성을 비교적 정확하게 파악했던 사람이었다. 그러던 그가 본인과 가족, 그리고 프로이센 지주들의 이해관계에 얽매어 측근들의 끈질긴 권유에 넘어가 실제로 히틀러를 총리로 임명하는 누를 범했던 것이다. 이로써 힌덴부르크는 그야말로 만고에 씻을 수 없는 죄악을 저지른 당사자가 되고 말았다.

독일국가인민당의 당수였던 후겐베르크는 독일의 정치를 극우 일색으로 바꾸고자 하는 욕심, 그리고 권력의 중심에 서고자 하는 개인적인 욕심 때문에 나치당과 동맹관계를 형성했으며, 히틀러 내각의 들러리 역할을 자초했다. 당시 후겐베르크는 신문과 영화를 만드는 거대 기업의 총수였기 때문에 히틀러가 후겐베르크와 손을 잡은 것은 그야말로 천군만마를 얻은 것이나 마찬가지였다.91)

무엇보다 총리직을 둘러싼 파펜과 슐라이허의 갈등은 히틀러의 등장에 있어서 꽃길을 열어주었다고 할 수 있다. 왜냐하면 파펜은 자기를 총리 자리에서 끌어 내리고 자기 대신 총리 자리를 꿰찬 슐라이허에 대한 반감 때문에 히틀러와 동맹관계를 맺고 그를 총리 자리에 앉히도록 힌덴부르크를 설득하는 데 앞장섰기 때문이다. 더욱이 파펜은 히틀러를 총리로 앉히는 대신에 실권은 자기가 갖겠다는 허무맹랑한 환상에 이끌려 히틀러 내각의 탄생에 누구보다도 큰 역할을 했다. 이런 의미에서 볼 때 히틀러의 총리 임명에 가장 큰 책임을 져야 할 사람을 한 사람만 꼽는다면 단연코 파펜을 들 수 있다. 만일에 파펜이 아니었다면 히틀러가 총리가 되는 일은 거의 불가능한 일이었다고 말할 수 있기 때문이다.

대통령의 아들인 오스카 폰 힌덴부르크 역시 친구였던 슐라이허로부터 받았던 상처 때문에 슐라이허에 대한 적대감을 갖게 되었으며, 이것 때문에 슐라이허의 사임과 히틀러의 총리 임명에 나름대로 큰 몫을 담당했다. 그리고 대통령 비서실장인 오토 마이스너는 권력의 향배에 대한 예리한 감각 때문에 히틀러를 선택하게 되고 대통령을 설득하여 히틀러가 총리로 임명되는 과정에서 일조를 했다고 볼 수 있다.

한편 슐라이허는 무명의 파펜을 힌덴부르크에게 추천해서 독일 총리로 삼았지만, 후에는 자기 친구였던 파펜과 대통령의 아들인 오스카의 원한을 사서 그들로 하여금 자신이 총리로 있는 내각을 붕괴시키고, 히틀러 내각을 출현하게 만드는 데 핵심적인 역할을 하도록 만들었다.[92] 뿐아니라 슐라이허는 본의 아니게 자기가 중심이 되는 쿠데타에 관한 소문의 진원지가 됨으로써 결과적으로 히틀러 내각의 출범을 앞당기게 만드는 어이없는 실수도 저질렀다. 이와 같이 슐라이허 총리의 정치적인 감각과 판단력의 부족, 그리고 자기중심적인 오만한 태도로 인해 빚어진 여러 가지 실책들은 한데 모여서 히틀러의 악마적인 정권을 탄생시키는 데 큰 역할을 했다고 할 수 있다.

『히틀러의 30일』이라는 책을 통하여 히틀러가 정권을 잡기 전 30일 동안의 긴박했던 상황을 분석한 바 있는 헨리 애슈비 터너(Henry Ashby Turner) 2세는 그의 책에서 히틀러가 총리가 된 것은 한나라의 운명이 한 줌 밖에 안되는 사람들 손에 달려 있었기 때문에 가능한 일이었다고 진단하고 있다. 여기서 한줌밖에 안되는 사람들은 힌덴부르크, 슐라이허, 파펜, 오스카, 오토 마이스너, 후겐베르크 등을 말한다. 이와 같이 "한 나라의 권력배치가 몇 안되는 사람들 손에 달려있을 때 인간의 감정 가운데 가장 기본적인 몇 가지, 즉 개인적인 친근감과 혐오감, 상처받은 마음, 우정이 깨지면서 느끼는 실망감과 복수심 등이 정치에 지대한 영향을 미쳤다고 주장하고 있다.93)

여기서 헨리 애슈비 터너 2세가 말한 인간의 감정들은 힌덴부르크 대통령이 갈수록 파펜에게 친근감을 느끼면서 슐라이허에게서 멀어진 것, 그리고 슐라이허와 친구관계였던 파펜과 오스카가 슐라이허의 오만하고 이기적인 말과 행동으로 인하여 깊은 상처를 받고 슐라이허에 대한 적대감과 복수심을 갖게 된 것을 말한다. 파펜과 오스카가 히틀러와 손잡고 그를 총리로 삼는데 앞장 선 이유는 바로 슐라이허에 대한 실망감과 복수심 그 이상도 그 이하도 아니었다고 볼 수 있다.

사태를 더 악화시킨 것은 이들 우파 정치인들이 나치에 대한 잘못된 판단을 한 것에 그치지 않고, 자기 능력으로 나치를 얼마든지 견제할 수 있다는 오만에 사로잡혀 있었다는 것이다. 힌덴부르크는 걸핏하면 히틀러의 출신 배경을 들먹이면서 그를 보헤미아의 졸병이라고 경멸조로 이야기하곤 했다. 히틀러를 힌덴부르크에게 직접 추천했던 파펜도 자기가 히틀러를 고용했기 때문에 언제든지 히틀러를 내쫓을 수 있다고 말을 하곤 했다. 마지막 총리였던 슐라이허 역시 나치당의 최고 이론가인 슈트라서를 통해 얼마든지 히틀러를 견제할 수 있다고 자신있게 말하곤 했다. 이와 같이 근거없는 자만심에 빠지다

보니 이들 우파 지도자들은 나치당의 악마적인 속성에 대해 올바른 판단을 할 수 없었고, 이로 인해 인류 역사상 최악의 독재자요, 도살자에게 독일의 운명을 맡기는 끔찍한 실수를 저질렀던 것이다.

그러나 나치의 등장 원인을 이들 몇몇 장군이나 정치가들의 책임으로만 돌리는 것에도 문제는 있다. 왜냐하면 '나치'란 괴물은 결코 단기간에, 우연히 나타난 것이 아니기 때문이다. 나치의 등장을 가능하게 했던 간접적인 배경을 찾는다면 역시 제1차 세계대전의 패배에 따른 후유증이라고 할 수 있다. 그러한 후유증 가운데는 물론 1차 대전 후 찾아온 경제적 혼란, 베르사유 조약에 대한 불만, 바이마르 정부의 불안정성, 그리고 1929년에 찾아온 세계공황 등이 포함될 수 있다. 무엇보다 독일이 1차 대전에서 승리할 수 있었는데도 국내의 배신자들에게 '등을 찔려서' 패전하게 되었다는 이른바 배후중상설은 다른 무엇보다도 나치의 등장에 좋은 자양분을 제공했다.

여기에다 자본가, 중산층, 노동자, 농민, 공무원, 군부 등 독일의 각 계층이나 집단들이 제멋대로 쏟아내는 수많은 요구 사항들이 제대로 해결되지 못하는 것에서 오는 불만들이 사회 저변에 계속 쌓여간 것도 문제가 되었다. 당시 독일 사회는 많은 사람들이 내뿜는 불만과 분노로 가득찬 용광로와 같았다. 나치는 바로 이러한 독일 국민의 누적된 불만과 분노심을 파고들었던 것이다. 물론, 제 아무리 불만에 가득찬 계층이나 집단이라 하더라도 히틀러가 집권 후에 보여준 야만적이고 폭력적인 독재정부를 원하는 사람은 거의 없었을 것이다. 이들은 단지 자기 계층이나 집단이 안고 있는 문제를 보다 강력한 힘을 가진 누군가에 의해서 좀 더 쉽고 빠르게 해결하고 싶었을 뿐이다.[94]

여기에다 절망과 좌절감에 허덕이는 독일 민족을 도탄에서 건져주고, 독일 민족에게 새로운 자부심과 희망을 안겨줄 수 있는 강력한 지도자를 갈망하던 당시 독일 국민의 일반적인 정서 또한 히틀러 등장에 좋은 자양분을 제공했다고 할 수 있다. 당시의 독일인들은 "혼란스러운 독일 땅에 기율과 질서를 부여하고, 독일 제국에 다시금 위대한 영광을 안겨줄 인물"을 찾고 있었는데, 히틀러는 바로 이와 같은 대중이 갈망하던 지도자상에 가장 부합되는 인물로 비쳐지게 되었던 것이다.[95]

바이마르 민주 정부의 붕괴 과정을 상세하게 분석하며, 히틀러의 등장 배경을 밝힌 바 있는 벤저민 카터 헷(B.C. Hett)은 그의 책에서 "바이마르 공화국 시대 동안 정치가들은 대체로 교활했지만 이상할 정도로 순진한 면이 있었다. 최악의 가능성을 상상할 수 있는 사람은 거의 없었다. 트레블링카(Treblinka)와 아우슈비츠(Auschwitz) 강제수용소, 바비 야르(Baby Yar) 학살[96]이나 2차 세계대전이 끝나기 전 마지막 몇 달 동안 이뤄진 죽음의 행진을 1933년에 상상할 수 있었던 독일인은 거의 없었다."고 하면서, "상상도 할 수 없는 일을 미리 내다보지 못했다고 비난할 수는 없다. 그러나 순진해서 앞으로 무슨 일이 벌어질지 도통 몰랐기 때문에 끔찍한 비극이 벌어졌다"[97]고 개탄하고 있다. 그의 말대로 독일은 법을 잘 지키기로 유명한 데다 문화적인 나라였다. 그러한 나라에서 어떻게 그러한 야만적인 행위가 가능할 지를 예측한다는 것은 사실상 불가능한 일이었는지 모른다.

5. 전체주의 정권의 수립

나치당, 긴급 명령권을 이용하여 독재 권력을 수립하다

히틀러와 나치당의 지도부는 히틀러가 내각 총리가 되자마자 나치당의 일당독재체제를 확립하기 위한 치밀한 계획을 수립하고, 이를 하나하나 실천해 나가기 시작했다. 그 음모의 첫 단계는 다름아닌 의회 해산이었다. 1933년 2월 1일 히틀러는 힌덴부르크 대통령에게 건의하여 총선 실시를 명분으로 의회를 해산했다. 그리고, 의회가 없는 틈을 타서 히틀러는 7주에 걸쳐 대통령의 긴급 명령권에 의해 나라를 통치할 수 있게 되었다.

2월 4일 힌덴부르크 대통령이 서명한 '독일국민보호법'에 의해 히틀러 정부는 경찰이 정치집회를 해산하고, 단체결성을 금지하며, 언론을 폐쇄할 수 있는 광범위한 권력을 갖게 되었다. 이와 함께 허위사실을 유포한다거나 국가의 안보를 위협한다는 구실을 내세워 모든 정적들을 제거할 수 있는 수단을 갖게 되었다. 이 법안에 따라 2월 14일에는 베를린 경찰들이 공산당의 의회 사무실을 수색했고, 2월 24일에는 공산당 베를린 본부의 문을 닫았다.

1933년 1월 30일에 히틀러를 총리로 하는 내각을 구성할 때 나치당이 새로운 내각에 히틀러를 포함하여 단 3명의 나치 인사만을 포함하면서도 나치당의 핵심 인물인 괴링으로 하여금 내각의 항공부 장관 외에 프로이센주 지방정부의 내무장관직을 겸하도록 한 것은 이와 같은 사태를 염두에 둔 포석이라고 볼 수 있었다. 당시 베를린 경찰은 프로이센주 지방정부 내무장관의 지시를 받고 있었다. 괴링이 프로이센주의 내무장관으로 취임하면서 제일 먼저 내린 결정은 대부분의 베를린 경찰 간부들을 해임하고 그 자리에 돌격대 고위 지도자들을 앉힌 것이었다. 이와 함께 수천 명의 돌격대와 친위대원들을 베를린 경찰국의 보조 경찰관으로 임명했다. 이로써 돌격대와 친위대가 베를린 경찰국의 경찰이라는 정식 직함을 가지고 베를린 시내를 활보하면서 나치의 정적들을 탄압하고 투옥시키는 것이 가능하게 되었다.[98] 히틀러는 이에 더하여 게슈타포(Gestapo)라고 알려진 비밀경찰조직까지 신설하여 국내외 정적과 유대인 탄압에 핵심적 역할을 담당하게 했다.

이렇게 볼 때 1933년 1월 27일에 히틀러를 수반으로 하는 민족주의 내각의 구성을 위한 예비모임 때 국가인민당의 후겐베르크가 나치당이 프로이센주 지방정부의 내무장관직을 맡는 것에 대해 강력하게 반대했던 것은 어느 정도는 이와 같은 사태를 예견했기 때문이 아닌가 생각된다. 그러나 히틀러를 허수아비 총리로 삼고, 실권은 자기가 갖겠다는 헛된 야망에 이끌려 히틀러가 총리가 될 경우에 초래될 수 있는 위험요인들을 제대로 살펴보지 않고 히틀러 내각의 출범을 속전속결로 밀어붙인 파펜의 우매한 악수(惡手)에 밀려 후겐베르크의 주장이 맥없이 묻혀버린 것은 지금 생각해도 아쉬움이 큰 대목이라고 할 수 있다.

의사당 화재 사건을 이용하여 좌파 정당을 말살시키다

이때 나치당의 독재권 강화에 도움이 될 수 있는 절호의 기회가 찾아왔다. 1933년 2월 27일 오후 9시경에 제국의사당에 화재가 발생하여 순식간에 의사당 건물이 불에 타버리는 사건이 발생한 것이다. 2월 28일 아침 9시 27분쯤에 경찰은 네덜란드 출신 석공인 루베(Lubbe)란 사람을 범인으로 체포했다. 정신박약의 증세가 있는 그 네덜란드 인은 자기가 국회의사당에서 일어난 모든 불을 혼자 질렀다고 주장했으며, 왜 그런 짓을 했느냐는 질문에 "노동자가 권력을 가지려 함을 알리려 했다."라고 밝혔다. 실제 그는 공산주의자의 전력을 가진 사람이었다. 그러나 루베가 가진 성냥과 불쏘시개 정도로 의사당을 불태우는 것은 전혀 불가능한 일이었다. 여기에서 의사당 화재에는 공범이 있었으며, 특히 나치 돌격대의 특정 집단이 범인이라는 주장들이 오늘날까지 이어져오고 있는 것은 바로 이 때문이다.[99)]

나치 정권에 있어서 누가 범인이냐 하는 것은 별로 중요한 것이 아니었다. 중요한 것은 그렇지 않아도 히틀러의 독재를 합리화시킬 계기를 찾고 있었던 나치 정권에게 의사당 화재 사건이 그야말로 천재일우의 기회를 제공했다는 사실이었다. 더욱이 루베의 심문을 맡았던 사람은 프로이센 지방 정부의 내무장관인 괴링이었다. 나치당의 핵심 간부였던 그는 의사당 방화 사건을 독일 공산당이 배후에서 사주한 거대한 음모사건으로 확대시켰다. 그리하여, 괴링은 그 날 저녁 약 4,000명의 공산당 간부들과 지식인들을 체포했다. 심지어는 온건 좌파 정당인 사회민주당의 당사도 점령하고, 좌파 계열에서 발행하는 모든 신문들을 폐쇄시켰다.

그 다음날 힌덴부르크 대통령은 히틀러의 제안을 받아들여 국민의 기본권을 규제하고, 국민의 자의적인 체포와 사형제도의 확대를 허용하는 '국민과 국가 수호를 위한 긴급 조치'에 서명했다. 그 법안은 나치당의 독재정권수립을 위한 기본적인 법안이 되어, 나치 정권이 몰락할 때 까지 존속되었다. 히틀러는 의회를 해산한 후 각 정당들이 선거운동에 여념이 없는 틈을 타서, 나치당의 영구 독재를 위한 모든 비상조치들을 마련했던 것이다.[100] 이 때 이용된 수단이 바로 헌법 48조에 규정된 대통령의 비상대권이었다.

의회 내의 유력한 몇 개의 정당들이 서로 연합하여 연립정부를 구성하던 1930년 3월까지는 대통령의 비상대권은 거의 숨겨진 것이나 다름없었다. 왜냐하면 연립정부는 대통령보다는 의회 내 정당들의 지지와 협조를 통해 정권을 유지했기 때문에 대통령과는 일정한 거리를 유지했기 때문이다. 그러나 1930년 3월 27일에 헤르만 뮐러 내각이 붕괴된 후 지금까지 연립정부를 구성해왔던 중도파 내지 온건 좌파 정당들의 세력 약화와 상호간의 불신 때문에 더 이상 연립정부를 구성할 수 없게 되자, 대통령이 내각의 총리를 직접 임명하는 이른바 대통령 내각이 탄생하게 되었다. 이렇게 탄생한 대통령 내각은 의회 내에 안정적인 지지 세력을 확보하기가 어려웠으므로 자연스럽게 대통령의 권한에 기대어 정권을 유지하게 되었는데, 이 때 이들에게 강력한 무기가 되어 준 것이 다름 아닌 대통령의 비상대권이었던 것이다. 그러나 브뤼닝, 파펜, 슐라이허 등 대통령 내각의 총리들이 이용한 대통령의 비상대권은 의회해산, 예산안 통과 등 어디까지나 의회정치의 영역 내에서 제한적으로 이용되었다.

그러나 히틀러는 달랐다. 그는 처음부터 대통령의 비상대권을 반대파의 탄압과 독재정권 수립에 철저하게 악용했던 것이다. 이렇게 해서 바이마르 공화국 헌법이 깊숙이 숨기고 있던 악마의 발톱, 즉 대통령의 비상대권이 그 악마적 본성을 숨김없이 드러내기 시작했던 것이다.

하나의 가설이지만, 만일에 의회 내의 유력한 정당들이 힘을 합하여 연립내각을 구성하던 바이마르 공화국의 전통이 깨어지지 않고 유지되었더라면 히틀러의 독재정권은 성립하기 어려웠으리라 본다. 왜냐하면 연립내각에서 대통령의 비상대권을 이용한다는 것은 거의 불가능했기 때문이다. 그러나 나치내각이 출범하기 불과 3년 전부터 성립된 대통령 내각의 네 번째 총리로 임명된 덕분에 그는 대통령의 비상대권을 마음대로 이용할 수 있었고, 이를 통하여 독일과 전 세계를 파국으로 몰고 간 나치 독재 정권을 전격적으로 수립할 수 있었던 것이다.

이런 공포 분위기 속에서 1933년 3월 5일에 바이마르 공화국의 마지막 선거가 실시되었다. 나치당은 선거기간 동안 좌익세력을 분쇄하고 테러를 자행하는 등 온갖 불법적인 행위를 동원했음에도 불구하고 43.9%의 지지율을 얻는데 그쳤다. 그러나 나치당은 선거 결과에 상관없이 나치당 외에 다른 정당을 무력화하는 작업을 선거직후부터 시작했다. 이 과정에서 돌격대장 에른스트 룀(Ernst Rohm)과 그의 대원들이 적극적인 역할을 했다. 그들은 정치인들에게 폭력을 휘두르거나 정적들을 감옥에 집어넣고 고문을 자행했으며, 일반인들에게는 공포분위기를 조성했다.101)

'전권위임법'을 무기로 일당독재정권을 수립하다

이러한 가운데 1933년 3월 21일에 포츠담에서는 나치 정부가 4년 동안 모든 입법권을 행사할 수 있는 '전권위임법'을 통과시키기 위한 제국의회가 개최되었다. 이 법안의 통과에는 국회의원 3분의 2이상의 찬성이 필요했다. 이 날 국회의원 주위에는 돌격대와 친위대원들이 둘러싸고 의원들을 협박하듯이 노려보고 있었다. 그럼에도 불구하고 사회민주당의 오토 벨스(Otto Wels)는 "우리의 자유와 생명을 뺏어갈 수는 있지만, 우리의 명예를 빼앗을 수는 없습니다."라고 외치며, 전권위임법에 대한 반대 의사를 뚜렷이 했다. 이에 대하여 히틀러가 반박연설을 하자 사회민주당 의원들은 소리쳐 항의를 했다.

그러나 전권위임법에 대한 반대의 목소리는 그것이 전부였다. 94명의 사회민주당 의원들을 제외한 모든 정당은 전권위임법에 찬성표를 던졌다. 전권위임법은 의회의 동의없이도 법률을 공포할 수 있는 권한을 히틀러 정부에게 위임함으로써 의회나 헌법기관을 유명무실하게 만드는 법안이었다. 히틀러는 이제 힌덴부르크 대통령의 승인없이도 절대적인 권한을 행사할 수 있게 되었다.[102] 그리고, 그 법안에 반대했던 사람들은 곧 감옥에 수감되거나 망명길에 올라야 했다.

전권위임법이 통과됨으로써 정당들은 이제 그 존재가치를 상실하게 되었다. 공산당은 이미 해체되었고, 사회민주당도 활동이 정지되었다. 중앙당도 해체되었다. 나치당과 같은 극우 정당으로 나치당의 집권과정에 결정적인 도움을 주었던 독일국가인민당 역시 심한 압력을 받다가 당원의 일부는 체포되었고, 일부는 나치당에 흡수되었다. 7월 14일에 나치당은 마침내 독일의 유일한 합법적 정당으로 선포되었다. 바야흐로 독일은 전대미문의 일당독재국가로 바뀐 것이다.

전체주의 정권 확립을 위한 나치당의 획일화 작업

이와 같이 정당의 획일화 과정을 끝마친 나치당은 다른 분야의 획일화 작업에도 박차를 가했다. 1933년 5월에는 돌격대와 친위대로 하여금 노조 회관들과 노조에 속한 사업체 및 노동자 은행을 점령하여 노조에 대한 탄압을 시작하였으며, 결국에는 노조를 나치당에 종속시켰다. 그리고 이를 바탕으로 독일노동전선이라는 어용노동단체를 만들어 모든 노동자들을 의무적으로 가입시켰다.[103]

나치당은 대학 사회에도 파고들어 대학 교수들이 나치의 이념에 동조하도록 강요했다. 그리하여 많은 대학 교수들이 나치가 주장하는 민족공동체와 지도자주의를 찬양하고, 나치의 이념에 대한 충성 맹세에 서명하도록 강요받았다. 또 나치당의 사주를 받은 대학생 단체는 이른바 '파괴적 저술'로 낙인찍힌 유대인과 마르크스주의자, 그 밖에 비독일적 저자들의 책을 불태웠다. 이러한 현대판 분서행위를 통해 불타버린 책은 약 2만권에 이른다. 이 가운데는 마르크스의 자본론, 프로이드의 정신분석학, 레마르크의 소설인 '서부전선 이상없다' 등이 포함되었다.

나치당은 선전과 선동의 도구가 될 수 있는 언론의 역할에 각별한 관심을 갖고 신문과 방송 같은 언론기관을 장악하는데 많은 노력을 기울였다. 여기에는 특히 선전선동의 귀재라고 불리는 괴벨스가 투입되었다. 1933년 3월에 히틀러 내각에서 국민계몽선전장관으로 임명된 괴벨스는 즉시 좌파와 유대인과 관련된 언론들을 폐간 조치했다. 그리고 중도나 우파 색채를 띤 언론도 나치당에 해가 되지 않을 언론만 선별적으로 허용했다. 괴벨스는 또 제국정부 언론심의회라는 기구를 통해 언론기관을 수시로 감시했다.[104]

괴벨스는 특히 라디오 방송에 주목했다. 그는 라디오를 대중 선동에서 가장 중요한 도구로 간주하고, 나치당의 모든 행사는 물론이고 대외 전쟁 시에도 라디오 방송을 최고의 선전선동의 도구로 활용했다. 이를 위하여 그는 값싸고 성능이 좋은 라디오의 보급에 힘을 기울여 독일의 대부분 가정에서 라디오를 이용할 수 있도록 노력했다.

괴벨스는 신문과 방송 뿐 아니라 영화, 연극, 오페라 분야에도 손을 뻗쳐 이들 분야의 모든 활동에도 무소불위의 권력을 지니게 되었다. 그리하여 이 분야의 배우와 감독뿐 아니라 제작자들도 괴벨스에게 종속되었다. 그는 심지어 미술, 음악, 문학 등 순수예술 분야에도 감시 체제를 만들어 예술가들의 자유로운 활동을 억압했다. 더 나아가 괴벨스는 모든 문화 활동을 보다 효율적으로 감독하기 위하여 제국문화원을 설립하고, 모든 문화 활동 종사자들이 여기에 의무적으로 가입하도록 했다. 그리하여 제국문화원의 회원은 수십만 명에 달하고, 상근 직원만 2천명이 넘게 되었다.105)

이와 같이 국민계몽선전부와 제국문화원을 장악하게 된 괴벨스의 일차적인 목표는 이들 기구들을 통하여 나치당이 표방하는 이념을 모든 국민에게 확산하는 데 있었다. 그리고 이를 통하여 유대인과 공산주의자들을 사회로부터 도태시키고, 그 밖의 다른 사람들을 나치적 민족공동체라는 울타리 안으로 묶어두고자 했다. 그는 국민들이 나치당의 이념에 빠져들 때 까지 계속해서 국민을 계몽시키고 개조하는 것이 필요하다고 생각했다.

나치 정부는 회화와 조각 분야에서 자기들 관점에서 볼 때 퇴폐적이라고 생각되는 미술가들의 작품 1만 7천여 점을 뽑았다. 그리고 이들 작품들에 '문화 볼셰비즘의 졸작들'이라는 오명을 씌우고 이 작품

퇴폐미술전시회를 둘러보고 있는 히틀러(오른쪽)와 괴벨스

들을 압수하는 동시에 이 작품들을 제작한 미술가들을 모든 단체에서 제명시켰다. 심지어 1937년에는 퇴폐미술 전시회를 열어 이 작품을 제작한 미술가들에게 모욕을 주기도 했는데, 이러한 미술가 가운데는 샤갈, 피카소, 놀데 등 현대 미술의 거장들도 포함되었다. 나치정부는 이들 퇴폐미술 작품 가운데 상당부분은 외국에 팔았으며, 팔리지 않은 약 5천점의 작품은 불에 태워버리기도 했다.106)

획일화 작업은 종교 분야에도 영향을 미쳐 나치당은 28개로 나누어진 개신교 조직을 '독일기독교인'이라는 어용 기독교 단체로 통합한 후 나치당의 지도를 받도록 했다. 또한, 나치당은 1933년 7월에 교황과 제국종교협약을 체결하여 나치당이 독일 내의 가톨릭 정당이나 주교 회의를 배제하고 직접 교황청과 협상을 통해 종교 문제를 해결할 수 있는 길을 열어 놓았다.

획일화 작업은 청소년들에게도 적용되었다. 10세부터 14세까지의 소년들은 히틀러유겐트(Hitlerjugend)에 가입해야 했고, 그 이후 18세까지는 독일 청소년 조직의 제복을 입고 다녀야 했다. 이들 청소년들에게는 군사훈련과 집단의식, 직업교육, 정치적 이념 교육 등이 집중적으로 부과되었다. 소녀들은 10세부터 14세까지는 독일소녀단에, 14세부터 21세까지는 독일소녀동맹에 가입했다. 그 곳에서는 단원들에게 아내와 어머니, 주부로서의 역할을 가르쳤다.[107] 히틀러가 생각하는 여성의 역할은 우생학적으로 우수한 독일인의 자녀를 많이 출산하여 나치당의 이념에 부합하는 아이로 잘 양육하는 데 있었기 때문이다.

이와 같이 일당 독재 국가의 수립에서부터 시작하여 사회 각 분야에 걸친 획일화 작업을 거쳐 히틀러의 나치당은 드디어 역사상 가장 철저한 전체주의 정권을 수립하는 데 성공했다.

돌격대는 지고, 친위대가 뜨다.

그 동안 나치당의 특별 행동대로서 나치당의 세력을 과시하고, 반대파에 대한 폭력과 테러 등의 악역을 담당하던 돌격대의 수장 에른스트 룀은 히틀러가 총리가 된 후 독일의 국방군을 돌격대에 흡수할 계획을 세웠다. 이에 국방장관이던 베르너 폰 블롬베르크는 1934년 4월 9일에 히틀러와 만나 모종의 거래를 했다. 그것은 힌덴부르크 대통령이 죽은 후 국방군이 히틀러를 독일의 총통으로 밀어주는 대신에 히틀러는 국방군을 흡수하려는 돌격대의 계획을 좌절시키고 국방군의 강화를 추진해준다는 것이었다.[108] 그렇지 않아도 돌격대가 히틀러와 나치당의 명령에 불복하는 경우가 자주 나타나자 히틀러는 돌격대를 숙청하기로 결심했다. 그리하여 히틀러는 1934년 6월 30일 이른바 '장검(長劍)의 밤'에 돌격대장인 룀과 그 부하들은 물론 나치당의 집권에 걸림돌이 되었던 다수의 정치인들을 함께 묶어서 약 200여명이나 되는 사람들을 재판없이 즉결 처형했다. 여기에는 나치당의 핵심 지도자 중의 하나였다가 히틀러와 등을 졌던 슈트라서, 그를 포섭하여 나치당을 분열시키려고 했던 슐라이허 전 총리와 그의 부인도 포함되었다.[109)]

그 결과 그 동안 누구의 견제도 받지 않고 만행을 일삼던 돌격대의 세력은 크게 약화되고, 대신에 힘러가 지휘하는 나치 친위대가 그 자리를 대신하게 되었다. 보통 SS라는 약자를 쓰는 나치 친위대는 1925년 히틀러의 경호대로 창설되었다가 1929년 힘러(Heinrich Luitpold Himmler)가 친위대장이 되면서 그 권한이 강화되어 점차로 나치당의 경찰 역할을 맡게 되었다. 특히 1934년 돌격대에 대한 대대적인 숙청이후 친위대는 나치 정권을 보위하는 강력한 보안 경찰대로 그 세력이 강화되었다. 그리하여 친위대는 나치 정권에 해가 되는 불순분자를 색출하고, 필요할 때는 폭력과 테러를 감행하는 무소불위의 권력기구가 되었다.[110)]

독일의 폴란드 침략 이후에는 독일군이 점령한 지역에서 그 지역의 반독일적 인사나 유대인을 색출하여 처형하는 데 앞장선 것도 친위대였고, 점령지 각 곳에 강제 수용소를 설치하여 유대인의 대량 학살을 주도한 것도 친위대였다. 이러한 나치 친위대의 모든 악랄한 행위를 배후에서 지휘한 사람은 친위대장인 하인리히 힘러와 그의 부하인 하이드리히(Reinhart Heydrich)였다.

1934년 8월 2일 힌덴부르크 대통령이 86세로 세상을 떠나자, 히틀러는 바로 독일제국의 대통령이자 총리를 통합한, 이른바 총통이 되기 위한 국민투표를 실시했다. 이 투표에서 히틀러는 89.9%의 표를 얻어 총통이 되었다. 이로써 바이마르 공화국은 붕괴되고, 독일은 제 3제국 시대로 접어들게 되었다. 제 1제국인 신성로마제국, 제 2제국인 1871년에 비스마르크가 이룩한 독일제국을 거쳐 바야흐로 히틀러의 제3 제국이 수립된 것이다.

그렇다면 비스마르크가 이룩한 제 2제국과 히틀러가 이룩한 제 3제국은 어떤 점에서 차이가 있을까? 두 제국은 다 같이 독일 민족의 통일과 독일 민족의 위대함을 지향하면서 극단적인 민족주의를 추구했다는 점, 국내 정치의 안정을 위해서 무제한의 권력을 추구했다는 점, 목적을 달성하기 위한 수단으로 군비증강과 대외 전쟁을 최우선 과제로 놓았다는 점, 그리고 군국주의 성격이 강한 프로이센의 지주와 군부의 절대적인 지지를 바탕으로 성장했다는 점 등에서 유사한 점을 가지고 있다. 이런 점에서 히틀러의 제 3제국은 비스마르크의 제 2제국을 계승했다고 할 수 있다.[111]

그러나 제 2제국과 제 3제국 사이에는 결정적인 차이점도 많이 존재한다. 우선, 외교 정책에 있어서 비스마르크의 제 2제국이 통일 과정에서 벌인 세 차례의 전쟁을 끝으로 더 이상 전쟁을 하지 않고, 주로 협상을 통해 문제를 해결하려고 했던 것에 반하여, 히틀러의 제 3제국은 처음부터 끝까지 전쟁을 통해서만 모든 문제를 해결하려고 했다는 점에서 제 2제국과 차이가 있다. 무엇보다 국내 정치에 있어서 히틀러의 제 3제국은 철저한 1당 독재, 1인 독재국가였다는 점에서

의회정치와 다당제를 인정했던 제 2제국과 확연히 구별된다. 그리고 제 3제국에서는 제 2제국에서 어느 정도 인정했던 언론, 출판, 결사의 자유 및 사회 내 각 집단의 다양하고 자유로운 활동을 일체 인정하지 않았다. 이런 의미에서 히틀러의 제 3제국은 철저한 전체주의 국가라고 할 수 있다. 다른 무엇보다 제 3제국은 돌격대와 친위대를 통한 가혹한 테러 행위, 강제수용소와 절멸수용소의 운영, 극단적인 인종주의와 유대인 박멸 정책 등에서 제 2제국은 물론 독일 역사 전체를 통해서 보더라도 전례를 찾기 힘든 악마화된 정권이라고 할 수 있다.

6. 나치당의 이데올로기와 대중조작기술

인종주의, 민족공동체 이론 및 생활공간 이론

히틀러와 나치당의 이데올로기가 지닌 핵심 신조 중 하나는 철저한 인종주의였다. 히틀러는 그가 쓴 '나의 투쟁'에서 강조한 것처럼, 세계에는 우월한 인종과 열등한 인종이 있으며, 동물의 세계에서처럼 우월한 인종이 열등한 인종을 지배하는 것은 너무나 당연하다고 생각했다. 그는 또 독일인이 속해 있는 아리아족을 우수한 인종으로, 슬라브족을 열등한 인종으로 보았다. 그리고 "슬라브인은 노예계급으로 태어나 애타게 주인을 찾고 있다."라고 말하기도 했다. 히틀러가 의미

한 슬라브인은 이웃의 폴란드인, 벨라루스인, 우크라이나인, 그리고 러시아인이었다.112)

이러한 인종주의와 연결된 것이 바로 민족공동체 이론이다. 나치당은 인종적, 정치적으로 동질적인 사람들이 함께 모여 공동선을 추구하며 서로 조화를 이루며 함께 사는 사회를 창출하고자 했는데 이러한 요구에 부응하여 나타난 것이 바로 민족공동체 이론이다. 나치가 구상하는 민족공동체 안에는 인종적, 정치적으로 건강하지 않은 요소들을 단호하게 배제하고자 했는데, 여기에는 유대인, 집시, 외국인, 동성애자, 정신질환자 등이 포함되었다. 이러한 부류의 사람들은 민족공동체로부터 추방되고, 제거되어야 할 대상으로 간주되었다.113)

인종주의 및 민족공동체 이론과 밀접하게 관련된 이론이 바로 생활공간 이론이다. 히틀러는 당시 독일 땅이 독일인들이 살기에는 너무 비좁다고 생각했다. 그는 그의 전임자들과는 달리 독일의 생활공간 문제를 멀리 아프리카나 아시아에서 찾지 않고, 독일과 가까운 곳에서 해결하려고 했다. 즉 독일 인근에 있는 슬라브족의 땅이 독일의 새로운 생활공간이라는 것이다. 히틀러는 "세계 문명에 아무런 기여도 하지 않는 무가치한 집단이 세계에서 가장 비옥한 땅을 무한정 점령하고, 우월한 민족이 좁은 땅에서 고통스럽게 살아야 한다는 것은 그 자체가 모순이다"라고 생각했다. 그러면서 슬라브족이 사는 폴란드, 벨라루시, 우크라이나, 그리고 러시아의 광대한 땅이 독일이 차지해야 할 새로운 영토라고 주장했다.114) 히틀러가 영국과 프랑스의 거듭된 경고에도 불구하고 한사코 폴란드 침공을 감행하고, 또 얼마 후 다시 소련을 침략한 가장 중요한 이유도 바로 생활공간을 확대해야 한다는 그의 치명적인 이데올로기 때문이었다.

히틀러의 반유대주의는 어떻게 나타났는가?

인종주의, 민족공동체 이론 및 생활공간 이론과 함께 나치당의 핵심적인 이데올로기는 바로 반유대주의였다. 이러한 반유대주의 역시 인종주의와 관련이 있었다. 히틀러는 자연의 세계처럼 인간의 세계에서도 우월한 인종이 열등한 인종을 지배해야 하는데, 유대인 때문에 이러한 자연의 본질적 질서가 파괴되었다고 주장했다. 유대인의 사상이 모든 사물을 왜곡시켜 자연의 질서와는 반대되는 결과, 즉 적자생존이 아니라 적자가 굶어죽는 모순된 결과가 나타났다는 것이다.

여기에서 히틀러가 사물을 왜곡시킨다고 말한 유대인의 사상은 마르크스의 공산주의 이론을 비롯하여 유대인이 만들어낸 정치, 경제, 사회, 문화의 모든 정신적 창조물을 말한다. 히틀러는 소련에서 일어난 볼셰비키 혁명이나 독일에서 일어난 좌파들의 모든 폭동에도 그 배후에 유대인의 조종이 있었다고 생각했다. 또한 독일의 경제 발전을 방해하는 영국이나 미국의 금융시장이나 대기업의 배후에도 유대인의 압력이 존재한다고 보았다. 그리하여, 우월한 종족이므로 마땅히 가장 좋은 것을 취하며 살아야 하는 독일인이 굶어 죽을지도 모르는 종족으로 떨어지고 말았는데, 그 모든 것은 다 유대인 때문이라고 히틀러는 주장했다. 이와 같이 유대인은 흑사병보다 더 나쁜 유행병, 즉 정신적 유행병을 도처에 퍼뜨리면서 독일을 괴롭히고 있는 악질적인 종족이므로, 그 역병의 뿌리를 뽑기 위해서라도 유대인은 철저하게

제거되어야 한다고 히틀러는 강조했다.115)

히틀러는 또, 제1차 세계대전에서 독일은 승부가 판가름 나기 전에 연합국에 항복하는 바람에 패전국의 신세로 전락했는데, 이 모든 것은 다 배후에 있는 유대인의 음모 때문이라고 주장했다. 그리고 전 세계의 자본과 권력을 장악한 유대인의 세력을 끊어내지 않는 한 독일은 항상 패배하고, 굶어 죽을 수밖에 없다고 생각했다. 이와 같이 유대인이 독일인을 굶겨 죽이려고 작정한 이상 독일인은 이에 맞서서 유대인 박멸 전투에 나설 수밖에 없다고 히틀러는 주장했다.116)

이와 같은 과대망상증과 같은 히틀러의 반유대주의적 감정은 그가 성장과정에서 경험했던 유대인과의 나쁜 인연가운데 싹튼 것으로 보인다. 예컨대, 그가 미술가를 꿈꾸면서 지원했던 빈 미술아카데미에 합격하지 못한 이유를 유대인 심사위원의 편견에다 돌리면서 유대인에 대한 원한을 키운 것이 대표적이다. 이것은 마치 나치당의 선전책임자였던 괴벨스가 젊은 시절 유대인이 경영하던 언론사에 취직하려던 꿈이 좌절된 이후 반유대주의자로 변신한 것과 비슷했다. 히틀러나 괴벨스는 둘 다 본래 자기가 져야 할 책임도 항상 다른 사람에게 전가시키는 습관이 있었으므로, 자기가 젊은 시절에 겪었던 모든 불행의 원인도 유대인에게 돌렸던 것이다. 이렇게 싹튼 반유대주의적 감정은 1920년 히틀러가 군대에서 제대한 후 찾아든 뮌헨의 극우단체, 즉 독일 노동자당에 가입하면서 더욱 굳어지기 시작했다. 왜냐하면 그 단체는 반공산주의와 함께 반유대주의를 최고의 강령으로 삼고 있었기 때문이다. 이러한 히틀러의 반유대주의적 감정은 1925년에 감행되었던 이른바 뮌헨 폭동이후 히틀러가 투옥생활 중에 저술한 '

나의 투쟁'에서 보다 구체화되었다.

한편 히틀러와 나치당의 반유대주의는 당시의 시대적 풍조에 편승하는 것이기도 했다. 본래부터 유럽은 어느 국가에서나 정도의 차이는 있을지 몰라도 뿌리 깊은 반유대주의 정서를 갖고 있었다. 독일도 예외는 아니었다. 특히 제1차 세계대전에서 패배한 독일에서는 이러한 정서가 더욱 확산되는 추세에 있었다. 제1차 세계대전 당시 서유럽 각국의 금융 시장을 장악하고 있던 영국의 로스차일드(Rothschild) 가문이 영국 정부를 도와 독일을 패전시키는 데 큰 힘을 발휘했는데, 이 로스차일드 가문이 바로 유대인이었다는 사실도 독일 국민들 사이에 반유대주의를 확산시키는 데 큰 영향을 주었다. 여기 더하여, 독일에 살고 있는 유대인들 가운데 금융, 기업, 언론 및 전문직에서 상당한 지위를 가진 사람들이 제1차 세계대전 중에도 큰 타격을 받지 않고, 오히려 전쟁 후에 그 세력을 확대시킨 사람이 많았다는 사실도 이러한 반유대적인 정서에 기름을 붓는 요인이 되었다.

특히 전후에 독버섯처럼 여기 저기 돋아나고 있던 극우집단들은 이러한 독일인들의 정서를 재빨리 포착하여 유대인 배척운동에 경쟁적으로 나서기 시작했다. 나치당을 비롯한 이들 극우집단들은 당시 독일이 처해있던 모든 혼란과 위기의 원인을 전부 유대인 탓으로 돌리면서 적극적인 반유대 운동을 전개했던 것이다. 그리하여 국민들의 반유대 감정과 극우정당들의 반유대 운동은 서로 상승작용을 일으켜 독일 사회에 거대한 유대인 배척운동으로 확대되었다고 할 수 있다.

집단 따돌림과 테러 행위로 표현된 나치당의 반유대주의

이와 같은 나치당의 반유대주의 이데올로기는 정치적, 사회적 모든 활동에서 유대인을 배제시키는 움직임으로 나타났다. 히틀러가 집권한지 얼마 안되는 1933년 4월 7일에는 공무원 재임용법이 통과되어 유대인 공무원들이 대거 공직에서 해고되었다. 그리고 1년 안에 수많은 유대인 출신 법률가, 의사, 대학교수, 화가, 음악가, 배우들이 단지 유대인이라는 이유만으로 직장을 잃었다. 그 결과 1933년 한 해에만 3만 7000여명의 유대인들이 망명길에 올랐다. 1935년 9월 15일에 제정된 뉘른베르크법에서는 유대인과 비유대인간의 결혼도 금지시켰다. 또 유대인들은 독일인 가정부를 고용할 수 없었고, 독일국기를 내걸 수도 없었으며, 완전한 시민의 권리를 누릴 수 없었다.117) 1938년 11월에는 유대인들에게 극장, 연주회, 영화관, 서커스를 비롯한 모든 종류의 문화 행사장에 입장하는 것을 금지했다. 심지어 유대인 아동들은 학교수업도 받을 수 없게 되었다.118)

이에 발맞추어 유대인에 대한 테러 행위도 가속화되었다. 특히 1938년 11월초에 파리에서 그린츠판(Herzel Grynspan)이라는 유대인 청년이 프랑스 주재 독일 대사를 저격하여 살해한 일이 발생했는데, 히틀러와 괴벨스는 기다렸다는 듯이 유대인에 대한 보복을 선동하기 시작했다. 그리하여, 1938년 11월 9일 새벽부터 나치당의 돌격대원을 비롯한 독일의 군중들은 유대교 회당을 공격하여 파괴하고, 유대인들을 끌어내어 살해했다. 그리고 7,000개가 넘는 유대인 상점들의 유리창을 깨뜨리고, 물건을 약탈했다. 수많은 상점의 유리창들이 산산조각나서 거리에 수정처럼 뿌려졌다고 해서 '수정의 밤'이라고 이름이 붙은 11월 9일의 유대인 테러는 그 후에 벌어진 유대인 학살, 즉 홀로코스트의 서막을 알리는 징조였다.[119]

유대인 배척운동 외에도 나치 정권은 인종적 순수함을 해칠 수 있는 사람이라고 판단되면 누구라도 민족 공동체에서 추방했다. 1933년에는 신체적, 정신적 결함을 지닌 모든 사람들에게 강제로 불임시술을 시행하게 하는 법을 통과시켰다. 이 법에 따라 약 40만 명에 이르는 알코올 중독자, 장애인들과 기타 많은 사람들이 강제로 불임시술을 받았다. 1935년에는 '독일 국민의 유전적 건강을 보호하는 법'이 통과되어 민족 공동체에 적합하지 않은 자와 독일인이 결혼하는 것을 금지하고, 배우자가 결혼에 적합한 인종임을 증명하는 결혼 허가증을 의무화했다. 그리고 독일인은 유대인 외에도 집시나 흑인, 혹은 다른 외국인의 피를 지닌 사람과 결혼하거나 성관계를 갖는 것이 금지되었다. 1939년에는 독일인 중에서도 장애인을 가려내서 살해하는 프로젝트까지 비밀리에 진행되었다. 이 때 사용된 방법이 나중에 유대인의 대량 학살에 이용되었던 독가스를 이용한 안락사였다. 말하자면 제2차 세계대전의 발발과 함께 추진되었던 유대인의 대량 학살이 시작되기도 전에, 이미 독일 국내에서는 나치 정권에 의한 대규모의 학살이 공공연하게 진행되고 있었던 것이다.[120]

나치당의 대중 조작기술

나치당이 국민들로부터 전례 없는 인기를 유지했던 이유 중의 하나는 그들의 뛰어난 대중조작 기술 때문이기도 했다. 나치당은 기존의 정당들이 등한시했던 집단의식이나 대중의 감정적 욕구를 매우 중요하게 생각하였고, 이를 정치적으로 잘 이용했다. 특히 히틀러는 대중이 품고 있는 동경과 희망, 불안과 공포를 밖으로 끌어내고, 이를 단순하고 명확한 구호로 만들었으며, 이 구호를 대중의 열광과 분노를 자극하는 도구로 활용하였다.[121] 그리고 정치적 구호를 화려한 무대로 옮겨서 국민을 열광의 도가니로 빠지게 하는 일을 나치 정권만큼 완벽하게 구사하고 활용하는 정권은 지금까지 없었다.

나치당은 대중의 눈과 마음을 사로잡기 위하여 나치당만의 독특한 상징물을 고안해냈다. 하켄 크로이츠(갈고리 십자가 휘장), 갈색 셔츠, 장화, 오른 손을 치켜 올리는 인사법 등이 그것이다. 나치당을 상징하는 대표적인 상징물인 하켄크로이츠(Hakenkreuz)는 다른 말로 '스바스티카(swastika)'라고도 하는데, 이 표식은 고대 게르만 사회에서 힘과 권위의 상징물로 쓰이던 기호였다. 나치당은 이 하켄크로이츠를 검은 색으로 표시하고, 흰색과 빨간 색으로 그 상징물을 감싸는 방식으로 휘장을 만들어 제복 입은 당원들이 군기처럼 높이 들고 다니게 했다. 특히 나치당원이라면 누구나 하켄 크로이츠 완장을 팔에 차게 함으로써 나치에 대한 충성심을 불러 일으켰다.

또, 오른 팔을 높이 치켜세우며 '히틀러 만세'라는 뜻의 '하일 히틀러(Heil Hitler)!' 라고 외치는 나치 인사법은 원래 고대 로마제국 군단병들의 인사법에서 빌려온 것인데, 나치당은 최고 지도자인 히틀러에 대한 경애심과 충성심을 유발시키기 위해 이 인사법을 도입했다. 이러한 상징물의 도입은 나치 정권이 대중 조작에 엄청난 노력을 기울였음을 잘 말해주는 사례라고 할 수 있다.

무엇보다, 나치당의 대중 조작 기술을 보여주는 대표적인 사례는

하켄크로이츠가 그려진 나치 깃발을 들고 행진하는 나치당원들

화려한 퍼포먼스가 동원되는 대규모의 행사들이다. 이러한 대규모의 퍼포먼스들이 펼쳐진 사례가운데 가장 유명한 것은 1936년의 베를린 올림픽과 매년 9월에 개최되는 뉘른베르크 전당대회이다. 이들 행사에서 사용된 기술들, 즉 치밀하게 조직되고 연출된 퍼레이드, 종교의식을 연상하게 하는 기념 행사들, 해방과 구원의 느낌을 주는 마력적인 의식들은 참석자들로 하여금 깊은 감동과 흥분, 그리고 짜릿한 전율감을 느끼게 만들었으며, 독일 민족의 우수성에 대한 자부심과 민족공동체 의식을 불러일으키기에 충분한 것들이었다.

선전·선동의 귀재, 괴벨스

이와 같은 나치당의 모든 선전, 선동술을 총지휘한 사람은 제3제국의 선전장관이었던 요제프 괴벨스였다. 그는 독일 낭만주의 문학으로 하이델베르크 대학에서 박사학위까지 받았던 인텔리로서 나치의 지도자들 가운데는 가장 학벌이 좋은 사람이었다. 그러나 남달리 키가 작은 데다 어렸을 때 앓았던 골수염으로 다리까지 절었던 괴벨스는 또래 아이들로부터 따돌림을 당하며 성장했고, 이로 인하여 유난히 분노심과 적개심이 강한 성격을 지니게 되었다. 거기에다 유대인이 경영하던 신문사 취직이 거절된 이후부터는 극렬한 반유대주의적 성향도 지니게 되었다. 역사상 최고의 선동가, 선전의 귀재로 꼽히는 괴벨스의 선동 수법은 대단히 단순한 구호에서 출발했다. "대중을 장악하는 자가 권력을 장악한다." "거짓말은 처음에는 부정하고 그다음에는 의심하지만 되풀이하면 결국에는 믿게 된다." "분노와 증오는 대중을 열광시키는 가장 강력한 힘이다." "승리한 자는 진실을 말했느냐 따위를 추궁당하지 않는다."와 같은 다분히 사기적인 구호들이 그가 즐겨 사용하는 선동 수법이었다.122)

무엇보다 괴벨스는 히틀러 신화의 창조자로 널리 알려져 있다. 그는 실제로 히틀러의 열렬한 숭배자였으며, 히틀러가 자살할 때도 끝까지 곁을 지킨 사람이었다. 그의 모든 선전, 선동의 목표는 오직 히틀러의 신격화에 있었다. 그는 기회가 날 때마다 "총통은 무서운 내적 분열과 수치스러운 외교적 굴욕으로부터 독일을 해방시켜준 민족의 위대한 구원자"임을 강조했고,123) "신의 태양이 비추는 민족 중 가장 불우한 민족을 지구상의 가장 행복한 민족으로 만든 사람"으로 계속해서 선전했다.

그의 선전 선동술에 있어서 핵심이 되는 요소는 다름 아닌 반복 교육이었다. 즉 국민들은 제아무리 새빨간 거짓말이라도 계속 반복하여 선전하면 언젠가는 믿게 된다는 것이다. 그리하여 그는 국민들이 꼭 믿어야 할 선전물이 있으면 여러 가지 매체를 이용하여 반복적으로 선전함으로써 국민들이 자연스럽게 받아들이게 만들었다.

4장

제2차 세계대전과 나치 정권의 최후

1. 베르사유 조약의 파기와 대외 침략의 시작

실업자 구제를 위해 시작한 독일 고속도로 (아우토반) 공사의 첫삽을 뜨는 히틀러

국내적으로 나치 정권의 전성시대는 1934년부터 1938년 사이의 짧은 시기라고 할 수 있다. 이 시기에 와서 독일의 경제는 모처럼 세계공황의 영향에서 벗어나 호황기를 맞게 되었다. 이에 따라 언제나 대량 실직 사태에 허덕이던 독일은 이 시기에 와서 처음으로 완전 고용상태를 자랑하게 되었다. 물론 이와 같은 경제 기적은 히틀러가 집권하면서부터 추진하기 시작한 전쟁준비와 이에 따른 군수산업의 호황과 관계가 깊은 것이었지만 그러한 내막을 잘 모르는 독일인들은 이와 같은 경제기적을 가져다준 히틀러의 통치에 열광적인 지지를 나타나게 되었다.124)

이 시기에 나치 정권이 국민들의 높은 지지를 받았던 비결 중의 하나는 외교 분야에서 거둔 놀라운 성과에도 있었다. 1933년에 총리가 된 히틀러는 본격적인 군비확장에 나서는 한편으로 1935년 3월 16

일에는 베르사유 조약의 일방적인 파기 선언을 했으며, 6월에는 영국과 전함비율을 100대 35로 합의하는 협정을 체결하였다. 히틀러는 더 나아가, 1936년 3월 7일에 라인 강변의 비무장지대인 라인란트(Rheinland)를 점령하였는데, 이에 대해서 영국과 프랑스는 일반적인 항의 외에는 별다른 조치를 내리지 않았다. 이로써 히틀러는 베르사유 조약과 로카르노 협정을 다같이 위반하였다.[125] 그리고 1936년 10월 25일에는 이탈리아의 무솔리니와 베를린-로마 추축 동맹을 형성했고, 얼마 후에는 공산주의에 반대하는 반코민테른(Comintern) 조약을 일본과 체결했다. 이러한 와중에도 나치 정권은 1936년 8월에 제11회 하계올림픽인 베를린 올림픽을 개최하면서 나치 정권 아래서 부상하는 독일의 위세를 전 세계에 널리 알리는 선전의 장으로 활용했다.

비무장지대인 라인란트로 진주하는 독일군 (1936.3.1)

이상과 같은 외교적, 군사적 성과에 고무된 히틀러는 그의 궁극적인 목표를 달성하기 위한 침략 전쟁을 본격적으로 추진하기 시작했다. 그리하여 히틀러는 1937년 11월 5일에 자신의 최측근인 군사참모와 외교참모들을 소집하여 비밀회의를 개최했다. 그리고 독일의 생활공간 확대를 위해서 시급히 군사작전에 나서야 한다는 자신의 신념을 열정적으로 피력하면서, 빛처럼 빠른 행동으로 오스트리아를 합병하고, 체코슬로바키아를 정복할 준비를 해달라고 참모들에게 명령했다. 이에 덧붙여서 히틀러는 서방 연합국은 독일의 군사작전에 대해 제대로 저항하지 못할 것이라고 단언하기까지 했다.126)

이러한 히틀러의 군사작전 계획에 대해 그 자리에 참석했던 측근 참모들 모두가 흔쾌하게 동의하지는 않았던 것 같다. 특히 국방장관인 베르너 폰 블롬베르크와 육군참모총장인 베르너 폰 프리치는 노골적으로 히틀러의 군사계획이 내포한 위험성을 지적했던 것으로 보인다. 이에 히틀러는 비열한 음모를 뒤집어 씌어서 이 두 사람을 파면하고, 그 자리를 열렬한 나치주의자로 채웠다.127)

자신의 측근들에게 군사작전의 필요성을 설명한지 불과 5개월만인 1938년 3월 10일에 나치 독일은 마침내 오스트리아를 침공했다. 오스트리아의 수상 슈슈니크(Kurt von Schuschnigg)는 영국, 프랑스, 이탈리아의 도움을 기대했으나, 이들 나라들은 아무런 응답을 보내지 않았다. 슈슈니크는 결국 사임했다. 오스트리아 대통령이 히틀러의 명령을 거부하자 독일 군대는 3월 12일 오스트리아 국경을 침범했다. 다음 날 히틀러는 자기가 소년시절을 보낸 린츠에서 오스트리아-독일제국의 재통일 법률안에 서명했다. 그리고 3월 14일 저녁에 빈의 임페리얼 호텔 앞에서 열광하는 군중 앞에서 "앞으로 어떠한 일이 있더라도 오늘의 독일제국을 그 누구도 흩어버리지 못할 것"이라고 선언했다. 그리고 4월 10일의 국민투표에서는 독일 국민들의 99.08퍼센트, 오스트리아 국민들의 99.75퍼센트가 독일과 오스트리아와의 통합을 찬성했다.[128] 이로써 1866년 비스마르크가 일으킨 프로이센-오스트리아 전쟁 후 갈라졌던 독일과 오스트리아는 다시 한 나라가 되었다.

오스트리아 합병이 끝나자 히틀러는 체코슬로바키아 침공계획을 세웠다. 5월 20일 체코슬로바키아 정부는 군대에 동원령을 내림으로써 나치 독일에 맞서고자 했으며, 영국, 프랑스, 소련은 체코슬로바키아 정부를 지지한다고 발표했다. 1938년 9월 27일 히틀러는 체코슬로바키아를 공격할 준비를 하라고 군대에 명령했다. 이와 같이 사태가 급박하게 돌아가자, 9월 29일에 영국의 체임벌린, 프랑스의 달라디에, 이탈리아의 무솔리니가 독일의 뮌헨에서 히틀러와 만나 4자 회담을 가졌다. 역사 교과서에 빠짐없이 등장하는 이른바 뮌헨 회담이 바로 그것이다. 이틀 후에 나온 합의문을 보면 독일은 독일인이 많이 사는 주데텐란트(Sudetenland)를 양도받는 대신에 나머지 지역에 대해서는 체코슬로바키아의 영유권을 존중해 준다고 약속했다. 유럽은 모두 안도의 한숨을 쉬었다. 체임벌린은 영국으로 귀국하면서 평화의 수호자라는 찬사를 한 몸에 받기까지 했다.

그러나 뮌헨회담의 결과가 발표된 지 한 달도 안되는 1938년 10월 21일에 히틀러는 군부에 체코슬로바키아 침공계획과 1919년 1차대전 후 리투아니아에 양도했던 메멜(Memel)[129]을 되찾기 위한 계획을 세우라고 명령했다. 1939년 3월 14일 체코슬로바키아의 대통령은 베를린을 방문했는데, 그는 히틀러의 측근으로부터 온갖 협박을 받은 끝에 결국 체코슬로바키아를 송두리째 독일에 맡긴다는 서류에 서명해야 했다. 이로써 체코슬로바키아는 독일의 위성국으로 전락하고 말았다. 1939년 3월 21일에는 리투아니아 정부가 독일에 메멜을 넘겨

주었다. 모든 것이 히틀러의 계획대로 진행되었다. 이제 히틀러의 다음 목표는 폴란드였다.130)

2. 제2차 세계대전과 홀로코스트의 비극

폴란드 침략으로 시작된 제2차 세계대전

히틀러의 제3 제국 첫 5년 동안 히틀러와 나치 지도자들은 독일이 원하는 것은 오로지 베르사유 조약의 부당한 부분에 대한 수정을 요구하는 것이라고 주장하곤 했다. 그러나 오스트리아를 침공한 1938년부터 히틀러는 이러한 피해자의 가면을 벗어버리고 노골적으로 정복자의 본성을 드러내기 시작했다. 또한 그 희생자가 누가 될 것인가에 대한 야망도 서슴지 않고 밝혔는데, 첫째가 오스트리아와 체코슬로바키아였고, 그 다음은 폴란드와 소련이었다.131)

1939년 3월 25일 히틀러는 늦어도 9월 1일까지는 폴란드 침공준비를 마치라고 군대에 명령했다. 그러나 그 무렵에는 영국과 프랑스의 태도도 크게 달라져 있었다. 영국은 오스트리아나 체코슬로바키아의 주데텐 정도는 독일에 양보할 수 있다고 생각했다. 그러나 주데텐 정도가 아니라 체코슬로바키아 전체를 송두리째 삼키는 히틀러를 보고, 영국은 히틀러의 야욕에는 끝이 없다는 것과 그와의 약속은 아무 의미가 없다는 것을 동시에 깨닫게 된 것이다. 그리고 히틀러의 다음 목표가 폴란드에 있다는 것도 충분히 예측할 수 있었다. 그리하여 영국정부는 1939년 6월에 폴란드와 루마니아에 대한 안전보장을 연장한다고 발표했다. 말하자면, 영국과 폴란드 및 루마니아와의 동맹이 형성된 것이다.

히틀러는 체코슬로바키아의 위성국화가 끝난 1939년 3월 이후부터 폴란드에게 폴란드 북부의 항구 도시이자 자유시인 단치히(Danzig)를 독일에 양도하라고 강요하기 시작했다. 단치히 자유시를 포함하여 폴란드의 북부 지역은 독일을 통일한 프로이센이 러시아 및 오스트리아와 합작하여 폴란드를 분할 점령했던 18세기 말에 폴란드로부터 빼앗아서 서프로이센이라고 이름 붙였던 지역이었다. 서프로이센을 획득함으로써 프로이센은 폴란드 너머에 멀리 떨어져 있었던 동프로이센으로 자유롭게 왕래할 수 있었다. 서프로이센은 독일의 통일과 함께 독일제국의 영토가 되었음은 물론이다.

그러나 제1차 세계대전에서 독일이 패배하고, 지도에서 없어졌던 폴란드가 다시 부활할 때 파리 강화회의에 참석한 연합국 대표들은 폴란드에게 바다로 나갈 수 있는 통로를 확보해주기 위해 특별한 조치를 취했다. 즉 폴란드에서 북쪽의 발트해로 진출할 수 있는 좁고 긴 땅을 독일로부터 빼앗아 폴란드에게 넘겨 준 것이다. 폴란드 회랑이라고 부르는 이 땅이 폴란드에게 이양됨으로 말미암아 독일은 서프로이센 영토의 약 60퍼센트에 해당되는 땅을 잃었을 뿐 아니라 독일 본토에서 동프로이센으로 갈 수 있는 길이 막히는 이중의 손해를 감수하게 되었다.

한편 서프로이센의 동북쪽 발트해 연안에 있었던 항구도시 단치히는 주민의 약 90퍼센트가 독일인임을 감안하여 독일과 폴란드 어느 쪽에도 속하지 않는 자유시로 남게 되었다. 그렇다보니 독일과 폴란드는 단치히의 영유권 문제를 둘러싸고 계속 다투게 되었다. 독일은 독일대로 인구의 절대다수가 독일인으로 구성된 단치히를 포기할 수 없었고, 폴란드는 폴란드대로 발트 해로 나아가는 유일한 항구인 단치히를 포기할 수 없었던 것이다.

히틀러는 폴란드를 침략하기 전에 먼저 폴란드 회랑과 단치히 문제를 걸고 넘어졌다. 즉 폴란드 회랑과 단치히 문제를 주민 투표를 통하여 결정짓자고 요구한 것이다. 히틀러의 제안은 사실상 1차 대전 전 독일에 속했던 서프로이센의 영토를 온전한 형태로 다시 되찾겠다고 요구한 것이나 다름없었다. 그러나 폴란드는 체코슬로바키아와 달

폴란드회랑과 단치히

라서 처음부터 히틀러의 요구를 단호하게 거절했다. 더욱이 1939년 6월에 영국과 동맹을 맺은 후부터 폴란드의 태도는 더욱 강경해졌다. 히틀러가 단치히[132]를 내놓지 않으면 즉각 폴란드를 침략하겠다고 엄포를 놓았지만 아무런 소용이 없었다. 영국도 폴란드와 동맹을 맺은 이상 체코슬로바키아의 주데텐 문제가 대두되었을 때처럼 적극적인 중재를 할 수도 없는 입장이었다. 그리하여 독일의 폴란드 침략은 이제 초읽기에 들어가게 되었다.

독일 국내에서도 히틀러가 폴란드를 침략할 것이라는 소문이 공공연하게 떠돌기 시작했다. 놀라운 것은 독일 국민들의 태도가 오스트리아 합병이나 체코의 침공 때와는 많이 달라졌다는 사실이다. 이제 독일 국민들도 히틀러의 끝없는 야욕과 그것이 초래할 전쟁의 핏빛 소용돌이를 알아챈 것이다. 히틀러의 최측근인 괴벨스조차 이 당시의 독일 국민들의 분위기를 "기쁨도 환호도 없다. 어디를 가더라도 답답한 고요함, 더 나아가 의기소침한 분위기가 짓누르고 있다. 독일 민족 전체가 충격에 사로잡혀 마비된 듯 했다"고 그의 일기장에서 고백할 정도였다.[133] 여러 가지 정황으로 보아 히틀러의 측근들이나 군 수뇌부들도 히틀러의 계속된 도발이 결국은 제1차 세계대전과 같은 대규모 전쟁으로 이어지지 않을까 노심초사했던 것으로 보인다. 이들의 상당수는 대규모의 전쟁이 일어난다면 독일이 다시 패배할 것이라고 생각했다. 그러면서도 감히 총통을 상대로 도발의 위험성을 경고하고 나서는 측근은 거의 없었다. 일부 군 장성 가운데 히틀러의 폴란드 침공에 따르는 문제점을 직언한 사람도 있었지만 그런 사람은 자리에서 물러나거나 해외로 망명을 가야 했다. 이렇게 볼 때 제 2차 세계대전 발발의 가장 큰 책임은 앞뒤 돌아보지 않고 전쟁을 통해서만 모든 문제를 해결하려고 한 히틀러의 끝없는 정복욕에 있었다고 볼 수 있다.

1939년 8월 23일에는 독일이 소련과 상호 불가침조약을 맺었다는 뉴스가 전해졌다. 이 조약에 의해 히틀러는 소련이 리투아니아, 에스토니아, 라트비아 등의 발트 3국과 폴란드의 동부 지역을 차지하는 데 동의했다. 그 대신에 소련은 독일이 폴란드의 서부 지역을 차지하는 데 동의했다. 이에 자신을 얻은 히틀러는 드디어 1939년 9월 1일 4시 45분에 폴란드 국경을 넘었다.

히틀러가 1939년 폴란드 침공 이전에 계속해서 성공에 이를 수 있었던 비결은 그의 압도적인 군사력이 아니라, 유럽 열강들의 전쟁 공포증을 이용한 그의 교묘한 외교 술책 때문이었다. 이것이 바로 히틀러가 추구한 정치 및 외교 전략의 본질적 부분이었다.[134] 1939년 9월의 폴란드 침략에 있어서도 히틀러는 오스트리아나 체코슬로바키아 침략 때처럼 영국과 프랑스가 손을 놓고 있거나, 아니면 서둘러 외교적 협상에 나설 줄 알았던 것 같다. 테일러(A. J. P. Taylor)가 그의 책 '제2차 세계대전의 기원'이라는 책의 부제(副題)를 '준비되지 않은 전쟁'이라고 명명하고 있는 것은 바로 이 때문이다. 테일러는 심지어 1939년의 전쟁은 미리 계획된 것이 아니라 양측의 외교적 실책의 결과라고 까지 주장하고 있다.[135]

그러나 사태는 히틀러의 예상과는 너무나 다르게 전개되었다. 독일군이 폴란드를 침공한지 불과 이틀이 지난 9월 3일에 영국과 프랑스가 독일에 선전 포고를 했기 때문이다. 히틀러는 영국과의 정면 대결은 끝까지 피하려고 했다. 그러나 영국이 너무나 일찍 독일에 선전포고를 했으므로 히틀러의 계획은 처음부터 틀어지게 되었다. 히틀러는 폴란드를 침략한지 한 달이 조금 지난 1939년 10월 6일에 평화에 대한 갈망을 내비치며 유럽에서의 또 다른 정복은 없을 것이라고 선포했다. 그러나 지난 오스트리아나 체코 침공에서 성공을 거두었던 수법이 폴란드 침공에서는 더 이상 먹혀 들어가지 않았다. 영국과 프랑스는 아마도 히틀러가 야금야금 동유럽을 집어삼킨 후에는 그 칼날이 자기들에게로 향할 것이라는 사실을 간파했던 것이 아닐까? 어찌되었든 독일과 유럽은 이제 테일러 책의 부제처럼 '준비되지 않은 전쟁' 속으로 뛰어 들어갔던 것이다.

독일의 폴란드 정복은 글자 그대로 전격적으로 이루어졌다. 대규모의 전투기와 전차, 그리고 신속하게 움직이는 보병의 합작에 의해 이루어지는 독일의 전격작전(電擊作戰)이 그 막을 열었던 것이다. 이에 발맞추어 독일의 나치 친위대는 수만 명의 폴란드 관료와 지식인들을 살해했으며, 폴란드의 유대인들을 바르샤바의 몇 개 지역에 격리 수용하기 시작했다. 1941년 여름까지는 100만 명 이상의 폴란드인들이 재산을 압수당한 채 다른 지역으로 쫓겨났고, 그들의 토지는 독일인들 수중으로 넘어갔다. 이로써 나치는 동부유럽에 대한 정복, 특히 슬라브 민족 국가에 대한 정복의 목표가 단순한 영토의 정복보다는 슬라브족의 추방, 혹은 말살에 있다는 것을 만천하에 공개한 셈이다.136)

1940년 4월 9일 독일군은 영국에 대한 전략적 우위를 점하고 전쟁에 필요한 물자를 확보하기 위하여 덴마크와 노르웨이를 점령했다.

그리고 5월 10일에는 프랑스가 독일과의 전쟁에 대비하여 건설했던 대규모 요새지대인 마지노선(Maginot Line)을 피해서 벨기에의 아르덴 숲을 통과하여 프랑스 땅 깊숙이 파고들었고, 또 네덜란드에서 영국 해협에 이르는 지역까지 재빠르게 공격해 영국군과 프랑스·벨기에 연합군을 궁지에 몰아넣었다. 그리하여 약 33만 명에 이르는 연합군은 퇴로가 막혀 덩케르크(Dunkirk) 해안에 고립되었다. 이 때 만일 독일군이 더 강력하게 밀어붙였다면 제2차 세계대전의 전세는 크게 달라졌으리라 본다. 그러나 히틀러가 독일의 공군 총사령관이었던 괴링에게 전공을 세울 기회를 주기 위하여 독일 전차부대의 진격을 잠깐 멈춘 사이에 영국은 5월 26일부터 6월 4일까지 소형 어선까지 동원한 필사적인 철수작전을 전개하여 33만 명의 연합군을 대부분 영국으로 구출하는데 성공하였다. 이 스토리는 2017년에 개봉한 영화 '덩케르크'에서 사실적으로, 또 박진감있게 묘사된 바 있다.

1940년 6월 14일에 독일군은 예상보다 빠르게 파리에 입성했으며, 6월 21일에는 제1차 세계대전에서 독일이 패배한 직후인 1918년에 휴전협상을 진행했던 바로 그 기차에 히틀러가 앉아서 프랑스로 하여금 항복문서를 받아쓰게 했다.137) 이로써 프랑스는 독일점령하의 북부지역과 명목상 독립적인 남부지역으로 분리되었다. 남부지역은 1차대전 당시 베르됭 전투의 영웅이었던 페탱(Joseph Petain) 원수가 독일의 간섭을 받는 자치 정부의 수반이 되었다.

그 때까지 히틀러는 여전히 영국과의 협상을 기대했다. 그러나 1940년 5월 수상으로 취임한 윈스턴 처칠이 히틀러에 끝까지 대항하자고 국민들을 독려하자, 독일 공군은 8월 13일부터 영국에 대한 대대적인 공습을 자행했다. 그러나 독일의 공습은 심각한 물자손실과 악천후로 인해 얼마 후 중단되고 말았다.

독일-소련 전쟁의 전말

영국과의 전쟁이 교착상태에 빠져있던 1940년 12월 18일 히틀러는 암호명 '바르바로사(Barbarosa)'를 시달했다. '붉은 수염'이라는 뜻의 바르바로사는 12세기 신성로마제국의 황제였던 프리드리히 1세의 별명이었다. '바르바로사'는 영국이 함락되지 않더라도 1941년에 소련을 침공한다는 작전명이었다. 히틀러는 이번 작전 역시 신속하게 마치라고 요구했다. 그는 1941년 8월까지 소련 점령을 완료하면 독일군이 유리한 입장에서 미국과 상대할 것이라고 생각했다. 1941년 6월 6일자 명령을 보면 소련으로 진격한 후 체포하게 되는 소련의 정치 지도자와 고위 관료들은 모두 처형하라는 지시가 담겨져 있었다. 또, 나치 친위대는 소련의 유대인들을 조직적으로 학살해서 볼셰비즘의 생물학적 뿌리를 근절하라는 명령을 받았다. 그리고 수많은 소련 국민들을 시베리아로 추방해서 인종적으로 열등한 이들을 제거한다는 계획안도 발표되었다.138)

히틀러가 소련을 침략한 제1차적인 이유는 물론 독일인의 생활공간을 확보한다는 데 있었다. 그러나 이것 말고도 중요한 다른 이유도 있었다. 그것은 바로 유대 볼셰비즘(Volshevism)이라는 신화와 관련이 깊다. 유대 볼셰비즘은 사실 히틀러의 창조물이 아니라 러시아 볼셰비키 혁명과 공산당의 집권에 반대하여 반란을 일으켰던 러시아 백군(白軍) 소속의 인사들이 러시아 인민들의 지지를 이끌어내기 위해

의도적으로 퍼뜨린 신화였다. 그것은 바로 러시아 혁명의 주도세력인 볼셰비키의 핵심세력은 유대인이며, 볼셰비키 혁명은 유대인들이 러시아의 정권을 장악하기 위해 일으킨 혁명에 지나지 않다는 것이다. 이와 같은 유대 볼셰비즘의 신화는 소련에서 백군이 일으킨 반혁명 운동이 실패한 이후 소련군에 쫓겨 독일로 피신해온 백군 인사들에 의해 독일에 널리 퍼지게 되었다. 그리고 이러한 신화를 아무런 비판 없이 받아들였던 독일인 가운데 한 사람이 바로 히틀러였다. 러시아 혁명이 일어났을 때 몇 명의 유대인이 혁명에 가담한 것은 사실이지만, 혁명 이후 유대인은 여전히 차별대우와 박해를 받는 존재로 남아 있었다. 히틀러는 이러한 소련 내부의 사정을 알아보지도 않고, 풍문으로 들었던 유대 볼셰비즘 신화를 그대로 확신하고 있었던 것이다.

히틀러에게 독일의 소련 침공은 독일과 유럽의 최대 원수인 유대인과 공산주의 세력을 일거에 박멸할 수 있는 절호의 찬스처럼 보였다. 또한, 유대 볼셰비즘 신화 때문에 히틀러는 소련을 포함한 슬라브족과의 투쟁을 유대인의 세계지배에 맞선 성스런 십자군 전쟁으로 격상시킬 수 있었다. 여기 더하여 독일이 점령하는 옛 소련 지역의 유대인을 자유롭게 학살할 수 있는 그럴듯한 명분도 얻을 수 있게 되었다.[139]

히틀러의 진정한 속셈이 무엇이든 상관없이 히틀러는 1941년 6월 22일에 마침내 300만의 병력, 153개의 보병사단과 19개의 기갑사단, 그리고 2,700여대의 전투기를 동원하여 소련침공을 시작했다. 이로써 히틀러는 서부와 동부에서 동시에 전쟁을 진행함으로써 군사력의 분산을 초래했던 제1차 세계대전에서의 실수를 똑같이 되풀이하게 되었다. 이제 와서 돌이켜보면 영국과의 전쟁이 아직 끝나지 않았는데 서둘러 독일이 가용할 수 있는 모든 병력의 70퍼센트 이상을 러시아 전선에 쏟아 부은 것은 히틀러가 범한 최대의 실책으로 기록되고 있다.140)

이렇게 된 가장 큰 이유는 히틀러가 소련과 스탈린을 너무 과소평가했기 때문인 것으로 생각된다. 그러나 이것이야 말로 히틀러가 저지른 최고의 오판이었음은 독소전을 전개하면서 서서히 드러나기 시작했다. 사실상, 소련은 그 동안 계속적인 경제개발계획을 통해서 놀라운 경제 성장을 이루고, 특히 중공업 분야에서 상당한 생산능력을 보유한 국가가 되어 있었다. 1929년에서 1939년 사이에 10년 동안 독일의 산업 생산이 27퍼센트 증가한 반면 소련은 무려 400퍼센트 증가했다. 그 결과 소련은 미국에 이어 세계에서 두 번째의 산업국가가 되어 있었다.141)

히틀러와 그의 참모들이 또 간과한 것이 있다면 소련의 군사력이었다. 이들은 1940년 프랑스에 대해 성공한 바 있었던 전격작전을 구사한다면 8주 이내에 소련을 점령할 수 있을 것으로 자신했다. 그러나 이들이 간과했던 중대한 사실이 있다면, 그것은 바로 소련의 군대가 제1차 세계대전 당시의 제정 러시아 때처럼 지리멸렬한 군대가 아니라는 사실이다. 사실상 소련의 붉은 군대는 오랜 혁명과 내전을 통하여 단련되었을 뿐 아니라, 스탈린의 독재 아래서 일사불란하게 움직이는 지휘 체계도 갖고 있었다. 무엇보다 소련의 군대는 그 동안 비약적으로 발전한 중공업 시설을 통하여 빠른 시간 안에 필요한 군수물자를 보충받을 수 있었다. 실제로 소련의 군대는 히틀러의 참모들이 예상했던 것보다 두 배 이상의 병력을 보유하고 있었고, 독일과 비교해도 거의 손색이 없을 정도로 성능이 우수한 대포와 전차를 다수 보유하고 있었다.142)

무엇보다 히틀러와 그의 참모들이 잊고 있었던 것은 외부의 침입자가 있을 경우 무섭게 단결하는 러시아 인민들의 애국심과 유럽의 정복자 나폴레옹도 굴복할 수 밖에 없었던 러시아의 혹독한 겨울 날씨였다. 이것은 독일군이 소련 내부로 깊숙이 들어가면서 곧 확실하게 드러났다. 소련군은 북쪽의 레닌그라드(Leningrad)까지 일사천리로 진격했으나, 레닌그라드 시민들의 결사적인 방어전에 막혀 레닌그라드 외곽에서 발이 묶여 버렸다. 그리고 1941년 12월에는 그 동안 모스크바 근처까지 기세등등하게 진격했던 독일군이 러시아의 혹독한 추위에 막혀 더 진격하지 못하고 모스크바 함락을 목전에 둔 상태에서 소련군의 반격을 받아 물러나는 사태가 발생했다. 히틀러는 1941년 12월 러시아의 본격적인 반격이 시작되기 직전 모스크바 함락은 시간문제라고 착각하고 미국에 선전포고를 하는 등 그의 패망을 앞당긴 큰 실책까지 범하고 있었다.143)

1943년 2월 2일에는 독·소전 뿐 아니라 제2차 세계대전의 역사에서 최대의 격전지였던 스탈린그라드(Stalingrad, 현재 볼고그라드)에서 독일군이 참패하여, 그 전투에 투입된 80만 명 이상의 독일군과 독일 동맹군 가운데 살아남은 9만 1천명의 군인들이 파울루스(Paulus) 제6군 사령관과 함께 소련군에 항복하는 비보가 전해졌다. 스탈린그라드 전투를 계기로 전세는 역전되기 시작했으며, 독·소전에다 독일이 가용할 수 있는 총병력의 70% 이상을 투입했던 독일은 점

스탈린그라드 전투에서의 독일군

차로 수세에 몰려 소련 땅에서 퇴각할 수 밖에 없는 비참한 처지로 내몰리게 되었다.

홀로코스트의 비극

한편, 소련 침공과 함께 나치 정권이 강력하게 추진했던 것은 다름 아닌 유대인 박멸정책이었다. 1939년 9월 나치당의 친위대와 모든 경찰조직의 총수였던 힘러의 부하로서 실질적으로 친위대의 보안국을 이끌었던 하이드리히는 독일의 폴란드 침공과 함께 독일 점령지에서 보안업무를 담당할 특수임무단을 창설했다. 특수임무단은 친위대와 보안경찰, 형사경찰 및 국가비밀경찰인 게슈타포를 뒤섞은 기관이었다.144)

티머시 스나이더(Timothy Snyder)에 따르면, 유대인의 대량학살은 1941년 6월 독일의 전격적인 소련 침공과 함께 시작되었다. 독일은 1939년 8월에 맺은 독·소 불가침조약에 의해 소련이 일방적으로 점령했던 지역들부터 시작하여 점차 소련영토 깊숙이 진격해 들어갔다. 그리하여 폴란드의 중부와 동부, 리투아니아, 라트비아, 에스토니아, 벨라루스, 우크라이나 등 소련이 점령했던 지역들이 순차적으로 독일군 수중으로 떨어졌다. 이들 지역에서는 200만 명 이상의 유대인이 살고 있었는데 이들은 1941년 6월 이후 불과 2-3년 사이에 대부분 학살되었다. 여기에서 놀라운 사실 중의 하나는, 유대인 대량 학살에 있어서는 공산당원을 비롯한 현지 주민들의 협조가 큰 역할을 했다는 사실이다. 이들은 독일 특수임무단에 유대인의 소재지를 알려주거나, 유대인을 잡아서 넘기는 방식으로 유대인 학살에 협력했다. 이와 같이 독일군에게 잘 보이고자 하는 현지인들의 협조로 인하여 리투아니아, 라트비아, 에스토니아 지역에 살던 유대인은 약 99퍼센트가 살해되었다.

우크라이나와 벨라루스에서도 친위대가 현지인들의 도움을 받아 한꺼번에 수백 명 혹은 수천 명씩 살해했다. 학살 방법으로는 주로 집단 총살 방법이 많이 동원되었다. 즉 유대인 수백 명을 강제로 도시 근처 야산으로 끌고 간 후 이들로 하여금 구덩이를 파게 한 후 구덩이 앞에 서 있는 이들에게 총탄을 퍼부어 살해하고 구덩이에다 집단으로 매장하는 방식이 바로 그것이다. 이러한 총살 방법 외에 어떤 지역에서는 화물칸에 유대인을 몰아넣고 일산화 탄소가스를 주입하여 죽이는 새로운 방법이 도입되었다.[145]

독일이 점령한 소련 땅에서 이와 같은 대량학살이 자행되는 동안 최초의 독일 점령지역인 폴란드 서부의 유대인은 대부분 살아 있었다. 친위대장인 힘러와 그의 부하인 하이드리히는 마다가스카르를 목적지로 삼는 유대인 이송계획을 검토하다가 그것이 좌절되자, 차선책으로 유대인을 시베리아로 이송하는 계획을 검토하고 있었다. 그러나 그마저도 소련에서의 독일군 패배로 좌절되자, 독일 수뇌부에서 급격하게 떠오른 안은 바로 모든 유대인을 한꺼번에 죽인다는 이른바 유대인 절멸계획이었다.

히틀러가 유대인 문제의 궁극적 해결, 즉 유대인을 완전히 없애라는 지시를 내린 것은 1941년 7월쯤으로 추정된다. 그 정확한 시기를 놓고 논란이 많은 이유는 그 지시를 문서가 아닌 구두로 내렸기 때문이다. 친위대 제국보안청 청장으로서 유대인 강제 이송의 총책이었던 라인하르트 하이드리히는 1941년 10월초 부하들과 대화하던 중 히틀러가 가능하면 연말까지 독일 영토에서 유대인을 다른 지역으로 이송되기를 바란다는 말을 했다. 실제로 히틀러는 1942년에도 '유대인의 근절'에 대해서 네 차례나 반복해서 말했으며, 나치당의 기관지 민족의 파수꾼은 이러한 히틀러의 요구를 반영하여 1942년 2월 27일에 "유대인은 근절될 것이다"라는 기사를 쓰기도 했다.[146] 한편 1941년 7월 31일에 당시 경제부 수장이었던 괴링은 하이드리히에게 유대인 문제에 대한 최종해결책을 제시할 것을 명령했다. 이에 하이드리히는 유럽의 모든 유대인을 수송하고 집결시킬 수 있는 방법에 관한 계획을 수립하도록 아돌프 아이히만에게 지시했다. 이 지시에 따라 1941년 가을부터 폴란드 각지에 절멸수용소(絶滅收容所)가 세워지기 시작했다.

유럽 각지에서 화물열차에 강제로 태워져 절멸수용소로 보내지는 유대인들

1942년 1월 20일에는 베를린의 반제(Wannsee)에서 친위대 제국 보안청 수장인 하이드리히가 주재하는 회의가 개최되었다. 이 회의에 참석한 정부의 주요 기관과 나치당의 간부들은 독일이 점령한 유럽 각지의 유대인들을 몰살하기로 한 이른바 '유대인 최종 해결책'에 관한 나치당 수뇌부의 결정을 승인했다.[147] 반제 회의가 개최된 직후부터 각지에 세워진 절멸수용소를 중심으로 본격적인 유대인 대학살이 시작되었다. 그리하여 폴란드의 각지에 세워진 유대인 격리지역인 게토에 거주하던 유대인들은 차례차례 절멸수용소로 이송되기 시작했다. 그 곳 수용소에는 이미 유대인을 집단적으로 죽일 수 있는 가스실과 시체를 소각할 수 있는 화장장이 설치되어 있었다. 그 전에 독일 내의 정신지체장애자와 유전병 환자들을 학살할 때 사용했던 이른바 안락사 프로그램이 정상적인 유대인들에게 그대로 적용되기 시작

했던 것이다.148)

독일이 유럽 각지의 점령 지역에 설치한 수용소 가운데 가스실과 시체 소각장 시설을 갖추고 유대인을 대량으로 학살하는 데 이용되었던 절멸수용소는 폴란드에 집중되어 설치되었다. 그 가운데서도 최소 20만 명 이상의 유대인을 학살했다고 알려진 절멸수용소는 아우슈비츠-비르케나우(Auschwitz-Birkenau) 수용소(110만~150만명 학살), 트레블링카(Treblinka) 수용소(87만명 학살), 벨제크(Belzec) 수용소(60만명 학살), 마이다네크(Meidanek) 수용소(36만명 학살), 체움노(Chelmno) 수용소(32만명 학살), 소비보르(Sobibor) 수용소(25만명 학살) 등이다.149) 그리하여 폴란드에 생존해 있던 유대인들과 유럽 각지에서 이송된 유대인들이 1942년부터 1944년까지 아우슈비츠를 비롯한 여러 수용소의 가스실에서 대부분 살해되었다.150) 이들 수용소들은 신에게 제사를 바치면서 동물을 산채로 태워서 죽인다는 홀로코스트(Holocaust)의 참극이 벌어진 현장이라고 할 수 있다.

또한 폴란드에 강제수용소를 세우기 훨씬 앞서서 독일에 설치했던 다하우(Dachau), 작센하우젠(Sachsenhausen), 부헨발트(Buchenwald)를 비롯한 여러 강제수용소에서도 각기 수만 명의 유대인 학살이 자행되었다. 다만 독일에 설치되었던 강제수용소는 폴란드에 설치되었던 절멸수용소와는 설치목적이나 학살 규모에 있어서 현격한 차이를 드러내고 있다. 어찌 되었든 1939년 유럽에 거주했던 전체 유대인의 2/3에 해당되는 약 600만명의 유대인이 나치의 손에 목숨을 잃었다.151)

제 3제국의 초기 몇 해동안 자행된 유대인에 대한 폭력 대부분은 돌격대에 의한 것이었지만, 홀로코스트 기간 중 자행된 대대적이면서도 체계적인 학살의 대부분은 친위대에 의해 자행되었다. 이 학살의 최종 책임자를 거론한다면 물론 히틀러와 친위대의 수장인 힘러, 그리고 그의 부하인 하이드리히와 그가 암살된 후 그의 뒤를 이었던 에른스트 칼텐브루너(Ernst Kaltenbrunner)였다. 여기 더하여 히틀러에 동조하면서 유대인에 대한 탄압과 절멸 운동에 앞장섰던 괴링과 괴벨스를 비롯한 나치당의 수뇌부 인사들도 일차적인 책임에서 면제받을 수 없을 것이다. 그리고 그 다음의 책임자로는 유럽 각지에서 유대인을 색출하여 폴란드의 절멸수용소로 보내고, 이들에게 강제노동을 시키다가 결국은 가스실로 보내는 일련의 작업들을 능숙하게 수행했던 수만 명의 친위 대원들을 들 수 있다.

대학살이 진행되는 동안 나치는 이를 감추기에 급급했다. 친위대의 수장인 하인리히 힘러는 나치 지도자들에게 유대인 학살의 비밀을 무덤까지 가져가야 한다고 강조했다.[152] 그러나 이러한 비밀이 언제까지나 지켜질 수는 없었다. 왜냐하면 유대인의 학살에는 수 많은 사람들이 연루되어 있었으며, 이들의 입을 언제까지나 막을 수는 없었기 때문이다. 유대인 이송열차를 움직인 철도원, 유대인 이송에 관여한 지역 관리, 전화 교환원, 수용소의 공장에서 재소자들과 함께 일한 독일의 엔지니어들, 유대인 학살에 직접 관여한 친위대 대원 들을 통해 유대인 학살의 소식은 널리 퍼져 나갔다.[153]

그리하여 독일인의 상당수는 홀로코스트의 진상에 대해 정확히는 몰라도 어느 정도 짐작은 하고 있었으리라 본다. 그리고 의식적으로 이를 외면했을 가능성이 높다. 왜냐하면 친위대와 게슈타포의 감시망

연합군의 공습에 의해 파괴된 함부르크

이 촘촘히 박혀있는 나치 치하에서 학살의 진상을 캐거나 항의하는 것 자체는 곧 죽음을 의미하기 때문이다. 따라서 자신의 힘으로 어쩔 수 없는 끔찍한 상황에 직면했을 때 대부분의 사람들이 하는 것처럼 독일인들은 설명하기도 힘든 이 엄청난 상황에 대해 항의하기 보다는 무시하거나 혹은 침묵하는 쪽을 택했다고 볼 수 있다.[154]

그러나 2차 대전 당시 독일과 독일 점령지역에 살았던 사람들의 편지와 일기를 통해 2차 대전과 홀로코스트의 실상을 밝히는 일에 헌신한 니콜라스 스타가르트는 굉장히 다양하고 많은 증거들을 제시하면서 상당수의 독일인들이 1942년이나 늦어도 1943년까지는 홀로코스트를 이미 아는 데 그치지 않고 자신들이 유대인 학살의 공범자가 되었다는 의식을 갖게 되었다고 증언하고 있다.[155] 심지어 그들은 밤낮없이 계속되는 독일 민간인에 대한 연합군의 폭격을 독일이 자행한 유대인 학살과 결부시키기도 했다. 특히 1943년 7월 25일부터 8월 3일까지 계속된 연합군의 폭격으로 3만 4천명의 사망자가 발생한 함부르크와 같은 도시에서는 대부분의 사람들이 자신들이 유대인을 학살했기 때문에 연합군이 보복 공격에 나선 것이라는 식으로 연합군 폭격의 의미를 찾는 것이 일반적이었다고 스타가르트는 주장하고 있다.156)

3. 나치 정권의 최후

실패로 끝난 히틀러 암살 시도

1944년 6월 노르망디 상륙작전에 성공한 연합군은 서서히 독일의 본토를 향해 진격하기 시작했다. 이와 함께 독일의 도시들을 향한 공중 폭격도 더욱 강화되었다. 독일의 도시들은 잿더미로 변했다. 이러한 상황이 되자 히틀러는 괴벨스의 제안을 받아들여 1944년 7월부터 총력전 체제를 갖추었다. 그리하여 청소년, 노인, 여성들까지 국민돌격대에 편입시키고, 이들을 전선으로 보냈다.157)

1944년 7월 20일에는 독일 군부의 일부 지도자들이 히틀러를 암살하려다 실패한 사건이 발생했다. 슈타우펜베르크(Claus von Stauffenberg) 대령은 히틀러가 군수뇌부와 회동하고 있던 동프로이센의 전방 사령부 건물로 들어가서 회의실에 폭탄을 넣은 서류 가방을 놓고 나왔다. 잠시 후에 폭탄이 터져 장교 등 4명이 죽었으나 히틀러는 무사했다. 이 암살 미수 사건으로 전임 총사령관인 베크(Luwig Beck)를 비롯하여 수많은 사람들이 암살음모자로 몰려서 처형을 당했다. 그 중에는 북아프리카 전투의 영웅이자 '사막의 여우'로 칭했던 롬멜(Erwin Rommel) 장군도 포함되었다.

히틀러의 자살로 막을 내린 나치 정권, 그리고 제2차 세계대전

1945년 1월 16일 동프로이센까지 소련군이 진격해오자 히틀러는 베를린의 지하벙커로 숨어들었다. 1945년 4월 20일 히틀러는 소련군대의 포격 소리가 지하벙커까지 들릴 정도로 어수선한 가운데 괴링, 괴벨스, 보어만, 스페어 같은 히틀러의 최고 측근들과 몇몇 고위 장교들이 참석한 가운데 자신의 56번째 생일을 축하하는 자리를 마련했다. 그리고, 이틀 후에 히틀러는 마지막 회의를 주재했다. 소련 군대는 이미 베를린 교외까지 도달하고 있었다. 4월 29일 히틀러는 에바 브라운(Eva Braun)과 결혼했고, 카를 되니츠(Karl Donitz) 제독을 독일의 대통령이자 국방장관으로, 괴벨스를 수상으로 임명하는 유서를 작성했다. 그 다음날 히틀러 부부는 자살했고, 그들의 시체는 불에 태워졌다. 히틀러가 자기의 시체를 불에 태우도록 명령한 것은 이탈리아의 독재자 무솔리니가 파르티잔에게 체포되어 처형된 후 밀라노의 광장에 그의 목이 매달렸다는 소식을 접했기 때문이었다.

이와 같이 히틀러가 베를린 시내 한가운데까지 연합군이 진주하여 그의 마지막 작전 지휘 본부인 벙커까지 언제 연합군이 밀려들어올지 모르는 최후의 순간까지 항복하지 않고 전쟁을 계속한 이유는 무엇일

히틀러의 마지막 은신처인 베를린의 지하 벙커

까? 여기에는 두 가지 설이 있다. 하나는 히틀러가 마지막 순간까지 최종적인 승리에 대한 믿음을 가졌다는 것이다. 사실상 히틀러는 언뜻 보기에 희망이 없는 상황에서도 순식간에 모든 것이 자기에게 유리하게 변하는 기적을 여러 번 체험했기 때문에 이번에도 그런 기적이 일어나리라는 기대를 끝까지 놓지 않았다는 것이다. 그러나 기적은 끝내 오지 않았고, 결국 히틀러는 자살의 길을 택했다.158)

두 번째로 히틀러가 '전부(全部) 아니면 무(無)'의 사상을 갖고 있었다는 것이다. 즉 독일이 세계 초강대국이 되거나 아니면 완전히 망해서 없어지든지 둘 중 하나를 택하여야 하는데, 어차피 초강대국이 되고자 하는 전쟁에서 패배한 이상 완전히 파괴되는 것이 낫다고 생각했다는 것이다. 실제로 히틀러는 전쟁 막판에 그의 부하들이 경악한 가운데 독일 민족 전체의 쇠퇴를 가져올 수도 있는 엄청난 도박을 했다. 1945년 3월 19일에 나온 이른바 '네로 명령'이 그것이다. 당시 히틀러는 독일의 군수장관으로 전시 경제를 책임지고 있었던 스페어(Albert Speer)에게 독일의 모든 주요 산업과 시설물들은 물론 주민의 생존에 꼭 필요한 것들까지 모조리 파괴하라는 명령을 내렸다. 그러나 스페어가 장래를 내다보고 히틀러의 명령을 지키지 않았기 때문에 독일의 유서 깊은 건물이나 산업시설들은 그대로 보존될 수 있었다.[159] 이것을 보면 히틀러는 독일과 자기 자신을 동일시하면서, 자기 자신이 없으면 독일의 미래도 없고, 자기 자신이 죽으면 독일도 함께 죽어야 한다고 생각했던 것은 아니었을까?

이와 같은 '전부(全部) 아니면 무(無)', 혹은 '승리 아니면 파멸'이라는 이분법적 사상은 히틀러만 가진 것이 아니었다. 니콜라스 스타가르트는 스탈린그라드 전투 이후 독일의 운명이 패배 쪽으로 기울자, 독일인들은 '사느냐 죽느냐'라는 이분법적 사고에 젖어들게 되었다고 말을 하고 있다. 여기에는 독일인들이 가혹하게 집행한 유대인 학살의 후폭풍을 피할 수 없게 되었다는 공포도 함께 작용했다. 독일인들은 전쟁을 죽느냐 사느냐 하는 관점에서 바라보았기 때문에 끝까지 싸웠다는 것이다. 독일인들이 국가의 모든 도덕적, 물리적 힘을 소진한 다음에야 자기 자신의 총체적인 패배에 스스로 마침표를 찍었던 이유는 바로 이 때문이었다.[160]

마지막까지 히틀러 곁을 지킨 사람은 괴벨스, 보어만, 그리고 몇몇 장군들이었다. 이들은 죽은 총통에게 "하일 히틀러"를 외치며 작별을 고했다.[161] 그 직후 괴벨스와 그의 부인도 여섯 자녀를 죽인 후 자살했다. 보어만은 수상관저에서 도망치다 살해되었다. 되니츠는 체포당했다.

그리고 독일군 총사령관인 알프레드 요들(Alfred Josep Ferdinand Jodl) 장군은 5월 7일 새벽에 프랑스 렝의 연합군 사령부에서 아이젠하워 장군 앞에서 무조건 항복 문서에 서명했다. 이와는 별도로 베를린에 있는 소련군 총사령부에서는 5월 9일 12시에 독일군의 빌헬름 카이텔(Wilhelm Keitel) 장군이 러시아군 총사령관인 주코프 원수 앞에서 항복문서에 서명을 했다. 서유럽 국가들이 독일과의 전쟁에서 승리한 날을 1945년 5월 8일로 보는 반면에 소련은 5월 9일로 보면서 이날을 전승기념일로 삼는 이유는 바로 이 때문이다.[162)]

이로써 독일은 제2차 세계대전에서 패배하였다. 동시에 히틀러와 나치 정권의 광기 놀음도 끝났다. 그러나 그 대가는 너무 컸다. 제2차 세계대전은 인류역사상 가장 참혹한 전쟁으로 알려져 있다. 군인과 민간인을 합하여 사망자만 6,000만명이 넘고, 유럽의 대부분이 폐허로 변할 정도로 엄청난 인명과 재산 피해를 가져왔다. 무엇보다 제2차 세계대전은 나치의 유대인 학살에서 볼 수 있듯이 인류역사상 가장 끔찍한 인권유린이 이데올로기의 이름으로 서슴없이 자행된 전쟁으로도 유명하다.

생각해 보면 이 모든 참상의 원인은 결국 1920년대 뮌헨의 맥주홀에서 등장할 때부터 1945년 전쟁에서 패배하여 몰락할 때까지 시종일관 베르사유 조약의 파기, 독일인의 생활공간의 확보, 유대인의 말살만을 부르짖은 이 비정상적인 선동가를 독일인들의 상당수가 열광적으로 지지했다는 데 있었다. 독일인들이 광인에 가까운 이 선동가를 지지했던 이유는 물론 제1차 세계대전에서의 패배에 따른 굴욕감,

베르사유 조약에 대한 불만, 1929년에 시작된 세계공황으로 인한 경제적 위기, 바이마르 공화국 시대의 정치적 혼란 등이 복합적으로 작용한 결과라고 할 수 있다.

제1차 세계대전에서 패배한 후 온갖 종류의 불만과 좌절감에 사로잡혀 있던 독일 국민들에게 베르사유 조약을 강요한 전승국은 물론 이들의 강요에 순종적인 자세를 취하는 바이마르 정부는 다 같이 증오와 혐오의 대상이 되었다. 이러한 와중에 바이마르 공화국의 토대인 자유주의와 민주주의를 수호하려는 온건한 정치 세력은 갈수록 약화되고, 오히려 그것을 파괴하려는 극우파와 극좌파의 세력이 갈수록 강해졌는데, 이것 또한 나치의 집권을 촉진한 요인이라고 볼 수 있다. 왜냐하면 우파 정치인들은 극좌 성향의 정당을 견제하기 위해 극우 성향의 정당과 손을 잡을 가능성이 높기 때문이다. 무엇보다 우리는 다시 한 번 나치당이 집권할 당시 책임있는 자리에 있었던 힌덴부르크, 파펜, 슐라이허, 후겐베르크 등 우파 정치인들의 죄를 묻지 않을 수 없다. 독일의 운명이 뒤바뀔 수 있는 중대한 시기에 이들이 저지른 잘못된 선택과 실수는 결국 독일 국민을 파멸로 이끌고, 세계 여러 나라 사람들에게 씻을 수 없는 상처와 피해를 안겨주었기 때문이다.

사실 인류 역사를 통틀어서 보더라도 히틀러처럼 인종주의 및 생활공간 이론 같은 신기루 같은 환상을 좇아 아무런 양심의 가책 없이 수천만 명의 사람들을 제물로 바친 사람은 없었다. 그러니 세계 최고의 문학, 철학, 음악, 그리고 법학의 나라 독일인들이 히틀러 같은 희대의 살인마에 복종하여 그의 하수인으로 전락하게 될 줄을 어찌 상상이나 했겠는가? 그러나 그런 희대의 살인마는 실제로 존재했고, 권력을 잡았으며, 문화 민족인 독일인들을 상상도 할 수 없는 끔찍한 살인극 속으로 거침없이 몰고 들어갔다. 독일 동화인 '하멜른의 피리 부는 사나이'에 보면 하멜른(Hameln)의 모든 어린아이들이 피리부는 사나이의 피리소리에 홀려서 어디론가 정처 없이 사라지는 이야기가 나온다. 하멜른의 어린아이처럼 독일의 국민들은 히틀러와 괴벨스가 만들어낸 기괴한 선전선동 문구에 좇아 어디인지 모르는 끝없는 나락으로 함께 걸어 들어간 것은 아닐까?

5장

전후 독일사 개관

1. 나치 청산을 위한 힘겨운 노력

뉘른베르크 전범 재판

제2차 세계대전이 종결된 후 미국, 영국, 프랑스, 소련 등 4개국은 독일의 뉘른베르크에서 나치 독일의 전범과 유대인 학살관련자를 심판하기 위한 국제 군사재판을 시작했다. 이를 뉘른베르크 전범 재판이라고 부른다. 독일의 수많은 도시 가운데 뉘른베르크에서 전범재판이 열리게 된 것은 뉘른베르크가 1927년부터 해마다 나치당 전당대회가 개최되었던 장소라는 그 도시의 상징성 때문이었다.

1945년 10월 1일부터 시작된 이 재판에서는 나치당의 고위 간부, 독일군 수뇌, 점령지 총독을 맡은 1급 전범 24명을 기소하였다. 핵심

뉘른베르크 전범 재판(사진에서 뒷줄에 서있는 헌병들 바로 앞에 괴링을 비롯한 나치 전범 21명이 앉아 있다)

전범 중 한명인 로베르트 라이(나치당 조직부장)와 다른 한명은 공판 전에 자살을 하여, 22명에 대한 공판만이 이루어졌다. 그리고 1년 동안 진행된 공판결과 마침내 이들에 대한 최종 판결이 내려졌다.

헤르만 괴링(공군총사령관), 마르틴 보어만(나치당의 비서실장), 알프레드 로젠베르크(나치당 교육부장), 빌헬름 프리크(내무부 장관), 한스 프랑크(폴란드 총독), 빌헬름 카이텔(국방군 총사령관) 등 12명에게는 사형, 루돌프 헤스(부총통) 등 3명에게는 종신형, 알베르트 스페어(군수 탄약부 장관) 등 4명에게는 10년 이상의 징역형, 나머지 3명에게는 무죄 판결이 내려졌다.

사형을 언도받은 12명의 인사들은 누가 보더라도 나치당의 핵심 인물로서 나치당의 일당독재와 주변 민족의 압제와 학살, 그리고 침략 전쟁에 앞장을 선 1급 전범들이라고 할 수 있다. 그런데 이들보다 더 악랄한 행위를 일삼던 전범들이지만 여기에 빠진 인물들이 있는데, 바로 나치당의 선전선동책임자인 괴벨스, 나치 친위대장으로 유대인 학살의 총 책임자였던 힘러, 친위대의 행동대장으로 게슈타포를 창설하고, 유대인 학살의 최종 해결책을 만들었으며, 가는 곳마다 도살자로 악명을 떨쳤던 하이드리히 등이 바로 그들이다. 이 중 괴벨스는 히틀러가 자살한 후 여섯 명의 어린 자녀들을 죽이고 부인과 함께 자살했고, 힘러는 전범으로 체포되기 직전 역시 자살했다. 그리고 하이드리히는 체코의 망명정부가 보낸 비밀 요원들에 의해 1942년에 체코에서 암살당했다.

한편 나치 정권의 부총통으로 나치당의 제2인자였던 루돌프 헤스가 사형을 면한 이유는 무엇일까? 그는 제2차 세계대전이 시작된 이후 나치당 정부와 당내에서 그의 입지가 좁아지자, 1941년에 단독으로 영국으로 건너갔다. 그리고 히틀러의 승인도 없이 연합국과 평화협상을 시도하는 등의 돌출행동을 하다가 결국은 전쟁이 끝날 때까지 영국에서 포로의 신분으로 잡혀 있었다. 이러한 정상이 참작되어 헤스는 사형에서 무기징역으로 감형되었다. 그러나 헤스는 기약없는 수감생활에 염증을 느낀 탓인지 형을 언도 받은 지 41년만인 1987년에 교도소에서 스스로 목숨을 끊었다.

제2차 전범 재판은 1946년 12월부터 1949년 3월까지 이어졌다. 이 때는 주로 유대인 학살에 관여한 의사, 관료, 법률가 등 185명에 대한 재판이 이루어졌는데, 이 가운데 25명에게 사형, 20명에게는 무기징역이 선고되었다. 일반 나치당원에 대한 재판은 또 다른 군사재판과 특별 민간재판에 배정되었다. 전국에 걸쳐 545개소에 설치된 민간재판소는 90만 명 이상의 나치당원을 재판한 뒤 주요 범죄자, 적극가담자, 소극가담자, 단순가담자, 무혐의자 등 다섯 등급으로 나누어 재판을 진행했는데, 마지막까지 가서 유죄판결을 받은 나치당원은 약 2만 5천명에 달하였다.163)

늑대의 시간

히틀러의 자살로 막을 내린 제2차 세계대전 직후 독일의 현실은 그야말로 지옥 그 자체였다. 연합국의 무차별 공습으로 인하여 베를린, 드레스덴을 비롯한 독일 도시의 대부분은 폐허로 변했다. 전체 가옥의 45퍼센트가 파괴되었으므로 수백만 명의 사람들이 집을 잃고 임시거처에서 생활해야 했다. 또한, 폐허 더미 위에 쌓인 엄청난 잔해를 치우고 도시를 새로 건설하는 일은 전적으로 살아남은 자들의 몫이었다. 도시마다 부서진 건물의 잔해를 치우는 데만 몇 년씩 걸렸는데 드레스덴의 마지막 잔해 작업은 전쟁이 끝나고 32년이 지난 1977년에야 종료가 되었다.

종전 후 몇 년 동안 독일 땅에서는 민족대이동이라는 칭호가 어색하지 않을 만큼 수 많은 사람들이 떼를 지어 한 곳에서 다른 곳으로 이주하는 일이 빈번해졌다. 여기에는 전쟁 전까지 독일 땅이었다가 전쟁 후 소련이나 폴란드 혹은 체코슬로바키아 영토로 바뀐 지역에서 쫓겨난 1,200만 명의 동부지역 독일인들, 전쟁 포로로 잡혔다가 전쟁 후 석방되어 독일로 귀환한 1,000만 명이 넘는 독일 병사들, 강제수용소에 갇혀 있다가 풀려난 1,000만 명의 독일인들이 포함되었다. 모두 합하여 3,000만 명이 넘는 독일인들이 참담한 몰골로 독일로 다시 이주해 들어왔던 것이다.

그런데 독일 땅에 남아 있던 사람들은 멀리 동부 지역에서 고국 땅으로 돌아온 이들 이주민들을 외국인 징용자만큼이나 박대를 했다. 심지어 이들 이주민들의 출입을 금지한다는 팻말까지 내걸은 도시들도 있었다. 특히 옛 프로이센 지역에서 이주한 독일인들은 골수 군국주의자 내지 히틀러 숭배자라고 하는 오명까지 씌어서 이들의 출입을 금하기도 했다. 그리하여 동부 지역에서 이주한 실향민들은 도시에서 발을 붙이지 못하고 대규모 실향민 수용소에서 생활하는 경우가 많았다.164)

종전 후 독일인들을 괴롭힌 문제는 또 있었다. 다름 아닌 식량 문제였다. 독일을 점령한 연합군은 식량문제를 해결하기 위하여 식량배급제를 실시했다. 그러나 식량의 절대량이 부족했기 때문에 연합군은 독일인들에게 배급될 칼로리 수치를 1인당 1,550칼로리 정도로 제한했다. 식량사정이 악화될 때에는 하루에 배급되는 식량의 수치가 800칼로리로 떨어질 때도 많이 있었다. 사정이 이렇다보니 식량을 비롯하여 생필품을 거래하는 암시장도 여기저기 나타나게 되었다. 이런 상황 속에서 사람들은 앞으로 어떤 일이 닥칠지 모른다는 극도의 불안감 속에서 미친듯이 식량이나 땔감 등을 약탈하기도 했다. 그리하여 비축품 창고나 화물열차를 습격하기도 하고, 어떤 때는 집단적으로 농촌 마을을 습격하여 농민들의 식량을 약탈해 가는 경우도 빈번하게 일어났다. 심지어, 달리는 열차를 멈추게 한 후 순식간에 석탄을 털어가는 행위도 나타났다. 하랄트 야너(Harald Jahner)는 전후 몇 년 간 독일 사람들이 겪은 이러한 혼돈의 시간을 '늑대의 시간'이라고 표현하고 있다.165)

이와 같이 종전이후 식량 등 생필품의 부족 현상과 함께 찾아온 식량배급제, 암시장, 집단적인 약탈행위는 1947년에 발표된 미국의 마셜플랜과 1948년 6월 19일 실시된 독일의 화폐개혁 이후 서서히 호전되기 시작했다. 특히 화폐개혁 이후 상업활동이 정상적으로 이루어짐에 따라 불법적인 암시장도 급격히 줄어들었다. 그리고 상점에 물건이 쌓이기 시작하면서 배급경제도 사라지고, 약탈 행위도 눈에 띠게 없어지기 시작했다.166)

이와 같이 전쟁이 남긴 여러 가지 잔해를 치우고, 먹고 사는 문제에 몰두해 있는 동안 독일인들은 히틀러와 나치에 대한 충성심도 잊게 되었다. 이 당시 사람들이 자주 올리던 경구는 "우리는 이런 재앙에 끌려 들어갈 그런 사람이 아니다"였다. 이러한 경구는 일종의 자기 정당화를 내포한 말이라고 볼 수 있다. 이 경구에서 볼 수 있듯이 모든 계급의 사람들은 이 전쟁에 대해 책임질 사람은 그들이 아니라고 주장했다. 괴벨스가 나치당의 기관지에서 전쟁의 모든 위기에도 불구하고 나치 지도부를 믿어달라고 요구하던 것을 기억하는 사람들에게 전쟁에서의 패배에 대한 책임이 어디 있는지는 너무나 분명했던 것이다. 이런 방식으로 사람들은 전쟁의 책임을 히틀러나 괴벨스 등 나치당 지도부에 돌림으로써 모든 책임에서 자신을 면제시키고자 했다.[167]

이러한 주장은 일종의 희생양 논리로서, 독일인들은 사람을 마비시키는 독을 가진 히틀러의 선동술에 잠시 마비되었을 뿐이라는 것이다. 심지어 과거에 골수 나치당원으로 온갖 악행을 저질렀던 사람들까지도 자신은 히틀러의 선동술에 잠시 정신을 빼앗긴 희생자라고 하면서 자신의 책임을 회피하고자 했다. 독일인들이 또, 자신의 책임을 회피하는 방법 중의 하나는 전쟁 자체에 책임을 묻는 방식이었다. 전쟁이라는 야수가 이쪽이건 저쪽이건 모든 이의 도덕성을 파멸의 구렁텅이로 몰아넣었다고 하는 식이다. 이런 식의 논리라면 전쟁을 일으킨 범죄자를 가려내는 일은 불가능해진다.[168]

전후 독일인 사이에는 홀로코스트에 대한 말만 나오면 무조건 침묵하는 것이 습관처럼 되었다. 전후 연합국이 독일인들에게 권장한 강제수용소 견학이나 강제수용소에 관한 영화관람도 별다른 효과가 없었다. 영화관에서 홀로코스트와 관련된 영상물만 나오면 대부분의 독일인들이 고개를 돌렸다. 심지어 일부 독일인들은 영화와 사진들이 연합군의 선전물일 뿐이라고 깎아 내렸다.[169]

이와 같이 전후 20년 가까운 세월 동안 유지되던 독일인들의 피해자 의식이나 유대인 학살에 대한 의식적인 회피 현상은 1963년에서 1968년까지 프랑크푸르트에서 열린 아우슈비츠 재판이 시작되면서 서서히 깨어지기 시작했다. 이 재판을 통하여 나치 치하의 독일인들이 인종이나 정치적 이유로 수 많은 사람들을 조직적이고 체계적으로 학살한 사실이 밝혀졌으며, 절멸수용소의 마지막 생존자들에 의해 나치 정권이 저지른 홀로코스트의 진상이 낱낱이 밝혀졌기 때문이다. 이 재판은 독일에서 유대인 학살에 대한 사회적 논의가 시작되는 계기를 마련해 주었다.170)

또한 독일이 전쟁 중에 저지른 가혹행위들을 전적으로 친위대 탓으로 돌리고, 일반 병사들과는 아무런 상관이 없다고 강조하던 독일인의 인식은 1990년대 중반에 있었던 독일군 범죄 순회 전시회를 계기로 깨어지게 되었다. 왜냐하면 이 전시회에서는 평범한 독일군 병사들이 민간인을 공공연히 목매달아 죽이고 총으로 쏴서 죽이는 모습들을 여과없이 보여주었기 때문이다. 전선의 병사들의 개인 호주머니 속에서는 병사들의 아내와 자식 사진만이 아니라 민간인 살인과 관련된 사진도 수없이 발견되었던 것이다.171)

서독정부의 친서방 정책

1949년 5월 23일 서독에서는 새 헌법에 기초한 독일연방공화국이 탄생하였다. 이 헌법에서는 유권자 표의 5퍼센트 이상을 얻지 못한 정당은 의석을 차지할 수 없게 함으로써 바이마르 공화국 당시 정치 질서를 어지럽히던 군소정당들의 난립을 견제했다. 전후에 서독의 정치를 주도한 정당은 기독교민주연합(기민련)과 사회민주당(사민당)이다. 그 밖에 소수정당으로는 기독교사회연합(기사련), 자유민주당(자민당), 녹색당, 민주사회당(민사당) 등이 있다. 이러한 정당 구조를 보면 제2차 세계대전 전에 독일에 존재했던 정당으로 대전 후에도 살아남은 정당은 온건 좌파 정당인 사회민주당 하나 밖에 없고, 나머지는 전부 신생 정당이라고 볼 수 있다. 특히 제2차 세계대전 전에 독일의 정치 질서를 어지럽히고, 나치 정권 등장의 교두보 역할을 했던 극우 정당은 하나도 없는 것이 특징이다.

1949년 전후 처음 실시한 선거에서 기독교민주연합(기민련)이 사회민주당(사민당)을 누르고 정권을 장악했다. 그리고 기독교민주연합의 아데나워(Konrad Adenauer)가 73세의 나이로 수상이 되었다. 그는 서독 민주주의의 기반을 닦은 사람으로 알려져 있다. 아데나워는 극단적일 정도로 프로이센을 싫어했다. 프로이센의 군국주의와 광적인 애국심이 독일을 오늘날과 같이 비참한 지경에 빠지게 만들었다고 생각했기 때문이다.

사실상, 제1차 세계대전과 나치의 집권, 그리고 제2차 세계대전 등 독일을 파멸로 이끈 사건들마다 그 배후에는 프로이센의 그림자가 있었다. 1871년 독일의 통일을 이끈 주도세력은 비스마르크를 비롯하여 프로이센의 토지귀족인 융커들이었고, 그 이후 1918년 독일제국의 붕괴까지 50년 가까이 독일의 정치와 외교 및 군대를 이끌어간 세력도 융커들이었다. 1918년 제1차 세계대전의 패배로 독일 제국이 붕괴된 후에도 프로이센의 융커들이 가진 지배력은 여전히 건재했다. 바이마르 공화국에서 가장 큰 힘을 가졌던 대통령은 프로이센의 융커

출신인 힌덴부르크였고, 그의 측근들 역시 융커들이었으며, 국방군의 수뇌급 장군들도 대부분 융커출신이었다. 힌덴부르크를 비롯한 프로이센 출신의 지주나 장군들은 자기들의 기득권을 지키기 위해 히틀러를 독일 총리로 앉히는 데 결정적인 역할을 하기도 했다.

프로이센의 토지귀족인 융커들은 태생적으로 국가제일주의, 군국주의, 민족주의 이념에 경도되어 있었는데, 이러한 특성을 고스란히 물려받은 세력은 다름 아닌 히틀러와 나치당이었다. 나치는 위의 이념들 외에도 프로이센 융커들 특유의 거만함과 연병장식 말투, 그리고 눈에 거슬릴 경우 개인적, 집단적 폭력을 행사하는 습성까지도 본받았다. 그리하여 사람들은 나치 친위대가 세운 생도 훈련장을 SS융커 사관학교라고 부르기까지 했다.[172)]

엘베강 동쪽의 프로이센 지역은 다른 지역보다 히틀러에 대한 지지도가 높았다. 나치당을 원내 제2석의 정당으로 만들어주었던 1932년 7월의 선거에서 엘베강 동쪽의 프로이센 지역 사람들의 40% 이상이 나치당에 표를 몰아주었다는 사실이 이를 증명한다.[173)]

이런 이유 때문에 아데나워는 그가 혐오했던 프로이센 지역의 대부분이 동독 지역에 포함된 것을 오히려 다행으로 여겼는지 모른다. 그리하여 그는 독일이 다시 재통일되기 전에 독일연방공화국을 서유럽 국가연합의 일원으로 확고하게 묶어두려고 했다.[174)]이러한 그의 염원에 맞추어 서독은 프랑스, 베네룩스 3국, 이탈리아와 함께 유럽석탄철강공동체를 결성했으며, 북대서양조약기구(NATO)와 유럽경제협력기구에도 가담함으로써 친서방 정책을 확실히 했다.

또한 아데나워는 바이마르 공화국 시대에 독일이 경험했던 혼란스럽고 광적인 민주주의와는 전혀 다른, 안정되고 수준 높은 민주주의를 건설하고자 했다. 그리고 재무부 장관인 루트비히 에르하르트(Ludwig Erhard)의 신자유주의 경제정책을 채택하여 '라인강의 기적'을 이룩했다. 이러한 경제 발전을 바탕으로 서독은 1960년대에 벌써 세계 두 번째의 경제대국이 되었다. 온건좌파정당인 독일사회민주당도 1959년 고데스베르크(Godesberg) 강령을 채택하여 마르크스주의를 포기하고 아데나워의 친서방 정책을 수용하였다. 1961년에는 빌리 브란트(Willy Brandt)가 독일사회민주당의 당수로 취임하였다.

이와 함께 독일의 침략정책으로 피해를 본 국가들에 대하여 사과하고, 이들 국가들과 외교관계를 수립하는 일도 신속하게 추진되었다. 1970년 12월 7일에는 오데르-나이세(Oder-Neisse) 강을 폴란드의 서쪽 경계선으로 인정하는 합의가 독일과 폴란드 사이에 맺어진 것을 계기로 서독과 폴란드 간의 외교 관계가 수립되었다. 서독정부는 또, 체코슬로바키아와도 유사한 조약을 맺어 뮌헨 협정을 무효화하고 양국 간에 정상적인 외교관계를 수립하였다.

서독정부의 나치 청산 노력

한편 나치 정권의 희생자들에 대한 서독 정부의 사과 및 보상도 속도를 내게 되었다. 서독 의회는 나치 정권의 희생자들에게 관대한 보상금을 지불하기로 결정하는 법안을 통과시켰다. 이와 함께 독일의 범죄행위를 인정하고, 나치가 저지른 만행을 사과하는 등 나치의 잔재를 청산하기 위한 노력을 지속적으로 보여주었다. 특히 1970년 폴란드의 수도 바르샤바를 방문한 사민당의 빌리 브란트 수상은 유대인

바르샤바 유대인 봉기 기념탑 앞에서 무릎 꿇고 사죄하는 빌리 브란트 수상

봉기 기념탑 앞에서 무릎을 꿇고 사죄했는데, 이것은 유대인 학살에 대한 독일인들의 진정한 사과를 나타낸 상징적인 사건으로 받아들여지고 있다.

독일은 뮌헨의 다하우 수용소, 폴란드의 아우슈비츠 수용소를 비롯하여 나치가 유대인을 학살한 범죄현장들을 원 상태 그대로 보존하여 국민들이 나치의 만행을 절실하게 느낄 수 있는 교육 장소로 활용하고 있다. 아우슈비츠 수용소 해방 75주년을 맞이했던 2020년 1월 27일에는 프랑크발터 슈타인마이어(Frank-Walter Steinmeier) 독일 대통령이 아우슈비츠 수용소를 찾아 유대인들이 처형당했던 죽음의 벽에 직접 헌화하기도 했다. 슈타인마이어 대통령은 2023년 4월 19일 폴란드 수도 바르샤바에서 열린 바르샤바 게토 봉기[175] 80주년 기념식에도 참석하여 희생자들에게 용서를 구하며, "독일인의 역사적 책임에는 끝이 없습니다."라고 거듭 사죄의 의사를 나타냈다.[176]

서독은 또한 민주주의적 수단을 통해 극우파의 재집권을 막는데 엄청난 노력을 기울였다. 이것은 일종의 방어적 민주주의로, 주요 정치기구에 자유민주주의를 수호할 수 있는 광범하고 강력한 권한과 의무를 부과한 것이 특징이다. 특히 내무부 장관이나 연방헌법재판소는 자유민주주의 질서에 적대적이라고 여겨지는 정당이나 사회단체들에 대해서 금지 명령을 내릴 수 있는 권한을 갖게 되었는데, 이에 따라 신나치 단체를 포함하여 수백 개의 극우단체들이 금지를 당하는 조치들이 계속해서 내려졌다.

그러나 이러한 독일 정부의 피눈물 나는 노력에도 불구하고 나치의 망령은 독일 어딘가에 숨어 있다가 틈만 있으면 갑자기 나타나서 양식있는 독일 국민과 세계 사람들을 깜짝 놀라게 한다. 1987년에 뉘른베르크 법정에서 종신형을 받고 복역하던 루돌프 헤세가 자살하자 그를 순교자로 여기는 나치 추종자들이 공공연히 나치에 대한 동경심을 표명함으로써 독일에서 나치의 잔재가 여전히 건재함을 보여준 것이 대표적이다.

2. 유럽연합의 주도국가로 자리매김한 독일

독일의 재통일, 프로이센 망령의 부활?

이러한 가운데, 1989년 11월 8일 베를린 장벽이 붕괴된 것을 계기로 1990년 10월 3일에 동독이 서독에 흡수되는 형식으로 독일의 재통일이 달성되었다. 독일의 재통일은 독일 국민들의 자주적이고 민주적인 과정을 통해 이루어졌다는 점에서 비스마르크의 철혈정책에 의해 이루어진 1871년의 독일 통일과 전혀 차원을 달리한다.

그러나 독일의 두 번째 통일에서 우리가 놓쳐서는 안 될 사실이 하나 있다. 그것은 독일의 통일과 함께 동독에 포함되어 있던 옛 프로이센 지역이 다시 독일의 영토 안으로 들어왔다는 사실이다. 특히 옛 프로이센과 독일 제국의 수도였던 베를린이 동·서독을 합친 독일연방공화국의 수도로 결정되면서 새로운 기대와 함께 알 수 없는 우려 또한 높아지고 있다. 그것은 바로 프로이센의 망령이 다시 부활하는 것이 아닌가 하는 것이다.177)

그러나 이러한 우려는 하나의 기우에 불과할 수 있다. 왜냐하면, 프로이센의 고향이라고 볼 수 있는 폴란드 너머의 동프로이센 지역은 제2차 세계대전 후 소련과 폴란드가 절반씩 나누어 가졌고, 18세기 말에 프리드리히 대왕이 폴란드 북부 지역을 강탈하여 설치했던 서프로이센 지역도 제1차 세계대전 후 약 60퍼센트, 그리고 제2차 세계대전 후에는 완전히 폴란드 영토로 다시 귀속되었기 때문이다. 그리고 제2차 세계대전 후 독일의 동쪽 국경선이 오데르강-나이세강으로 결정되면서 과거에 프로이센 왕국이 수백년에 걸쳐 획득했던 폴란드와 체코 지역의 영토들은 모두 다 원주인에게 돌아갔다. 그러므로 프로이센의 정신과 전통이 남아있는 지역은 프로이센 왕국의 수도였던 베를린과 그 주변 지역에 국한된다고 볼 수 있다.

메르켈 시대의 독일, 유럽 연합을 주도하다.

오늘날의 독일은 프랑스와 함께 유럽연합(EU)을 주도하는 국가로서, 언제나 유럽의 일원임을 강조하고 있다. 그리고 유럽의 다른 나라들처럼 크리스트교와 그리스·로마의 고전문화의 전통을 공유하는 나라임을 내세우고 있다. 또, 군사적으로는 독일의 재무장보다는 북대서양조약기구(NATO)의 일원으로서의 역할에 만족하고 있다. 특히 동독 출신의 여성 총리인 메르켈(Angela Merkel)은 2005년에 총리가 된 후 2021년 9월 총선에서 패배하여 총리직에서 물러날 때까지 네 번 연속 총리를 역임하면서, 실용주의적인 사고와 신중한 판단력, 그리고 과감한 추진력을 가지고 독일 뿐 아니라 유럽연합을 안정적으로 잘 이끌었다는 평가를 받고 있다. 메르켈은 재임 중 나치 독일이 저지른 범죄에 대해서도 기회가 있을 때마다 사과를 한 총리로도 유명하다. 2013년에는 뮌헨의 다하우 강제수용소, 2019년에는 아우슈비츠 강제수용소를 방문해, "독일이 저지른 야만적인 범죄 앞에 진심으로 부끄럽게 생각한다"고 말하면서 전 세계 앞에 참회하는 태도를 보여주었다. 그녀는 또, 독일의 소련 침략 80주년이 되는 2021년 6월 21일에 발표한 담화에서 "독일의 인정사정없는 소련 침공과 침공지역에서 가해진 끔찍한 일들은 독일인의 수치"라고 하면서, "우리는 수백만 명의 희생자, 그리고 그 후손들에게 큰 빚을 졌다"라고 진심어린 사과를 하기도 했다.[178]

2022년 12월 4일에는 물러나는 메르켈을 대신하여 중도 좌파 정당인 사회민주당 소속인 올라프 숄츠(Olaf Scholz)가 녹색당, 자유민주당과 함께 연정을 구성하며 독일의 총리가 되었다. 숄츠는 좌파 정당 소속이기 때문에 최저임금인상 등 보다 친노동적인 정책을 지향하고 있지만, 메르켈 총리 밑에서 재무장관을 역임할 정도로 메르켈의 영향을 많이 받았기 때문에 큰 틀에서는 메르켈의 노선을 충실히 따르고 있다고 볼 수 있다.

러시아-우크라이나 전쟁과 독일의 재군비 선언

2022년 2월에 러시아가 우크라이나를 침공하자 독일은 유럽의 여러 나라와 힘을 합하여 러시아와 맞서 싸우는 우크라이나에 대한 경제적, 군사적 지원을 아끼지 않고 있다. 그러나 메르켈이 총리로 재직하던 당시 지나치게 친러시아 정책을 펴면서 러시아산 가스와 석유에 대한 의존도를 높인 것이 독일에게는 부메랑으로 다가와 독일의 경제난을 가속화시켰다. 또한 메르켈 시대에 호황을 누리던 대중국 수출이 줄어들면서 독일의 경제에는 더 큰 그림자가 드리우고 있다. 여기에다 언제 끝날지 모르는 우크라이나에 대한 지원을 계속해야 하는 것도 독일에게는 큰 부담이 아닐 수 없다.

한편 독일은 현실적으로 다가온 러시아의 위협에 대비하여 그 동안 주저하던 재군비를 선언하고, 국방비를 GDP의 2%로 대폭 증가하겠다고 선언했다. 발등에 떨어진 러시아의 군사적 위협 때문에 유럽의 국가들은 독일의 군비 확장에 대해 대체로 긍정적으로 인식하고 있다. 그러나 러시아의 위협이 약화된다면 독일의 재군비 문제는 유럽인들의 불안 요인으로 떠오를 가능성도 배제할 수 없다. 왜냐하면 유럽인들의 뇌리 속에는 나치에 대한 악몽이 여전히 남아 있기 때문이다.

반이민, 반난민 정서 속에서 심화된 극우파의 테러

최근에 와서 이슬람 국가 출신의 난민이 급증하자 독일에서는 반이민정서가 급속히 확산되고, 이에 따른 극우주의자들의 범죄도 잇따르고 있다. 최근 극우 테러의 가장 악명 높은 사례는 독일의 신나치 테러 집단인 국가사회주의 지하조직이 저지른 범죄인데, 이 단체의 핵심인물들은 그 동안 10건의 살인, 3건의 폭탄테러, 14건의 은행강도에 대한 범죄혐의로 기소되었다.[179] 2019년 10월에는 작센안할트주에 있는 할레(Halle)의 유대교회당에서 총기 난사 사건이 발생하여 2명이 숨졌으며, 2020년 2월에는 헤센주의 소도시 하나우(Hanau)의 술집 두 곳에서 터키 이민자들을 타깃으로 삼는 총기 난사 사건이 발생하여 9명이 숨지는 사건이 일어났다.

2021년에는 독일의 국경지대에서 난민을 막기 위해 총, 칼 등으로 무장한 '극우 자경단'까지 등장했다. 독일 경찰의 조사 결과 이러한 자경단은 '신(新) 나치'와 연계된 극우 정당인 '제3의 길' 지지자들로 구성되었다고 한다. 독일 정보기관에 따르면 2021년 한 해 동안 독일에서 극단적인 극우주의자 3만 여명 가운데 40퍼센트가 폭력 등급으로 분류되어 역대 최고 비중을 차지했다. 또한 이들이 일으킨 강력범죄도 한 해 동안 1023건이나 되어 역대 최고치를 기록하기도 했다.[180]

2022년 12월에는 '제국시민'이라고 불리는 극우집단이 독일연방의회를 공격하고, 올라프 숄츠 총리를 암살한 뒤 황제를 추대하기로 하는 등 매우 구체적인 쿠데타 음모를 꾸미다가 적발되어 수십 명이 체포되는 사건이 일어났다. 2만 명 이상의 추종자를 가진 '제국시민'의 쿠데타 음모에는 귀족가문의 후손, 전 연방의회의원, 전 특수부대 장교 등이 가담한 것으로 밝혀지고 있다.[181]

또 다시 등장한 독일의 극우 정당, '독일을 위한 대안(AfD)'

1945년 제2차 세계대전이 종식된 이후 유럽의 주류 정당과 정치인들 사이에서는 극우 정치에 대한 혐오감이 지배적이었다. 이러한 분위기는 꽤 오랫동안 유지되었다. 그러나 1980년대 후반 이후 유럽 각국에서 대량 이민과 실업 문제가 부각되면서 극우 정치의 물결이 서서히 일어나기 시작했다. 특히 21세기에 들어서서 아프리카와 중동으로부터 대규모의 이민이 유럽으로 속속 유입되고, 이에 대한 반대 여론이 높아지면서 극우 정당과 정치가들에 대한 국민적 지지도도 점차 높아지기 시작했다. 극우 정당들은 21세기의 첫 10년동안 평균 4.7퍼센트의 득표율을 기록했으나, 2010~2018년에는 18퍼센트의 득표율을 기록했다.[182] 심지어 2022년 9월에 실시된 이탈리아 총선에서는 극우 정당인 '이탈리아 형제들'이 승리하여 무솔리니 이후 100년 만에 극우 성향 총리가 탄생하기도 했다.

그 밖에도 유럽의 여러 나라에서는 극우 정당들이 자국 내 주요 정당으로 자리매김하는 일이 빈번하게 나타나고 있다. 프랑스의 국민연합, 덴마크 인민당, 스웨덴 민주당, 네덜란드 자유당, 핀란드의 핀란드인당 등이 그것이다. 이들 극우 정당들은 프랑스의 극우 정당인 국민연합처럼 반이민, 반난민 정책을 내세우며, 유럽연합 탈퇴를 공식적으로 주장하기도 한다. 한편 극우주의자인 오르반 빅토르 헝가리 총리는 장기 독재를 하면서 언론과 사법부 통제, 친러시아 정책 등을 표방하여 유럽연합과 마찰을 빚고 있다.

유럽 각국에서 극우 정당이 부상하는 틈을 타서, 독일에서도 극우 세력이 제도권 정당으로 들어오는 이변이 일어났다. 이른바 '독일을 위한 대안(Alternative fur Deutschland, 약칭 AfD)'이 그것이다. 2003년 독일에서 창당된 '독일을 위한 대안(AfD)'은 2013년 선거에서 4.7% 밖에 득표하지 못하여 의회 진출 기준선인 5퍼센트에 미달했다. 그러나 2014년 유럽의회 선거에서는 7.1%의 득표율로 독일에 배정된 96석중 7석을 확보하는데 성공했다.

2017년 독일 총선거에서는 1945년 이후 계속된 독일의 정치적 전통을 뒤 흔드는 이변이 발생했다. 2013년에 4.7퍼센트의 득표율을 얻어 의석을 하나도 못 얻었던 '독일을 위한 대안'이 2017년에는 12.6퍼센트의 득표율을 기록하면서 독일 의회의 735석 중 무려 94석의 의석을 얻는 경이적인 성과를 거두었기 때문이다. 2021년 총선에서는 10.3퍼센트의 득표율을 얻어 의석수가 83석으로 줄어들었다. 그러나 2023년 6월에 실시된 독일 튀링겐주 조넨베르크(Sonnenberg)시 시장선거에서는 '독일을 위한 대안' 소속 인사가 시장으로 당선됨으로써, '독일을 위한 대안'은 창당 10년 만에 처음으로 시장을 배출하는 이변을 연출했다. 또한 10월 8일에 실시된 헤센주와 바이에른주의 지방선거에서는 각각 18.4퍼센트와 14.6퍼센트의 득표율로 역대 최고 성적을 거두었다. 그리고 10월 20일 독일 공영방송인 ZDF가 발표한 정당별 지지율에서도 '독일을 위한 대안'은 21퍼센트로 30퍼센트를 얻은 기독민주·기독사회당 연합에 이어 2위를 기록함으로써 집권 사회민주당(15퍼센트), 녹색당(14퍼센트), 자유민주당(5퍼센트)을 모두 앞질렀다.

'독일을 위한 대안'은 내세우는 정책부터가 지금까지의 독일의 정당들이 내세웠던 정책들과판이하게 다른 것이 특징이다. 유로존의 경제

위기를 초래하고 있는 나라들의 EU 탈퇴 강요, 반유로화 및 마르크화로의 복귀, 난민의 유입 반대, 우크라이나 전쟁 지원 반대 등 이들이 내세우는 정책들은 한결같이 지나치게 극우적인 색채를 띠고 있다. 이들은 나치와는 아무 상관이 없다고 주장하고 있다. 그러나 문제는 이들이 내세우는 정책들이 1945년 이후 독일이 일관되게 추구해 왔던 친유럽 정책과 너무나 다르다는 것이다. 독일뿐 아니라 유럽 각국에서 '독일을 위한 대안'을 우려의 눈길로 보는 것은 바로 이 때문이다.

2023년 10월 7일에 이스라엘-하마스 전쟁이 발발하자, 독일 정부는 과거 나치 정권 하에서 자행된 홀로코스트에 대한 책임감 때문에 이스라엘의 자위권을 지지하고 나섰으나, '독일을 위한 대안'은 뚜렷한 입장을 밝히지 않고 있다. 이들의 침묵은 이스라엘-하마스 전쟁 이후 반유대주의를 내세우며 나치를 추종하는 목소리를 높이고 있는 독일 극우 집단을 의식한 행보처럼 보인다. 2023년 11월에는 '독일을 위한 대안'의 간부들이 독일 내 이민자들의 강제 추방 문제를 논의하였다는 보도가 나오자, 독일 전역에서 수 많은 시민들이 이에 반대하는 시위를 전개하기도 했다.

2017년 독일 총선거에서 '독일을 위한 대안'이 갑자기 94석을 얻는 것을 보면서, 필자의 머릿속에는 갑자기 1930년 선거에서 그 전까지 12석의 의석밖에 갖고 있지 못했던 나치당이 107석의 의석을 얻으며 독일의 정치계에 급부상하는 정당으로 자리매김했던 과거의 역사적 순간들이 떠올랐다. 그리고 안타까운 일이지만, 나치당 같은 최악의 극우세력이 다시 등장하는 일은 없을 것이라고 그 누구도 장담할 수 없다는 사실도 가슴 한편 구석에서 섬뜩하게 다가왔다. 그러면서 과거에 나치당의 대두를 가능하게 했던 그런 혼란과 위기가 두 번 다시 독일에 찾아오지 않기만을 바랄 수 밖에 없었다.

6장

독일의 문화 산책

1. 독일의 문학 산책: 괴테와 실러

1) 괴테

(1) 괴테의 생애

괴테의 유소년 및 청년 시절

괴테(Johann Wolfgang von Goethe)는 그의 자서전인 '시와 진실'의 첫머리를 다음과 같이 기술하고 있다. "1749년 8월 28일, 정오를 알리는 종소리와 함께 나는 프랑크푸르트암마인(Frankfurt am Main)에서 태어났다. 나의 탄생 별자리는 아주 좋았다. 산파의 기술 부족으로 사산아로 태어났던 나는 주위 사람들이 이런저런 손을 쓰고 애를 쓴 덕분에 비로서 세상의 밝은 빛을 볼 수 있었다. 내가 목숨을 건진 것도 경사스러운 성좌 때문이었다"[183]

이것을 보면 괴테의 삶은 출생당시부터 순탄치 않았던 것 같다. 또, 어린 시절에는 당시에 유행하던 천연두, 홍역, 수두 등 여러 전염병들 때문에 생사의 고비를 드나들기도 했다. 괴테의 동생 6남매가운데 다섯 명은 어렸을 때 병에 걸려 다 죽고, 여동생 하나만 살아남은 것을 보아, 자기의 탄생 별자리가 좋았기 때문에 살아남았다고 고백한 괴테의 말은 결코 단순한 수사적 표현은 아닌 것 같다.[184]

그러나 괴테는 가문의 복은 갖고 태어났다. 괴테의 아버지는 황제 고문관이었으며, 어머니는 프랑크푸르트 시장의 딸이었으므로 괴테는 그야말로 최고의 금수저를 갖고 태어났다고 할 수 있다. 괴테의 아버지는 자기 아들의 천부적인 재능에 대해 높이 평가를 해서 수업 계획표를 만들어 괴테를 직접 가르쳤다. 그리고 특별한 과목은 프랑크푸르트에서 소문난 교사들을 초빙하여 배우게 했다. 이러한 조기 교육 덕분에 괴테는 어린 시절부터 라틴어, 히브리어, 프랑스어, 영어, 이탈리어 등 외국어를 비롯하여 미술, 음악, 문학, 에티켓 등 모든 교양을 몸에 익히게 되었다. 여기에다 어린 나이에 이미 로마법 대전에 정통하게 되었는데, 이것은 그의 아버지가 자기 아들을 훌륭한 법률가로 키우는 데 목표를 두었기 때문이었다.

괴테는 15세가 되었을 때 우연히 하층신분에 속하는 소년들과 어울려 다니게 되었는데, 이 때 그 소년들과 사촌관계에 있었던 그레트헨(Gretchen)이라는 소녀를 사랑하게 되었다. 괴테는 그녀와의 사랑을 첫사랑이라고 고백하고 있다. 그러나 그녀와의 관계는 상처만 남기고 끝났다. 왜냐하면 불미스러운 일에 얽혀서 괴테와 친구들의 관계는 파탄이 나고, 그레트헨은 프랑크푸르트를 떠나야 했기 때문이다.[185]

이 일로 깊은 상처를 입은 괴테는 아버지의 권유로 라이프치히 대학에 입학을 했다. 그는 거기서 철학, 법률 강의를 들었으나 만족하지 못하고 방황하다가 건강까지 망치게 되었다. 프랑크푸르트로 돌아와서 건강을 다시 회복한 괴테는 대학을 바꾸어 슈트라스부르크 대학으로 갔다. 그곳에서의 생활은 비교적 만족스러웠다. 무엇보다 슈트라스부르크에서 그에게 일어난 큰 사건은 헤르더와의 만남이었다. 당시 독일에서 일어난 슈트름 운트 드랑(Sturm und Drang) 운동[186]의 주역 중의 하나인 헤르더(Johann Gottfried Herder)와의 만남은 괴테로 하여금 그 운동에 깊이 몰입하게 되는 계기가 되었다.

또 하나 슈트라스부르크에서 괴테에게 일어난 중요한 사건 중의 하나는 괴테의 두 번 째 사랑이라고 할 수 있는 프리데리케와의 만남이었다. 그녀는 슈트라스부르크 인근에 사는 목사의 딸로서 쾌활하고 소박하며, 우아한 성격의 여성이었다. 괴테는 그녀와 진심어린 사랑을 나누었으며, 그녀를 위해 많은 시를 쓰기도 했다. 그러나 괴테는 별다른 이유 없이 프리드리케와 헤어졌다. 그리고 그녀에게 큰 상처를 남긴채 그녀를 떠났다.[187]

괴테는 슈트라스부르크 대학에서 학위를 받고 프랑크푸르트로 돌아와 변호사 생활을 하게 되었다. 그러나 그의 관심과 열정은 온통 문학에만 집중되었다. 이러한 그의 문학에의 열정은 생각보다 빨리 결실을 맺었는데, 그것은 바로 저 유명한 '젊은 베르테르의 슬픔'의 출판이었다. 그의 나이 25세 때인 1774년에 발표한 이 짧은 소설은 출간되자마자 독일뿐 아니라 유럽 전체에서 유례를 찾기 힘들 정도로

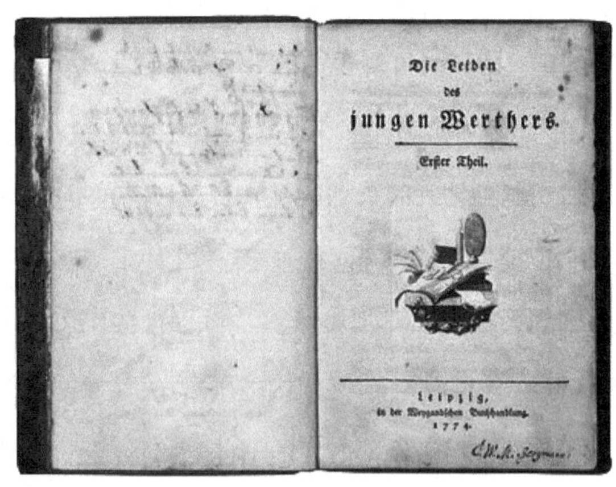

Die Leiden
des
jungen Werthers.
Erster Theil.
Leipzig,
1774.

'젊은 베르테르의 슬픔' 초판본

엄청난 반향을 일으켰으며, 젊은 괴테를 일약 유명인사로 만들었다.

바이마르에서 새 삶을 시작한 괴테

괴테는 '젊은 베르테르의 슬픔'을 발표한 그 이듬해인 1775년에 바이마르의 대공인 칼 아우구스트(Karl August)의 초청을 받고 바이마르를 방문하였다. 그리고 1776년 7월부터 바이마르 추밀원 고문관에 임명되어 정식으로 바이마르의 정치와 문화 활동에 관여하기 시작하였다. 괴테가 아버지의 맹렬한 반대에도 불구하고 바이마르로 가게 된 이유는, 예술을 사랑하는 바이마르의 대공비가 사방에서 뛰어난 예술가들을 초빙하고 있었기 때문이다. 또, 바이마르가 독일에서 가장 훌륭한 극장을 갖고 있었던 것도 괴테에게는 큰 매력으로 다가왔다.

그러나 그보다 더 중요한 이유가 있었다. 그것은 괴테의 세 번째 연인인 릴리 쇠네만이라는 아가씨와의 문제 때문이었다. 괴테와 릴리는 양쪽 집안 부모들의 동의까지 얻어 약혼을 했으며, 결혼까지 약속할 정도로 서로 떨어질 수 없는 사이가 되었다. 그러나 둘 사이의 관계가 이와 같이 확대되자 괴테는 오히려 당혹감을 느끼게 되었다. 왜냐하면 괴테는 아직 한 가정을 꾸릴만한 준비가 안 되어 있었기 때문이다. 이런 여러 가지 사정으로 그녀와 헤어지기로 결심한 괴테는 릴리와의 만남을 피하기 위해 몇 달 동안 스위스 여행을 했다. 그 때 괴테가 지은 시를 보면 괴테가 얼마나 괴로운 상태에 있었음을 잘 말해준다.

릴리여, 너로부터 달아나도
너의 굴레를 몸에 지니고
낯선 타국을, 아득한 골짜기와 숲을
나는 헤맨다.
아, 릴리의 마음은 내가 생각하는 것만큼 빨리
나의 가슴으로부터 떨어져 주지 않는다.[188]

이와 같이 릴리와의 관계로 인해 방황을 거듭할 때 바이마르 공작의 초대가 왔던 것이다. 괴테의 표현을 빌면 그 초대장은 사랑에 실패한 청년에게는 둘도 없는 탈출구가 되어주었다. 괴테는 그의 자서전에서 "나에게는 그 어떤 수단을 취하든 간에 릴리로부터 도망쳐야 하는 사정이 있었다. 남쪽이든 북쪽이든 상관이 없었다"[189]라고 고백할 정도였으니 말이다.

괴테는 바이마르(Weimar)에 있으면서 1782년에 신성로마황제 요제프 2세로부터 귀족의 칭호를 받았다. 그러나 괴테는 그의 나이 37세 때인 1786년에 아무에게도 알리지 않고 돌연히 이탈리아 여행길에 올라 3년 가까이 이탈리아 각지를 순례하다가, 1788년 6월에야 바이마르로 돌아왔다. 이탈리아 여행은 괴테로 하여금 그의 문학적인 성향을 근본적으로 바꾸는 계기가 되었다. 즉, '젊은 베르테르의 슬픔'에서 보는 바와 같은 정열적이며 충동적인 감정과 자유분방한 태도를 강조하는 질풍노도의 경향에서 벗어나, 밝고 우아하며, 조화와 균형을 중시하는 고전주의로 급선회했던 것이다. 괴테의 문학을 이탈리아 여행 전과 후로 나누는 이유는 바로 이 때문이다. 이탈리아 여

이탈리아 여행 중의 괴테(1786~1788, 티슈바인의 작품)

행의 기록을 담은 '이탈리아 기행'은 괴테가 심혈을 기울여 집필한 작품으로 이탈리아 여행이 끝난 지 25년이나 지난 1813년 그의 나이 64세에 집필을 시작하여 그의 나이 80세인 1788년에야 완성되었다.

불피우스와의 결혼 생활

괴테는 이탈리아 여행에서 돌아온 후 그의 나이 39세 때에 바이마르에서 평민출신의 크리스티아네 불피우스(Christiane Vulpius)와 만나 동거생활을 시작하였다. 그녀는 후에 괴테의 정식부인이 되었다. 불피우스는 교육수준은 높지 않았지만 매우 현명하여 가정의 대소사를 잘 관리했으며, 남편의 작품 활동이나 정무 활동에 많은 도움을 주었다. 두 사람이 가정을 꾸린지 1년 만에 아들 아우구스트가 태어났다.

이탈리아 여행에서 돌아온 후 괴테의 생애에 큰 영향을 준 일 중의 하나는 실러(Friedrich Schiller)와의 만남이었다. 괴테는 실러가 희곡 작품에 전념하도록 격려했으며, 실러는 괴테가 파우스트 집필에 박차를 가하도록 자극을 주었다. 괴테와 실러의 우정은 1805년 실러가 죽을 때까지 지속되었다. 독일 사상 최대의 문호인 두 사람의 우정은 결과적으로 바이마르를 독일의 문화 중심지로 만드는데 크게 기여하였다. 1805년 5월에 실러가 죽자 괴테는 "내 존재의 절반을 잃은 것 같다"라고 하면서 그의 죽음을 애도하였다.

1806년 괴테의 나이 57세 때는 나폴레옹 군대가 바이마르를 점령하면서, 술에 취한 프랑스 군인들이 약탈을 하기 위해 괴테가 사는 집에 난입하는 사태가 벌어졌다. 괴테가 조금이라도 잘 못 행동했다면 괴테의 생명도 위태로운 순간이었다. 이때 괴테의 부인인 불피우스가 기지를 발휘하여 프랑스 군인들을 내보냄으로써 괴테는 생명을 건질 수 있었다. 1808년에는 독일을 정복한 나폴레옹의 요청으로 괴테는 나폴레옹과 두 차례에 걸쳐 회동하기도 했다. 나폴레옹은 '젊은 베르테르의 슬픔'을 일곱 번이나 읽을 정도로 괴테의 열렬한 팬이었으므로 괴테를 극진히 대접했던 것으로 보인다.

괴테의 노년 생활

괴테는 바이마르에서 여러 가지 직책을 가지면서 그의 정치적, 행정적 능력을 인정받았다. 이러한 그의 능력은 그의 나이 66세 때 바이마르 재상으로 임명되면서 다시 한번 입증되었다. 그러나 그 이듬해인 1816년에 오랫동안 그를 보필해 왔던 그의 아내 불피우스가 중병으로 사망하였다. 그러한 가운데서도 그는 집필 활동을 계속하여 이탈리아 기행 1부를 완성하였으며, 1819년에는 서동시집을 출판하였다. 그리고 그의 나이 72세 때인 1821년에는 '빌헬름 마이스터의 편력시대'를 완성하여 출간하였다.

특이한 것은 괴테가 만년에도 세 차례의 연애를 했다는 사실이다. 이상적인 여성을 대상으로 한 괴테의 연애 감정은 나이가 들어서도 줄어들지 않았다. 어떻게 보면 그러한 연애의 감정은 괴테의 내면에 자리 잡은 열정과 창조력을 이끌어 내는 데 있어서 필수적인 요소였는지 모른다. 놀라운 것은 괴테의 연애 감정은 나이와 상관없이 끓어올랐다는 것이다.

괴테의 나이 60대 이후에 만난 세 명의 여성 가운데서도 괴테가 그의 나이 74세 때 마리엔바트(Marienbad)의 온천으로 휴양을 갔다가 우연히 만나 사랑에 빠진 올리이켄 폰 레베초는 19세 밖에 안되는 처녀였다. 그러나 이 사랑은 올리이켄 부모의 정중한 거부 요청으로 인하여 조기에 막을 내렸다. 그로 인해 입은 상처를 괴테는 그가 1823년에 낸 시집인 '마리엔바트의 비가' 속에 잘 표현하였다.

1828년 괴테의 나이 79세 때에 오랜 세월 그의 든든한 후원자였던 바이마르 대공 칼 아우구스트 공이 사망하였다. 그리고 1830년 81세 때에는 그가 40세에 얻은 아들인 아우구스트가 41세의 나이에 로마에서 사망했다는 비보를 접했다. 그 때문인지 괴테는 폐결핵에 걸려 각혈을 하게 되었다. 괴테는 자기의 생이 얼마 안 남았음을 예

말년의 괴테가 구술하는 작품 내용을 그의 비서가 글로 옮기고 있다.

감한 때문인지 그 동안 미완성으로 있었던 작품의 완결을 위해서 더 많은 노력을 기울였다. 그 결과 1829년 그의 나이 80세에 '이탈리아 기행' 전편이 완결되었다. 그리고 1831년 82세 때에는 '시와 진실'을 완성했으며, 그의 필생의 대작인 '파우스트 2부'의 완성이 이루어졌다. 파우스트의 집필을 끝낸 후 괴테는 노구를 이끌고 바이마르에서 가까운 일메나우에 위치한 키켈한 산의 한 오두막 집을 방문했다. 이 오두막집에는 괴테가 31세 때인 1780년 9월 6일에 긴 산행 끝에 이 오두막에 잠시 머물면서 쓴 시를 그 오두막의 판자벽에 적어놓고 간 적이 있었는데, 그 시가 51년이 지난 그 때까지도 남아 있었다.

모든 산봉우리에는
정적이 깃들고
모든 나뭇가지 위에서는
바람소리 하나도
느낄 수 없네.

숲에서는 새소리 하나
들리지 않고.
기다려라, 너도
곧 안식하게 될 테니.

'방랑자의 밤노래'라는 이 시는 후에 슈베르트가 곡을 붙여 유명해졌는데, 지금도 튀링겐주 일메나우에 위치한 키켈한산 정상 근처에 있는 오두막집에 찾아가면 이 시가 남아 있다고 한다. 그리고 이 시를 보기 위해 일부러 그 산의 정상까지 오르는 사람들도 많다고 한다.

파우스트의 완성에 모든 힘을 다 기울인 괴테는 이제 자기의 수명도 얼마 안 남았다는 것을 직감하고 이 오두막집에 가서 자기의 마지막 생일을 보냈다. 한창 청년 시절에 지은 이 시를 노년의 몸으로 다시 읽으며, 튀링겐 숲 위로 펼쳐지는 장엄한 저녁노을을 바라보는 괴테의 심정이 어떠했을까. 괴테는 산을 내려온지 6개월도 되지 않는 1832년 3월 22일에 83년에 걸친 그의 의미있는 삶을 끝내고 조용히 눈을 감았다. 괴테의 묘지는 그의 유언에 따라 그보다 27년 전에 세상을 떠난 실러의 묘지 옆에 자리를 잡았다.

(2) 괴테의 작품 세계

젊은 베르테르의 슬픔

괴테는 슈트라스부르크 대학에서 박사학위를 받고 그의 고향인 프랑크푸르트로 돌아와 변호사 개업을 하였다. 그리고 아버지의 제안에 따라 베츨라어(Wetzlar)에 소재한 고등법원에서 견습 생활을 했는데, 그 곳에서 만난 샤를로테 부프를 연모하게 되었다. 그녀는 괴테와 같이 법원의 견습생으로 일하고 있는 어떤 청년과 이미 약혼을 한 상태였다. 그러나 괴테는 그녀뿐 아니라 그녀의 약혼자와도 친밀한 관계를 유지하며 한동안 꿈같은 생활을 하였다. 그러나 괴테는 점차 로테에 대한 연모가 이루어질 수 없는 사랑임을 깨닫고 자신의 의지로 그녀를 떠나기로 결심하였다. 이와 같이 약혼자가 있는 여인에 대한 은근한 사랑을 불태우다 결국 돌아서야만 했던 애달픈 사랑의 경험이 '젊은 베르테르의 슬픔'의 배경이 되었음은 물론이다.

그러면 '젊은 베르테르의 슬픔'의 결말이라고 할 수 있는 베르테르의 자살은 어디서 힌트를 얻은 것인가? 이 사건도 실제 실화를 바탕으로 구상된 것이다. 괴테가 로테의 집을 드나들던 당시 한 청년의 충격적인 이야기가 괴테의 귀에까지 들려왔다. 그는 브라운슈바이크 외교관의 서기로 있던 칼 빌헬름 예루잘렘이라는 청년으로, 유부녀에 대한 사랑이 실패하자 1772년 10월 30일에 권총으로 자살했다. 예루잘렘의 자살 소식을 듣게 되는 순간 괴테에게 불현듯 '젊은 베르테르의 슬픔'에 대한 구상이 떠올랐다.[190] 그로부터 괴테는 외부와의 관계를 완전히 단절하고 자기 집의 4층에 틀어박혀서 집필에 몰두하였다. 괴테의 표현을 빌리면 마치 몽유병자처럼 거의 무의식 상태로 원고를 쓴 결과 괴테는 불과 4주 만에 세계적인 명작을 완성하였다. 이와 같이 초단기간에 완성된 이 짧은 소설이 당시 독일 뿐 아니라 유럽 전체에서 공전의 베스트셀러가 될 줄을 그 누가 알았으랴. 괴테의 표현을 빌면 '정말 터무니없을 정도'의 결과였던 것이다.

그러면 '젊은 베르테르의 슬픔'이 그토록 유럽 젊은이들에게 폭발적 인기를 끈 이유는 어디에 있었을까? 이 역시 괴테의 표현을 빌면, 이 작품이 때를 잘 맞추어서 나왔기 때문이다. 한마디로 말해서, '젊은 베르테르의 슬픔'은 당시 독일을 중심으로 유럽 각국으로 퍼져나가던 '슈트름 운트 드랑'(질풍노도)운동의 정서와 딱 맞아 떨어졌기 때문이라고 할 수 있다.

괴테가 '젊은 베르테르의 슬픔'을 집필했던 책상

'젊은 베르테르의 슬픔'이 출간된 후에 독일에서는 이 작품의 주인공인 베르테르를 모방하는 청년들이 여기 저기 나타났다. 이 작품에 보면 베르테르가 로테에게 시동아이를 보내서 여행에 필요하니 호신용 권총을 빌려달라고 요청을 하고, 얼마 후 시동아이가 건네준 권총을 보면서 로테에게 마지막 편지를 쓰는 장면이 나온다. "권총은 당신의 손을 거쳐서 왔습니다. 당신이 권총의 먼지를 털어주셨다고요. 당신이 직접 손을 대고 만졌던 권총이기에 나는 천 번이나 그것에다 키스를 했답니다. 그대, 하늘의 정령이시여! 당신은 나의 결심을 확고하게 해줍니다. 로테! 당신이 내게 무기를 내주었습니다. 나는 당신 손에서 죽음을 받기가 소원이었는데, 아아, 이제 이렇게 받게 되었습니다."[191] 라는 애절한 사연의 편지를 마지막으로 베르테르는 로테가 건네준 권총으로 자살을 한다. 이 숨막히는 마지막 장면이 도화선이 되었던가? 그 후 독일은 물론, 유럽의 여러 나라에서는 베르테르를 모방하여 약혼자가 있는 여인을 사모하다가 권총으로 자살하는 청년들이 눈에 띌 정도로 늘어나서 큰 사회적 문제가 되었다. 그 후유증은 현대에까지 전해져서 지금도 남을 모방하여 자살하는 사람이 생기면 '베르테르 효과'라고 부를 정도이다. 우리나라 롯데그룹의 창업자인 신격호 회장은 청년 시절에 읽은 '젊은 베르테르의 슬픔'에 감동 받은 나머지 자기가 세운 회사의 이름을 베르테르가 사랑했던 '롯데'의 이름을 따다가 불렀다는 이야기는 널리 알려진 일화이다.

필자 또한 중학교 3학년 때 우연히 읽게 된 '젊은 베르테르의 슬픔'에 감동을 받은 이후 베르테르식의 사고와 감정에 빠져 한 동안 헤어 나오지 못했던 기억이 있다. 특히 그 영향으로 나는 평생 괴테를 좋아하게 되었으며, 괴테의 전기와 작품을 닥치는 대로 읽었던 생각이 난다. 그리고 역사를 공부하면서도 유난히 '젊은 베르테르의 슬픔'의 배경이 되는 독일의 질풍노도운동과 낭만주의에 남다른 관심을 갖고 탐구했던 기억도 있다.

빌헬름 마이스터의 수업시대

이 작품은 괴테의 나이 33세였던 1782년에 집필을 시작하여 그의 나이 45세 때인 1796년에 완성한 일종의 성장소설이다. 이 소설의 주인공인 빌헬름 마이스터는 상업에 종사하는 평범한 시민계급 출신으로 본래는 아버지의 가업을 계승하기 위한 상업분야의 실습생이었지만, 상업에는 관심이 없고 오로지 연극에만 심취하게 된 청년이다. 빌헬름 마이스터는 여배우 마리아네와의 사랑을 통해 자기도 모르게 사생아를 낳기도 하고, 유랑극단을 따라 다니며 온갖 험한 일을 경험하기도 하며, 숲속에서 강도를 만나 죽을 고비도 넘기는 등 연극을 통해 인생의 참된 의미를 배우는 수업과정을 치른다.192)

어느 날 빌헬름 마이스터(Wilhelm Meister)는 갑자기 극단의 삶에 회의를 느끼고 새로운 인생의 의미를 찾아 그 동안 자기 삶의 전부였던 극단을 떠난다. 그리고 우연히 찾아간 어느 성에서 '탑의 결사'라는 비밀 결사에 들어가게 되고, 그 결사를 통해 지금까지 몰랐던 새로운 세계를 경험하게 된다. 그리고 어떤 성당의 신부로부터 수업증서를 받는다. 이 수업증서는 말하자면 참된 교양을 지향하는 한 인간이 수업시대를 마감하면서 명심해야 할 보편적 진리가 담고 있는 문서이다. 이 수업증서에 기재되어 있는 보편적 진리의 일부를 소개하면 다음과 같다. "예술은 길고 인생은 짧으며, 판단은 어렵고 기회는 쉽게 달아난다." "행동하기는 쉽고 생각하기는 어렵다." 그리고 그 성당 신부는 빌헬름에게 선언한다. "축하하오. 젊은 양반! 당신의 수업시대는 끝났소. 자연이 당신을 해방한 것이오."라고.193) 이 수업증서를 받아든 빌헬름 마이스터는 이제 방황을 끝내고 세상을 위해 유용한 존재가 되어야 함을 깨닫게 된다. 아울러 마리아네가 낳은 자기의 친아들을 만나고, 구원의 여신상 같은 나탈리에라는 귀족 여성을 만나 결혼까지 약속받게 된다.

'빌헬름 마이스터'에 나오는 '마이스터(Meister)'는 독일에서 직업에 필요한 공부를 하고, 실기과정을 이수하고, 정규시험을 통과하여 일정한 기술을 갖춘 사람에게 부여하는 명칭이다. 이 소설의 주인공인 빌헬름 마이스터는 세상에서 유용한 존재가 되기까지 유랑극단을 따라다니며 온갖 고난과 역경을 다 겪게 되는데, 이 모든 것은 전부 주인공이 진정한 마이스터가 되기 위한 하나의 수업과정을 나타낸다. 이 작품을 통해 한 가지 깨닫게 되는 것은 우리의 인생 자체가 하나의 수업과정이며, 그러한 수업과정을 통해 우리는 보다 성숙한 자아로, 또 사회적으로 유용한 존재로 거듭난다는 사실이다.

이 소설의 숨은 주제는 자연 감정에 충실하고 자유의 정신을 추구하는 한 시민계급 출신의 젊은이가 그를 얽어매고 있는 고루한 사회의 질곡에 어떻게 좌절하고, 또 어떻게 헤쳐 나가서 새로운 인생의 목표를 달성해 나가는가 하는 문제라고도 볼 수 있다.[194] 재미있는 것은, 똑 같은 주제를 다루고 있는 '젊은 베르테르의 슬픔'의 주인공이 그러한 사회의 질곡과 이루어질 수 없는 사랑에 좌절해서 결국 자살로 생을 마감한다면, '빌헬름 마이스터의 수업시대'의 주인공은 그러한 사회의 질곡과 개인적인 시련들을 하나의 인생 수업으로 간주한다는 것이다. 그리고, 보다 새롭고 보람 있는 삶을 추구해서 마침내 스스로 행복감을 느끼는 상태까지 도달한다.

비슷한 출신 배경과 환경을 가졌던 두 젊은이의 인생 도정이 이렇게 달라진 이유는 무엇일까? 그것은 무엇보다 두 작품의 저자인 괴테 자신의 삶에서 찾아볼 수 있다. 젊은 베르테르의 슬픔을 쓸 당시 그는 25세의 열혈 청년이었고, 거기에다 그는 그 당시 독일을 휩쓸고 있었던 쉬트름 운트 드랑(질풍노도) 운동에 빠져 있었다. 그러나 '빌헬름 마이스터의 수업시대'를 쓸 당시의 괴테는 이미 45세의 중년이었고, 거기에다 그는 조화와 균형 및 종합을 강조하는 고전주의 문학을 대표하는 문학가로 거듭나 있었다. 이렇게 볼 때 빌헬름 마이스터의 수업시대는 주인공인 빌헬름 마이스터의 인격 형성의 길을 보여준 일종의 교양소설이라고 볼 수 있다.[195]

파우스트

파우스트(Faust)는 16세기에 살았다는 독일의 떠돌이 학자로 마술과 점성술에 능하고, 특이한 행동과 기적을 행한 전설적 인물로 널리 알려져 있었다. 파우스트 이야기는 민중들 사이에서 구전으로 전해오다가 16세기 말부터 여러 작가들이 이를 책으로 엮기 시작했다. 그런데 이들 작가들의 파우스트 이야기에서 공통적인 것은 파우스트가 악마의 유혹에 넘어간 탓에 지옥으로 떨어졌다는 것이다. 말하자면 이들 작가들은 교훈적 관점에서 신을 떠난 인간의 결말이 어떤 것인지를 보여주고자 했다.

오히려 파우스트를 보다 긍정적으로 묘사한 사람은 영국인 크리스토퍼 말로(C. Marlowe)였다. 그는 16세기 말에 독일의 어떤 작가가 쓴 파우스트 책을 접하고, '파우스트 박사의 비극적 이야기'라는 책을 썼는데, 이 책에서 그는 파우스트를 현세를 뛰어넘어 신이 되고자 했던 야심찬 초인으로 묘사했다.[196] 말로의 파우스트는 독일로 역수입되어 유랑극단의 단골메뉴가 되었다. 그리고 공연이 거듭되면서 악마 메피스토펠레스의 역할이 확대되었으며, 다양한 정령들이 등장하는 흥미있는 연극으로 변모되었다. 이 이야기는 인형극에서도 단골 메뉴가 되었다.

괴테의 파우스트는 그가 24세 때에 집필을 시작해서 집필과 개작을 반복하면서 그가 죽기 8개월 전인 82세에 집필을 끝냈으니, 그야말로 괴테의 전 생애를 바친 필생의 대작이라 할 수 있다. 파우스트를 집필하면서 괴테는 그 이전에 나온 갖가지 민중 설화와 파우스트 관련 책들은 물론 유랑극과 인형극의 소재들도 빠짐없이 검토했다. 그리고 그 속에 담겨있는 시대 정신과 민중의 정서도 반영하도록 애를 썼다.[197] 그러나 괴테의 위대한 점은 기존의 파우스트 이야기를 단순히 종합하는데 그치지 않고, 그것을 원재료로 삼아 자기 나름의 파우스트 상을 창조해 내었다는 데 있다.

괴테의 파우스트는 인식의 한계를 넘어서 초월성을 쟁취하기 위해 노력하는 인간이다. 그는 초월성이 학문의 힘이나 정령의 도움으로도 성취할 수 없다는 것을 깨달고, 마침내 악마 메피스토펠레스와 계약을 맺는다. 파우스트는 악마 앞에서 "내 정신으로 가장 높고 가장 깊은 것을 파악하고, 나 자신의 자아를 온 인류의 자아로까지 확대시키려고 하네."라고 말하면서 자기가 계약을 맺는 이유를 설명한다. 악마는 파우스트에게 젊음과 함께 세상의 온갖 쾌락을 누릴 수 있는 삶을 선사하는 대신에 그의 영혼을 넘겨받기로 약속한다.[198]

마녀의 부엌에서 영약을 마신 파우스트는 20대의 청년으로 다시 태어난다. 그리고 곧이어 순진무구한 처녀 그레트헨(Gretchen)과 사랑에 빠지고, 마녀들의 축제인 발푸르기스(Walpurgis)의 밤의 환락경에 빠지는 등 온갖 쾌락을 경험한다. 그러나 파우스트와 그레트헨이 진정한 사랑에 빠지자, 이를 훼방하려고 하는 악마의 농간 때문에 파우스트와 그레트헨은 끔찍한 살인을 저지르고, 그레트헨은 감옥에 갇힌다. 그리고 그레트헨은 파우스트의 구조를 거부한 채 사형을 당한다.[199]

파우스트는 또 악마 메피스토펠레스(Mephistopheles)와 함께 어느 제국에 도착하여 파산직전에 있는 황제의 재정 문제를 해결해준다. 그리고 자기의 조수인 바그너가 여러 가지 원소를 시험관 속에서 조합하여 인조인간인 호문쿨루스를 만들어내는 과정을 지켜본다. 호문쿨루스는 파우스트가 그리스 최고의 미인인 헬레나(Helena)를 그리워하는 것을 알고, 파우스트를 그리스의 들판에서 벌어지는 고전적 발푸르기스의 밤으로 이끌고 간다. 그곳에서 파우스트는 고대 시대의 온갖 신들과 정령, 그리고 철학자들의 대화에 참여한다.

그 후 막이 바뀌어 파우스트는 악마의 도움으로 그리스에서 한 도시 국가의 통치자가 되고, 스파르타의 궁전에서 고전적 아름다움의 상징인 헬레나와 만나 사랑에 빠진다. 그리고 아들 오이포리온을 얻게 되지만, 아들은 하늘로 날아오르다 떨어져 죽는다. 이와 동시에 환영(幻影)의 여인 헬레나도 사라지고, 그녀의 옷과 면사포만 남는다. 헬레나와의 결합은 일장춘몽으로 끝난 셈이다.

그 후 파우스트는 악마와 함께 국내의 반란으로 패망의 위기에 처한 황제를 도와 반란군을 무찔러 주는 대신에 해안지대의 통치권을 부여받게 된다. 파우스트는 황제로부터 받은 해안지대에다 둑을 쌓아서 수 많은 사람들의 식량 문제를 해결 할 수 있는 비옥한 땅으로 만들기 위해 노력한다. 이것은 창조의 욕구이며 사회적 책임을 다하려는 결의이다. 어느덧 백살에 이른 파우스트는 "내가 세상에 남겨놓은 흔적은 영원히 사라지지 않을 것이다"라고 외치며 해안지대의 개간을 위해 혼신의 힘을 다한다. 그리고 악마와의 결탁을 거부한다.

악마는 그에게 근심의 영을 보내어 그의 눈을 멀게 하고 그를 쓰러뜨린다. 그리고 파우스트의 영혼을 빼앗아 가려고 한다. 이때 속죄의 여인, 즉 그레트헨의 사랑이 하늘의 은총을 받아 파우스트의 영혼을 구출한다. 그리고 천사들에 둘러싸여 파우스트의 영혼은 하늘로 승천한다. 이 때 악마 메피스토펠레스는 "아니, 어떻게 된 일이지? 철부지 아이들이 느닷없이 나타나 내 노획물을 가지고 하늘로 달아났구나. 나는 둘도 없는 귀한 보물을 놓치고 말았다."고 소리친다. 이 순간, 파우스트의 영혼을 하늘로 인도한 천사들은 다음과 같이 노래한다. "영들의 세계에서 고귀한 한 사람이 악으로부터 구원되었도다. 언제나 갈망하며 애쓰는자. 그를 우리는 구원할 수 있다."200)

괴테는 그의 필생의 대작인 파우스트에서 괴테 이전의 파우스트 이야기에 나오는 신화적이고, 극적인 요소를 그대로 살렸다. 그리하여, 파우스트에는 다양한 천사, 마녀, 악마, 정령들이 등장하며, 고대 세계의 신들과 철학자들, 그리고 그리스 최고의 미녀인 헬레나도 등장한다. 파우스트는 악마의 도움을 받아 평생 헌신했던 학자의 삶과는 너무나 다른 삶을 살면서 파격적인 경험을 하게 된다. 결론적으로 파우스트는 악마 메피스토펠레스가 의도했던 대로의 쾌락적인 삶에 빠져서 그대로 파멸된 것이 아니라, 오히려 그는 끊임없이 애쓰고 노력하는 삶을 살았던 것이다. 말하자면 파우스트는 자신의 한계를 뛰어

넘는 초월적인 세계를 경험하기 위해 자연과 인간의 삶을 두루 섭렵한 행동인의 삶을 살았다고 할 수 있다.

파우스트의 주제는 천상의 서곡에서 주님이 말한 "인간은 노력하는 한 방황한다."라는 말 속에 함축되어 있다. 이러한 주님의 말을 증명해 보이기 위한 존재가 바로 파우스트이다.[201] 그런데, 악마의 손에 넘어가는 것이 당연시되었던 인간 파우스트의 영혼이 구제되는 것은 바로 그레트헨이 보여준 사랑의 힘이다. 그것이 신의 은총을 빌려 언제나 갈망하며 애쓰는 자인 파우스트를 악마의 사슬로부터 구원한 것이다.

어떻게 보면 괴테의 필생에 걸친 역작인 파우스트는 괴테 자신의 삶을 투영한 것이기도 하다. 괴테의 생애야 말로 파우스트처럼 끊임없이 노력하는 인간 그 자체였기 때문이다. 괴테는 호머, 단테, 셰익스피어와 함께 세계 4대 문학가의 한사람으로 독일 역사상 가장 탁월한 문학가였다. 그는 또 사물을 묘사하는 탁월한 능력을 갖고 있어서 수천 점의 미술 작품을 남겼다. 그리고, 자연과학 연구에도 남다른 열정과 재능을 갖고 있어서, 기상학, 지질학, 동물학, 식물학, 광물학 등에 관한 여러 편의 책을 내기도 했다. 이에 더하여, 괴테는 탁월한 행정능력을 갖고 있어서 바이마르의 정치와 행정에 도움을 주었으며, 나중에는 바이마르의 재상을 맡기도 했다. 한마디로 괴테는 인류 역사상 가장 뛰어난 천재 중의 한사람이었지만 그러한 천재성을 자기 개인의 향락이나 부와 명예를 추구하는 일에 쏟지 않고, 자기가 추구하는 원대한 꿈과 이상을 성취하기 위해 끊임없이 노력하는 위대한 인간이었다고 할 수 있다.

2) 실러

(1) 실러의 생애

프리드리히 실러

지옥같은 사관학교 생활

프리드리히 폰 실러(Friedrich von Schiller, 1759~1805)는 독일의 극작가, 시인, 문학 이론가, 역사가이자 철학자이다. 그는 1759년 11월 10일 남부 독일 네카르 강변의 마르바흐에서 가난한 군의관인 요한 카스파르 실러와 여관집 주인의 딸인 도로테아 사이에서 장남으로 태어났다. 아버지는 군에서 은퇴한 후 뷔르템베르크 공국의 카를 오이겐 (Karl Eugen)대공이 살던 루트비히스부르크(Ludwigsburg) 성의 원예 감독관이 되었다.202)

실러는 라틴어 학교를 마친 후 아버지의 군주이며, 자기 영내에서 절대권을 행사하고 있던 카를 오이겐 대공의 명에 따라 그가 자기에게 충성하는 신민을 양성하기 위해 세운 사관학교에 입학했다. 그러나 그 곳의 비인간적인 규율과 무미건조한 학교 공부는 실러에게 지옥과 같은 곳이었다. 실러는 처음에 대공의 지시대로 법학을 공부했으나 전혀 적응을 못하게 되자, 의학으로 전과를 하게 되었다. 사관학교의 지옥같은 생활은 실러에게 강력한 자유에의 투지를 고조시켰으며, 권력의 남용에 대한 비판의식을 갖게 만들었다. 실러의 희곡 대부분에서 끊임없이 나타나는 두 가지 주제, 즉 자유에의 강력한 열망과 권력 남용에 대한 비판의식은 바로 오이겐 대공의 사관학교에서의 견디기 힘든 생활을 통해 자연스럽게 획득된 것이었다. 그리고 문학 서적을 전혀 읽지 못하게 만드는 엄중한 감시가 오히려 문학에 대한 정열을 부채질하였다. 그는 공작의 눈을 피해 셰익스피어, 레싱, 루소, 괴테의 작품들을 탐독하고, 당시에 독일에서 일어나고 있던 쉬트름 운트 드랑 운동(질풍노도운동)에도 공감하게 되었다.[203]

오이겐 대공으로부터의 탈출

1780년에 7년에 걸친 악몽과도 같았던 사관학교 생활을 마친 실러는 슈투트가르트에서 군의관이 되었다. 그는 생도 시절부터 오이겐 대공의 눈을 피해 희곡을 썼는데, 1781년 그의 첫 희곡인 '군도'를 써서 자비로 출판하였다. '군도'는 1782년 1월 13일에 만하임에서 초연되어 커다란 성공을 거두었으며, 함부르크, 베를린 등 주요 도시에서도 공연되었다. 그의 처녀작인 '군도'에는 숨막히는 관습과 사회악에 대한 강렬한 도전, 자유와 이상에 대한 열정과 정의감 등이 잘 나타나 있다.[204]

그러나 실러가 대공의 만류에도 불구하고 공연 첫날 만하임에 다녀온 것을 알게 된 대공은 실러를 2주간의 구류형에 처하고 더 이상 희곡을 쓰지 못하게 했다. 그러자 실러는 1782년 9월 22일 밤에 슈투트가르트를 탈출하였다. 실러는 볼초겐이라는 후원자를 만나 약 8개월간 그녀의 농장에 피신해 있으면서 '간계와 사랑'이라는 희곡을 썼다. 이 작품은 지위가 높은 어느 귀족의 아들 페르디난트와 시민계급의 딸 루이제 사이의 계급을 초월한 청순하고 비극적인 사랑을 그리고 있다. 이 작품에서도 역시 당시 독일 귀족 사회의 부패와 무기력한 인습에 대한 반항이 잘 나타나 있다.205)

이 작품은 1783년 만하임 극장에서 상연되어 큰 성공을 거두었다. 그러나 일년 계약이 끝나고 재계약이 되지 않자, 실러는 1785년 4월 크리스티안 고트프리드 쾨르너(Christian Gottfried Körner)의 초청을 받아 드레스덴으로 자리를 옮겼으며, 그의 후원을 받아 '돈 카를로스(Don Carlos)'라는 시극을 완성했다. 이 작품은 스페인 왕실을 배경으로 한 작품으로 이 작품 역시 함부르크를 비롯한 각지에서 상연되어 큰 성공을 거두었다. 그리하여 실러는 어느덧 괴테와 나란히 독일 문단의 쌍벽으로 자리를 잡게 되었다.

실러는 자신을 환대하며 재정지원을 하겠다는 쾨르너의 제안을 받아들이면서 기쁜 마음으로 '환희의 송가'라는 시를 썼는데, 모든 인류의 우애와 단결을 강조하는 이 시는 베토벤이 그의 제 9번 합창 교향곡의 4악장의 합창부에 이용하면서 유명해졌다. "환희여, 아름다운 신의 광채여, 천상낙원의 딸들이여, 우리는 정열에 취하고 빛이 가득한 신의 성전으로 들어간다.— 모든 인간은 형제가 되노라, 온화한 그대의 날개가 머무는 곳에. 위대한 하늘의 선물을 받은 자여, 진실된 우정을 얻은 자여, 여성의 따뜻한 사랑을 얻은 자여, 다함께 모여 환희의 노래를 부르자."라고 힘차게 부르는 베토벤의 합창을 듣고 있노라면 실러의 시와 베토벤의 음악이 절묘하게 잘 어울린다는 느낌이 든다. 그야말로 천상의 하모니가 아닌가 하는 생각이 들 정도이다. 어쩌면 두 사람 다 운명에 도전하면서 자유와 이상을 향한 영웅적인 투쟁을 자기 작품의 주제로 삼고 있는 예술가들이었기 때문에 이와 같이 위대한 시와 음악을 창조할 수 있지 않았을까.

괴테와의 만남

실러는 1788년 9월에 그의 나이 29세 때 바이마르에서 괴테를 처음 만났으며, 괴테의 추천으로 예나 대학의 무급교수가 되었다. 그는 1789년 5월에 예나 대학에서 행한 "세계사는 무엇이며, 무슨 목적으로 연구하는가"라는 취임 강연을 하여 열광적인 찬사를 받았다. 그는 이 때부터 2년간 역사 연구에 매진하여 본격적인 역사서인 "30년 전쟁사"를 저술했다. 이 책은 나중에 그의 희곡인 '발렌슈타인(Wallenstein)'을 쓰는데 많은 도움이 되었다.

1790년 2월 22일 실러는 오랫동안 사귀어 온 샤를로테 폰 렝게펠트와 결혼했고, 그녀와의 사이에 아들 둘과 딸 둘을 낳았다. 1793년에는 점차 악화되는 건강 문제로 인하여 그는 예나 대학의 교수직을 그만두고 집에서 저술활동에만 전념하게 되었다. 다행히도 두 명의 후원자가 5년 동안 후원을 해주어서 실러는 그가 평소에 관심을 갖고 있던 철학 연구에 몰두할 수 있었다. 실러가 철학자로도 널리 알려진 것은 이 때 발표한 여러 편의 철학 평론 때문이다.

1796년부터 실러는 다시 희곡으로 돌아와 거의 삼년 여에 걸쳐 고통스럽게 작업했는데 그 결과 '발렌슈타인' 3부작이 완성되었다. 이 작품은 30년 전쟁 당시 구교의 군대를 이끌던 황제군의 총사령관으로, 신교군을 지원하던 스웨덴 왕 구스타프 아돌프와 싸워 그를 전사시켰던 발렌슈타인의 일대기를 그린 대작이다. 발렌슈타인은 황제군

최고의 명장이었으나, 과대망상증에다 적군과도 비밀리에 내통했다는 혐의로 황제에게 죽임을 당한 비운의 장군이었다.

바이마르에서 마지막 창작열을 불태운 실러

실러는 1799년에 괴테의 요청을 받아들여 바이마르로 이주했다. 바아마르에서 그는 새로운 집도 장만하고, 귀족 작위까지 받았다. 그리고 괴테와 수시로 만나 문학을 논하면서 공동 작업도 하는 등 그의 일생 중 가장 안정된 생활을 할 수 있었다. 그러나 10년 이상 그를 괴롭히던 질병들이 그를 평안하게 내버려 두지 않았다. 그는 바이마르에서 더욱 악화된 여러 가지 중병들과 괴로운 투쟁을 해야 했다.

이와 같이 중병과 싸우면서도 그는 바이마르에서 네 편의 뛰어난 희곡들을 잇달아 발표했다. 이 중 '마리아 슈투아르트(Maria Stuart)'(1800)는 영국 법정에서 사형선고를 받고 처형된 스코틀랜드의 여왕

실러의 서재

메리의 도덕적 재탄생을 다룬 심리극이다. '오를레앙의 처녀'(1801)는 백년전쟁에서 프랑스를 구한 잔 다르크를 소재로 한 작품이고, '메시나의 신부'(1803)는 그리스 비극의 형식과 소재를 모방해서 쓴 희곡으로 메시나 영주의 두 아들 간의 갈등, 사랑, 근친상간, 살인, 화해 등을 주제로 한 희곡 작품이다. 그리고 실러는 그가 죽기 1년 전인 1804년에 합스부르크 제국의 압제에 대항하는 스위스 각 주의 독립운동과 그 운동에서 가장 큰 공을 세운 빌헬름 텔(Wilhelm Tell)의 투쟁을 그린 희곡 '빌헬름 텔'을 완성하였다.[206)]

이러한 그의 초인적인 집필 작업의 후유증이었는지 그는 1805년 5월 9일 급성 폐렴으로 갑자기 숨을 거두었다. 그의 나이 46세였다. 그가 죽자 괴테는 "내 존재의 절반을 잃은 것 같다."라고 하면서 그의 죽음을 애도했다. 그리고 그의 장례식에서 괴테는 실러가 지은 '종의 노래'를 읊으며 흐느끼기도 했다. 실러가 죽은 후 그의 유해는 바이마르에 있는 성 야콥스 교회의 공동묘지에 안장되었다가, 20여년 후 바이마르 대공이 마련한 대공 일가의 묘지에 이장되었다. 그리고 1832년에 세상을 떠난 괴테의 유해도 괴테의 유언에 따라 실러의 관 옆에 나란히 안장되었다.

(2) 실러의 작품 세계

독일 고전주의를 대표하는 실러

실러는 희곡, 시 등의 문학작품 외에도 역사, 철학 분야에도 뛰어난 연구 업적을 남겼으나 실러의 가장 큰 업적은 역시 희곡 작품에서 찾아볼 수 있다. 그의 희곡 작품들은 모두 슈트름 운트 드랑(질풍노도 운동) 시기와 독일 고전주의 문학의 전성기에 쓰여진 것들이기 때문에 실러는 괴테와 함께 독일 고전주의 문학을 대표하는 작가로 이름이 나있다. 실러의 희곡들은 대부분 전제 군주의 억압과 전제적 사회 관습에 맞서서 자유를 찾고자 하는 인간의 영웅적인 투쟁이나, 주어진 운명을 극복해나가는 인간의 내면적인 투쟁을 보여주는 내용이 주류를 이룬다. 또한 실러의 작품들은 현세가 우리에게 요구하는 것과 영원한 도덕적 질서 사이에서 괴로워하는 주인공이 이러한 갈등 속에서도 성실성을 지키고자 분투하는 모습을 생동감있게 묘사하고 있다.207)

자유와 정의를 부르짖은 '군도'

실러의 많은 작품 가운데서도 우리나라에서 널리 알려준 작품은 '군도(群盜)'와 '빌헬름 텔'이다. 공교롭게도 '군도'는 실러의 수많은 희곡 작품들 가운데서도 첫 번째 작품이고, '빌헬름 텔'은 마지막 작품이다.

군도는 실러가 20세 때에 쓴 희곡으로 슈트름 운트 드랑 정신에 가장 투철한 작품이다. 순진하고 용감한 주인공 카를은 자기의 친동생 프란츠의 모략으로 집에서 쫓겨나고 아버지로부터도 버림을 받게 되자, 마침내 속세에 반기를 들고 도둑단의 두목이 되어 폭력으로써 부패한 사회를 개혁하려고 한다. 그는 넘쳐흐르는 격정을 갖고 불의를 보면 가차없이 응징하는 사람으로 변모한다. 반면에 자신의 욕망을 달성하기 위해서는 수단과 방법을 가리지 않는 동생 프란츠는 아버지를 속여서 그의 형을 모함한데 그치지 않고, 나중에는 아버지까지 쫓아 버린 후 성의 영주가 되어 무서운 탄압정치를 자행한다.

저자가 여기서 프란츠의 모델로 삼은 것은 자기의 젊은 시절 지옥과 같은 생활을 경험하게 만들었던 뷔르템베르크 공국의 오이겐 공작이었다. 프란츠는 갖가지 악행을 저지른 끝에 결국 무서운 보복을 받게 된다. 그리고, 카를 자신도 경위야 어찌되었든지 간에 많은 인명을 살상한 죄로 그에 상응하는 벌을 받게 된다. 즉 피할 수 없는 상황에 빠져 자기의 연인인 아말리아까지 죽이게 된 것이다. 그 후에 카를은 그 동안 자기가 행했던 모든 행위들에 대해 진지하게 참회하면서 다음과 같이 부르짖는다. "아, 나는 어리석은 사람이었다. 나는 이 세상을 폭력으로 아름답게 할 수 있고, 국법을 유린함으로써 국법을 바로잡을 수 있다고 생각한 것이 아닌가! 나는 그런 행동을 복수라고, 또는 정의라고 이름붙이고 있었다. 오, 그 얼마나 어리석은 계획인가!"[208] 그리고, "스스로 출두하여 사직 당국에 자수를 하겠다"[209]고 선언한 후 카를이 국법의 제재를 받으러 떠나는 것으로 희곡은 끝난다.

스위스의 독립 영웅들을 그린 '빌헬름 텔'

'군도'보다도 우리나라에 더 널리 알려진 실러의 작품은 '빌헬름 텔'이다. 아마도 청소년 시절에 '윌리엄 텔'의 이야기를 들어보지 못한 사람은 거의 없으리라 본다. '윌리엄 텔'의 독일식 발음은 '빌헬름 텔'이다.

실러가 '빌헬름 텔'을 쓰게 된 동기는 당시의 시대적 요구와 관계가 깊다. 빌헬름 텔의 고향인 스위스는 1799년 나폴레옹에 의해 점령되었는데, 이 때 슈비츠(Schwyz), 우리(Uri), 운터발덴(Unterwalden)의 3개 주를 중심으로 나폴레옹의 지배에 대한 저항 운동이 일어났다. 이 세 개의 주는 그보다 500년 전인 1291년에도 오스트리아 합스부르크 왕조의 지배에 대항하여 저항 운동을 일으켜 스위스 연방의 독립을 위한 토대를 마련한 바 있었다. 그리하여 독일의 국민들 사이에는 압제에 대항하던 스위스 저항 운동의 꽃이라고 볼 수 있는 빌헬름 텔의 이야기를 누군가 써야 한다는 분위기가 형성되었던 것이다. 이에 실러는 건강이 악화 일로에 있었음에도 불구하고, 1803년에 '빌헬름 텔'의 집필에 착수해 다음 해인 1804년 초에 마침내 작품을 완성하게 되었다.

1804년 2월 19일 실러는 괴테에게 '빌헬름 텔'의 원고와 함께 공연에 관한 의견서를 적어 보냈다. 괴테는 '빌헬름 텔'의 원고를 받자마자 연극의 배역을 결정하고 공연을 위한 연습을 시작했다. 그리하여 괴테가 원고를 받은 지 한 달도 안된 1804년 3월 17일에 바이마르 극장에서 역사적인 '빌헬름 텔'의 초연이 이루어졌다. 이 때 와병중인 실러도 참석하여 공연을 직접 보면서 청중의 박수가 나올 때마다 흐뭇한 표정을 지었다. 7월 4일에는 베를린에서도 공연이 이루어져 대성공을 거두었다. 이 공연을 본 동시대인들은 이 작품을 실러의 가장 우수한 작품이라고 극찬했다. 한 가지 재미있는 사실은, '빌헬름 텔'은 실러의 마지막 희곡 작품인 동시에 실러의 작품들 중에서 유일하게 비극적이지 않고 행복한 결말을 맺는 작품이기도 하다는 것이다.

13세기 말엽 스위스 발트슈테테(Waltstätte)에 속하는 세 개의 주(州)는 오스트리아 합스부르크 왕가에 속하는 알브레히트 황제가 파견한 태수들의 폭정에 시달리고 있었다. 1306년에 운터발텐 주에 사는 바움가르텐은 자기 아내를 겁탈하려한 태수를 때려죽이고, 빌헬름 텔의 도움을 받아 슈비츠 주의 슈타우파허의 집에 피신한다. 한편 우리 주에서는 새로운 성을 짓기 위한 태수의 부역과 착취가 심해진다. 이때 슈타우파허가 중심이 되어 슈비츠, 우리, 운터발텐 등 세 주의 대표들이 공수동맹을 맺는다. 그들은 각자 자기 주에서 동지들을 규합하여 1307년 11월 6일 밤 맹약을 맺고, 이듬해 정초에 일제히 거사를 결행하기로 결의한다.

이즈음에 우리주의 명사수 빌헬름 텔은 자기 아들을 데리고 알트도르프(Altdorf)에 가려고 길을 나섰는데 태수 게슬러가 풀밭 광장에 세워놓은 장대에 모자를 걸어놓고 경의를 표하게 하였다. 이 때 빌헬름 텔이 경의를 표시하지 않고 그냥 지나가자, 태수는 빌헬름 텔을 없앨 수 있는 좋은 기회라 여기고 텔을 붙잡아 아들의 머리 위에 놓인 사과를 활로 쏘아 떨어뜨릴 것을 명한다. 텔은 활을 쏘아 사과를 맞히지만 태수는 텔이 또 하나의 화살을 숨기고 있다는 것을 구실로 텔을 포박했다. 그리고 배를 타고 호수를 건너 퀴스나흐트(Küsnacht)로 가서 종신 감옥에 가두려 한다. 때마침 빌헬름 텔을 태우고 가던 배가 큰 폭풍우를 만나 배가 난파 위기에 빠진 틈을 타서 텔은 탈출하는데 성공한다. 그리고 퀴스나흐트로 가는 길목에 숨어 있다가 호수에서 살아남은 태수 게슬러에게 활을 쏘아 그를 죽이는 데 성공한다. 한편, 선달 그믐날 밤, 지난 날 맹약을 맺었던 세 주의 대표들이 이

스위스 알트도르프에 있는 빌헬름 텔과 아들의 동상

끄는 주민들은 합스부르크 왕가가 파견한 태수들의 성을 공격하여 유혈 참사 없이 성을 점령하고, 합스부르크가의 압제로부터 해방된다. 마지막 장에서는 3개 주의 주민들이 한 자리에 모여 빌헬름 텔을 환호하며 명사수이자 구원자인 '텔 만세'라고 외치는 것으로 막을 내린다.210)

어떤 명사수가 아들의 머리 위에 놓인 사과를 활로 쏘아 맞히라는 명령을 받자 사과를 명중시키고 나중에 그 압제자를 활로 쏘아 죽였다는 이야기는 덴마크의 역사책에도 등장하는 이야기이다. 이 북구의 전설은 15세기부터 스위스 지역에 널리 알려져 있었으며, 스위스의 역사책에도 등장하기 시작했다. 실러는 스위스와 관련된 여러 역사책을 참조하는 가운데 스위스 독립 투쟁사와 관련된 역사적 사건을 희곡 기법에 맞추어 축소 혹은 확대하면서 빌헬름 텔의 이야기를 크게 부각시켰다.

실러는 이 작품에서 빌헬름 텔을 선두로 스위스의 자유민들이 냉혹한 세 태수의 학정에 맞서 어떻게 합스부르크가의 압제에 대항하고, 또 어떻게 독립을 쟁취했는가를 잘 보여주고 있다. 또한, 그는 빌헬름 텔이 게슬러를 살해한 행위를 폭정에 대한 응징 및 가족의 보호와 연결시킴으로써 그 행위에 정당성을 부여하고, 그 행위를 스위스 민중을 위한 보편적인 행위와 연결시키고 있다.211) 이를 통하여 실러는 자신이 생각하는 최고의 이념인 자유를 위한 인간적 투쟁을 미적인 차원으로 승화시키는데 성공했다고 볼 수 있다.

빌헬름 텔의 이야기는 실제로 스위스 독립운동의 역사이기도 하다. 스위스는 11세기부터 오스트리아 합스부르크 왕가의 지배를 받다가, 1291년부터 삼림지역인 슈비츠, 우리, 운터발덴 등 3개주를 중심으로 반합스부르크 동맹을 결성했다. 그리하여 이들 3개주의 대표들은 1307년에 뤼틀리(Rütli)에 모여 공수동맹을 결성을 했는데, 이 동맹이 바로 스위스 연방의 기원이 되었다. 이렇게 해서 형성된 스위스 연방에 루체른, 취리히, 베른을 비롯한 여러 주가 차례로 가입하여 오늘날의 스위스 연방의 토대가 마련된 것이다. 그러나 스위스 연방이 유럽 열강으로부터 정식으로 독립이 인정된 것은 1648년 30년 전쟁 후에 맺은 베스트팔렌 조약에서였다. 그 후 스위스는 1815년 빈 회의에서 영세 중립국의 지위가 보장되었다.

실러의 작품은 독일뿐 아니라 유럽의 다른 나라, 특히 폭정에 시달리던 이탈리아와 러시아에서도 열광적인 반응을 이끌어 냈다. 실러의 명료한 시구와 날카로운 희곡 대사들은 속담처럼 자주 인용되었다. 무엇보다 나폴레옹에 대항한 독일의 해방전쟁이후 실러는 자유사상의 전파자로 칭송되었다. 특히 당시의 독일의 대학생들은 '빌헬름 텔', '돈 카를로스'에 나오는 명대사들을 그들의 구호로 즐겨 인용하곤 했다.

"우리의 선조들처럼 자유를 쟁취합시다. 굴욕적으로 사느니 차라리 죽음을 쟁취합시다. 지고한 신을 믿고, 인간의 권력을 두려워하지 맙시다." "다들 정의와 분노를 자제하고 전체를 위해 복수를 아껴두시

오.“212) 이와 같은 빌헬름 텔의 명대사들은 유럽의 젊은이들이 폭정에 대항하는 운동을 벌일 때 자주 인용하던 문구였다.

2. 독일의 철학 산책 : 헤겔과 니체

1) 헤겔

(1) 헤겔의 생애

게오르크 빌헬름 프리드리히 헤겔(Georg Wilhelm Friedrich Hegel)은 베토벤이 태어난 해인 1770년에 남부독일의 슈투트가르트에서 태어났다. 헤겔은 괴테, 실러, 베토벤, 그리고 나폴레옹과 동시대의 사람이었다. 그는 19세 때 프랑스혁명을 겪었으며, 36세 때 나폴레옹이 프로이센 군대를 무찌른 예나 전투가 있던 때 바로 예나에 살고 있었다. 그리고 말을 타고 예나로 입성하는 나폴레옹을 그가 살던 창가로 내다 볼 수 있었다.

게오르크 빌헬름 프리드리히 헤겔

헤겔의 아버지는 하급관리였다. 헤겔은 어렸을 때 어머니의 권고로 고전교육에 필요한 그리스어와 라틴어를 배웠는데, 이와 같이 아들의 조기교육에 열심을 내던 그의 어머니는 헤겔의 나이 11세에 세상을 떠났다. 슈투트가르트에서 라틴어 학교와 김나지움을 나온 헤겔은 1788년 집을 떠나 튀빙겐(Tübingen) 대학 신학과에 입학해서 신학과 철학 공부를 시작하였다. 그는 대학시절 다른 일에는 관심이 없고 오로지 공부에만 관심을 쏟았으며, 말과 행동도 느려서 노인이란 별명을 얻기까지 했다. 사실상 헤겔은 평생 동안 자기를 표현하는 데 곤란을 느낄 정도로 언어와 동작이 느렸다.

그는 대학시절에 뒷날 철학가와 시인으로 이름을 떨치게 될 셸링(Friedrich Wilhelm Joseph von Schelling) 및 횔덜린(Friedrich Hölderlin)과 친구가 되어 활동했기 때문에 사람들은 이 세 사람을 튀빙겐의 삼총사라고 불렀다. 대학시절에 이들 삼총사는 프랑스 혁명의 소식을 듣고, 혁명을 '영광스러운 새벽'이라고 외치며, 프랑스 혁명가를 불렀다. 그리고 튀빙겐의 숲에다 자유의 나무를 심고, 자유만세라고 외치기도 했다.

헤겔은 대학을 졸업한 후 스위스 베른의 귀족 집안에서 가정교사 생활을 시작했다. 그 때는 헤겔보다 다섯 살이나 나이가 적었던 셸링이 23세의 나이에 벌써 예나대학의 철학교수로 이름을 날릴 때였다. 1801년에 헤겔은 가정교사 생활을 그만두고 철학의 도시 예나(Jena)로 가서, 셸링의 도움으로 예나 대학의 사강사(私講師) 자리를 얻게 되었다. 그 당시 예나는 괴테, 실러, 피히테, 셸링 등 쟁쟁한 문학가와 철학자들이 활동하던 무대였다.

헤겔은 1806년에 출판사와의 계약에 쫓긴 나머지 서둘러서 철학책을 출간했는데, 이 책이 바로 그의 대표작 중의 하나이자 가장 난해한 철학서라고 평가받는 '정신현상학'이다. 이 책을 출간하던 시기는 나폴레옹 군대와 프로이센의 군대가 맞붙은 예나 전투가 있던 시기로서 헤겔은 대포소리를 들으면서 원고를 끝내야 했다. 공교롭게도 헤겔은 원고마감이 임박한 가운데 창문 아래로 나폴레옹의 예나입성을 구경하게 되었다. 이 때 헤겔은 감격에 겨운 나머지 그의 친구에게 "나는 말에 탄 세계정신을 보고 있습니다. 여기, 세계로 널리 퍼져 세계를 개조하고 있는 한 개인을 눈앞에서 보고 있습니다."라는 편지를 쓰기도 하였다. 그는 나폴레옹을 '말에 탄 세계정신'으로 표현했는데, 그는 은연 중 그의 역사철학의 핵심 주제를 고백한 셈이었다. 그러나 프로이센이 나폴레옹 군대에게 패배하자 예나대학도 폐쇄되어 헤겔은 할 수 없이 예나를 떠나게 되었다.

예나를 떠난 헤겔은 뉘른베르크에 있는 인문계 고등학교 교장으로 취임하여 9년간 근무하게 되었다. 그는 이곳에서 처음 경제적으로도 안정이 되어 1811년에 뉘른베르크의 명망 있는 집안의 딸과 결혼까지 하게 되었다. 그의 나이 41세 때였다. 그리고, 2남 1녀의 자녀까지 두었다. 첫째 아들은 이름난 역사학자가 되었으나, 딸과 둘째아들은 일찍 사망했다. 정식 부인 외에 그에게는 예나에 있을 때 하숙집 부인과 불륜관계로 낳은 사생아가 있었다. 1807년에 출생한 그 아들은 나중에 네덜란드 동인도회사에서 일하다가 1831년에 열병으로 사망하였다.

칸트를 비롯하여 대부분의 철학자들이 독신으로 지냈던 것과 대조적으로 그는 결혼생활에 만족하였던 것 같다. 그는 교장으로 있으면서도 끊임없이 연구를 하여 세권으로 된 논리학 책을 출간하였다. 이것을 계기로 그는 1816년에 46세의 나이로 하이델베르크 대학의 초빙을 받아 정식 대학교수가 되었으며, 다시 2년 후에는 피히테(Johann Gottlieb Fichte)의 후임으로 베를린 대학교의 정교수가 되었다. 이곳에서 그는 철학 강의를 본격적으로 진행하게 되었다.

그는 역사철학, 종교철학, 철학사, 법철학 등을 강의했는데, 그의 강의를 듣기 위해 독일각지에서 뛰어난 인재들이 모여들었다. 강의기술만 가지고 따진다면 그의 강의는 형편없었다. 그는 침울해 보이는 얼굴로 머리를 아래로 숙이고, 강의 노트를 위아래로 뒤지면서 강의를 했다. 강의 중간에도 끊임없이 목청을 가다듬고, 헛기침을 했다. 그를 잘 아는 괴테까지도 실러에게 보낸 편지에서 헤겔의 언변이 변변치 못함을 걱정한다는 편지를 쓸 정도였다.

그러나 강의방식 보다는 강의내용과 스타일에 매료된 학생들이 그의 주변에 몰려들었다. 그의 강의는 카리스마가 있었으며, 심오한 철학의 주제들을 파헤칠 때 무엇인가 확신의 섬광이 번뜩였다. 그는 예리한 솜씨로 철학의 세계를 풀어보려고 안간힘을 쓰는 영웅의 모습을 보여주기까지 했다.213)

베를린 대학의 교수로 있는 동안 헤겔은 쇼펜하우어(Arthur Schopenhauer)와 견원지간으로 있었다. 그 이유 중의 하나는 쇼펜하우어가 헤겔을 천박하고 우둔하고 메스껍고 무식한 사기꾼이라고 비난했기 때문이다. 이에 불만을 품었던 헤겔은 쇼펜하우어의 강사채용 시 심사위원장을 맡으면서 쇼펜하우어의 채용을 반대했다. 그리하여 둘의 사이는 원수처럼 되었다. 쇼펜하우어는 후일에 강사로 채

헤겔의 묘비

용된 후 헤겔과 경쟁하기 위해 자기의 강의 시간을 헤겔의 강의 시간과 같은 시간에 편성하기도 했다. 그러나 이 때 헤겔의 강의에는 많은 학생들이 몰려들었지만 쇼펜하우어의 강의에는 서너 명 밖에 신청하지 않았기 때문에 쇼펜하우어가 판정패를 당한 셈이 되었다.

헤겔은 60세에 베를린 대학의 총장까지 역임하였다. 그러나 총장이 된 이듬해 유럽을 휩쓴 콜레라에 걸려 세상을 떠나게 되었다. 헤겔의 갑작스러운 죽음은 베를린 대학뿐 아니라 철학계에 큰 충격을 주었다. 그는 그의 소원대로 철학자 피히테 옆에 묻혔다. 그리고 헤겔이 죽은 후 그의 제자들은 헤겔의 강의노트를 편집해서 책으로 출판하였다. 이렇게 해서 나온 책은 역사철학강의, 미학강의, 종교철학강의, 철학사 강의 등이다.[214]

(2) 헤겔 철학의 탐색

헤겔의 인식론

헤겔의 철학은 어렵기로 유명해서 헤겔의 철학을 이해하는 것은 철과 돌덩어리, 또는 만년설로 된 산을 오르는 것과 같다고 할 정도였다.[215] 그러나 헤겔이 철학의 역사에서 지울 수 없는 업적을 남긴 철학자라는 사실은 부인할 수 없다.

헤겔은 보통 칸트철학의 계승자이자, 독일 관념론의 완성자라고 알려지고 있다. 헤겔의 철학은 일찍이 칸트가 다루었던 문제로부터 시작한다. 인간이란 단순히 밖의 세계를 있는 그대로 받아들이는 수동적인 존재는 아니다. 인식자(인간)와 그가 인식하는 것(사물)은 상호 영향을 주고 받는 능동적인 관계이다. 그러므로 인식자(인간)는 능동적이고 창조적인 존재이다. 헤겔은 칸트와 마찬가지로 우리는 공간, 시간, 물질의 틀 안에서 인식하지만, 공간, 시간, 물질은 우리와 독립적으로 저기에 존재하는 객관적 실재가 아니라, 우리의 감성, 오성, 이성의 창조물이라고 주장한다. 이 세 가지의 기능이 없다면 우리는 사물을 파악할 수 없기 때문이다.

헤겔은 우리가 사물을 파악해 가는 과정을 4단계로 구분한다. 감각적 확신의 단계, 지각의 단계, 오성의 단계, 이성의 단계가 그것이다. 첫 번째는 감각적 확신의 단계이다. 이것은 사물의 존재를 직접 있는 그대로 받아들이는 것을 말한다. 두 번째는 지각의 단계이다. 이것은 대상이 되는 사물을 단순히 받아들이는 것을 넘어서서 그것을 다른 것과 구별하는 것을 말한다. 예를 들어, 소금이 흰색이나 짠맛을 갖고 있다는 것을 아는 것을 넘어서서 소금을 소금이 아닌 다른 것과 구별하는 것을 말한다. 셋째는 오성의 단계이다. 이것은 사물의 겉으로 드러나지 않은 사물의 진정한 배후가 무엇인지 알아내는 것을 말한다. 이를 통해 우연하게 보이는 사물의 배후에 일반법칙이 작용하고 있다는 것을 깨닫는 것을 말한다. 예를 들어, 소금을 소금이 아닌 것과 구분하는 것을 넘어서서 소금을 소금에 관련된 일반법칙과 관련지어 이해하는 것을 말한다. 넷째는 이성의 단계이다. 이것은 주체로서의 자아가 자기 자신을 인식하는 것을 말한다. 즉 자아에 대한 자기 확신, 또는 자신의 실재성을 인식하는 것을 말한다.

헤겔의 변증법

변증법은 고대 그리스의 철학자인 소크라테스까지 거슬러 올라갈 수 있다. 소크라테스는 그의 대화술이나 문답법에서 변증법의 원리를 활용하였다. 그리하여 상대의 주장에서 어떤 모순이 있는지를 밝히고, 상대로 하여금 자신의 오류를 깨닫기 위한 방법으로 변증법의 원리를 이용하였다. 헤겔 이전 독일의 관념론적 철학자였던 칸트나 피히테도 변증법의 원리를 도입하였다. 그러나 오늘날 많은 학문에서 채용하는 변증법의 원리를 확립한 사람은 헤겔이었다.

헤겔은 모든 사물을 고정된 존재로 보지 않고, 운동과 변화의 과정 속에서 보았다. 이와 같이 사물을 운동과 변화 속에서 파악하는 것이 헤겔의 변증법적 논리학의 출발점이 된다. 헤겔은 또, 모든 사물 속에는 대립과 갈등의 요소가 내재하기 때문에 변화와 운동이 발생한다고 보았다. 만일에 대립과 갈등이 없다면 사물은 항상 동일한 상태만을 유지하게 되고, 발전이란 없게 되며, 그런 상태 속에서는 역사도 존재하지 않는다. 이렇게 볼 때, 사회가 변화하고 발전하는 이유는 사회 속에 대립과 갈등이 있기 때문이다. 대립과 갈등을 다른 말로 표현하면 모순이 된다. 이와 같이 모든 존재 속에 모순이 있다고 생각하는 사상은 변증법의 핵심 사상이 된다.

이와 같이 변증법의 바탕이 되는 원리를 이해한 후, 헤겔의 변증법의 단계를 알아 보면 다음과 같다. 헤겔은 모든 사물의 변화가 정(正)·반(反)·합(合)의 과정을 밟는다고 보았다. 정(正)이란 어떤 주장이나 명제를 내세우는 것, 즉 정립을 말한다. 반(反)이란 주장이나 명제에 대하여 반대 주장이나 명제를 내세우는 것, 즉 반정립을 의미한다. 그리고 합(合)이란 대립된 두 주장 가운데 부정적인 측면을 제거하고 긍정적인 측면만을 수용하여 새로운 주장이나 명제를 내세우는 것, 즉 종합을 의미한다. 종합의 결과로 형성된 주장은 기존의 주장보다 한 단계 더 발전된 것이다.

헤겔이 그의 역사철학에서 제시한 그리스에서 게르만 사회까지의 역사발전의 단계를 변증법의 원리를 빌려 설명하면 다음과 같다.

- 그리스는 관습적 도덕이 지배하던 사회, 시민이 자신을 공동체와 동일시하던 사회였다(정립).
- 그러나 종교개혁이 일어나면서 공동체적 원리보다는 개인적 양심과 자유가 인정받는 사회가 되었다(반정립).
- 개인적 양심과 자유만을 강조하면서 프랑스 혁명의 공포정치 같은 혼란이 초래되었다. 그리하여 관습적 조화와 개인의 자유를 다 같이 존중하는 사회로 나아가게 되었다. 게르만 사회는 유기적 공동체이면서도 개인의 자유를 보전하는 사회이다(종합).

헤겔은 인류의 역사에서 이러한 변증법적 과정은 계속된다고 보았다. 역사의 전개에서는 각 시기마다 서로 대립하는 요소들이 있으며,

이 때문에 안정적으로 보이던 것이 분열된다. 그리고 이렇게 대립하던 요소들을 화해시키는 새로운 것이 나타나지만 이 또한 자신의 내적 긴장을 만들어낸다. 이와 같이 세상의 모든 것은 변증법적으로 돌아가게 된다는 것을 헤겔은 확신했다.216)

헤겔의 변증법은 포이에르바하(Ludwig Feuerbach)에 의해 유물론적 변증법으로 변질되었다. 생산력과 생산관계의 모순에 의해 역사가 발전한다는 유물론적 변증법은 카를 마르크스(Karl Marx)에 의해 공산주의 철학의 기초이론으로 자리를 잡았다. 생산력과 생산관계의 모순에 의해 역사가 발전한다는 이들의 변증법에 의해 인류의 사회는 고대 노예제 사회에서 중세 농노제 사회로 발전하며, 다시 근대 자본주의 사회를 거쳐 결국은 공산주의 사회로 이행하게 된다는 것이다.

정신현상학에서 주인과 노예 이론

헤겔의 정신현상학은 헤겔의 저작 중에서도 가장 내용이 풍부하면서도 동시에 가장 어려운 책으로 알려진 책이다. 어렵고 난해한 문장들 속에 방대한 양의 사상이 극도로 압축되어 표현되어 있기 때문이다. 철학을 전공하는 사람들 가운데도 정신현상학을 제대로 이해하는 사람은 별로 없다고 할 정도이다. 그러니 필자같이 제대로 헤겔 철학을 공부하지 않은 사람이 정신현상학의 원리를 이해한다는 것은 전혀 불가능한 것이다. 다만 정신현상학의 제4부에 나오는 주인과 노예 이론만은 주제 자체가 특이하고, 많은 논쟁거리를 제공하기 때문에 한번 살펴볼 필요가 있다고 본다.

헤겔에 따르면, 사람은 누구나 자기 자신과 타인에게 이중으로 속해 있다. 자신이 이 두 가지 대상들에 속하지 않았음을 입증하는 방법은 상대방과 사생결단을 내는 것이다. 자의식은 상대방을 죽이려함으로써 자신이 상대방에 매이지 않았음을 보이고, 자신의 목숨까지 내던질 각오를 함으로써 자신이 스스로의 몸에도 속하지 않음을 보여야 하는 것이다. 그리하여 두 개인이 처음 맺는 관계는 평화로운 상호인정이 아니라 투쟁이다. 헤겔은 폭력투쟁이 인간사의 우연적 사건이 아니라 자신을 인격체로 입증하는 과정의 필수요소라고 말하고 있다.[217] 이렇게 해서 두 인격체간 투쟁이 벌어지는데 승자와 패자가 생긴다. 이때 승자는 주인이고, 패자는 노예가 된다. 헤겔은 통치자와 피통치자가 나눠는 것을 이런 식으로 설명한다.

이때 노예는 주인이 보기에 단순한 사물에 불과하다. 그러나 노예는 자신의 주인이 소비의 일시적 만족을 얻는 것과 대조적으로 노동을 통해 물질적 대상을 빚고 다듬는다. 그럼으로써 노예는 자신의 관념을 영속적인 것으로 만든다. 예를 들어 노예가 나무를 깍아 의자를 만들면 그의 의자에 투입된 노력은 세계의 일부로 남는다. 이 과정을 통해 노예는 자신에게도 정신이 있음을 발견한다.[218]

이러한 주인과 노예 이론은 마르크스에 깊은 영향을 주어서 그는 이 책을 통하여 그의 핵심적인 이론들인 계급투쟁설, 잉여가치설, 그리고 소외 개념을 끄집어 내었다. 헤겔의 주인과 노예이론에서 나오는 폭력투쟁, 이것은 바로 마르크스 이론에서 나오는 계급투쟁설의 원초적 모습이다. 그리고 노예(노동자)가 노동을 통해 물질적 대상을 빚고 다듬는데서 얻어지는 새로운 가치, 그것은 바로 마르크스의 잉여가치설의 바탕이 된다. 다만, 헤겔의 이론에서는 노예가 노동을 통해 자신에게도 정신이 있음을 깨닫지만, 마르크스의 이론에서는 노동자가 만든 생산물을 자본가가 빼앗아 가기 때문에, 노동자는 자기가 만든 물건으로부터 철저하게 소외된다는 점이 다를 뿐이다.

헤겔의 역사철학

헤겔은 역사철학이란 책을 저술한 적이 없었다. 우리가 알고 있는 헤겔의 역사철학은 헤겔이 베를린 대학에서 1822년부터 1831년까지 9년간 진행했던 강의 내용을 그의 제자들이 모아서 책으로 펴낸 것이다. 헤겔이 죽은 후 제자들은 자기들이 필기한 것을 서로 대조하면서 헤겔의 강의 내용을 정리했는데, 그 가운데 에두아르트 간스(Eduard Gans)라는 제자가 그것을 총정리하여 1837년에 '역사철학강의'라는 책이 처음 세상에 나오게 되었다. 나중에 헤겔의 아들이면서 역사학자였던 칼 헤겔(Karl Hegel)이 간스가 낸 책이 후반기 강의에 치중했다고 하면서, 전반기 강의 내용까지 보충하여 1840년에 '역사철학강의'를 다시 출판했다.219)

헤겔은 실러로부터 "세계사는 세계 법정이다"라는 말을 빌려서 그것을 자기 자신의 역사철학의 핵심 원리로 이용했다. 헤겔은 역사철학 머리글에서 "세계사란 자유 의식이 앞으로 나아가는 과정"이라고 서술했는데, 이 문장은 그의 역사철학 전체를 아우르는 테마가 되었다.220)

헤겔의 역사철학강의에서 가장 중요한 개념은 절대정신과 이성, 그리고 자유이다. 그 중에서도 '절대정신'은 헤겔의 역사철학의 핵심 개념이다. 인류의 역사를 이끌어가는 실질적 주인인 절대정신은 한 사람이나 한 민족의 정신과는 다르다. 누가 뭐래도 자신의 목표를 가지고 자기 길을 가는 것이 절대정신이다. 헤겔은 절대 정신이 자기 자신을 다 펼쳐서 완성될 때 세계의 역사도 완성된다고 보았다. 즉 절대정신이 완전한 자유에 도달해서 자유가 실질적으로 이루어지면 역사도 완성된다는 것이다. 사람은 이러한 절대정신의 대리자이거나 심부름꾼에 불과하다. 특히 역사에 등장하는 영웅들은 이러한 절대정신의 명령을 실천하는 사람들이다. 그래서 헤겔은 자기 집 이층에서 예나로 입성하는 나폴레옹을 가리키면서 소리치듯 '말을 탄 세계정신'이라고 불렀던 것이다.[221]

역사철학강의의 제1부에서 제4부까지는 이러한 절대정신이 어떻게 역사 속에서 자신의 모습을 드러내고 또 어떻게 변화하고 발전해 왔는가를 보여주고 있다.

한편, 헤겔은 역사를 보편정신의 작용이라고 생각하였는데, 이러한 정신이 자기표현을 한 제도가 국가라고 하였다. 여기서 끝나지 않고 헤겔은 국가는 한 민족의 신비적인 정신의 실현이요, 심지어 세계를 통과하는 신의 행진이라고까지 말하였다.[222]

필자도 대학 시절에 헤겔의 역사철학이 유명하다고 해서 2권으로 된 헤겔의 문고판 책을 구입해서 읽었던 적이 있었다. 그러나 책을 다 읽도록 도무지 이해할 수 없는 개념들 때문에 머리가 혼란했던 기억이 난다. 특히 절대정신이란 개념은 도무지 종잡을 수 없는 난해한 단어임에 틀림없다. 헤겔의 철학에는 이러한 뜬 구름 같은 개념들이 자주 등장한다. 어떤 사람은 그것이 헤겔 철학의 매력이라고도 했다.

본래 철학이란 이해할 듯 말듯해야 재미있는 것이라고 말하면서.

(3) 헤겔철학의 영향

헤겔은 절대 관념론자를 자처했다. 왜냐하면 그는 관념, 즉 우리의 정신, 생각, 의식이 궁극적 실재를 구성한다고 보기 때문이다. 이와 반대되는 유물론에서는 궁극적 실재가 정신적이지 않고 물질적이라고 주장한다.[223] 헤겔은 궁극적 실재가 물질이 아니라 정신이라고 믿었다는 점에서 철저한 관념론자라고 할 수 있다. 이런 의미에서 헤겔은 칸트에서 시작된 독일 관념론 철학의 완성자라고 할 수 있다.

그러나 헤겔의 극단적인 국가 예찬론은 헤겔의 의도와는 달리 독일의 국가 권력을 옹호하는 이론으로 악용되었다. 즉, 그의 국가주의 사상은 강력한 통일 국가 건설을 추구하던 프로이센의 국가중심정책에 이용되었다. 특히 그의 사상은 히틀러의 제3제국에 이르러 가장 사악하고 불길한 방법으로 악용되어 나치 정권을 합리화 시키는 이론으로 이용되기도 했다.[224]

무엇보다 헤겔의 사상은 카를 마르크스의 공산주의 사상에 그대로 이용되었다. 카를 마르크스가 베를린 대학교에 온 것은 헤겔이 죽은 지 6년 뒤였다. 마르크스는 헤겔의 정신현상학에 나오는 노동가치설과 소외 개념을 그의 공산주의 이론에 철저하게 이용했다.[225] 마르크스는 또 포이에르바하의 변증법적 유물론의 원리를 공산주의 혁명의 기본 원리로 삼았는데, 이 변증법 유물론은 바로 헤겔의 변증법의 원리를 그대로 이용한 것이었다. 이렇게 볼 때 마르크스의 공산주의 이론은 헤겔의 철학 사상이 없었다면 아마도 성립되기 어려웠으리라 본다. 헤겔은 정신, 생각, 의식의 절대성을 강조하는 철저한 관념론자인데, 엉뚱하게도 헤겔의 사상은 관념론과는 정반대인 유물론적 사상인 공산주의 이론을 확립하는 데 철저하게 이용된 셈이다. 그야말로 역사의 아이러니가 아닐 수 없다.

2) 니체

(1) 니체의 생애

니체(Friedrich Wilhelm Nietzsche)는 1844년 10월 15일에 독일 작센주의 작은 마을인 뢰켄에서 개신교 목사 집안의 세 자녀 중 첫째이자 외아들로 태어났다. 그의 아버지는 니체가 5세가 되었을 때 현관 앞 층계에서 넘어져 뇌진탕으로 사망했다. 그리하여 니체는 5세에 외갓집에 맡겨 자라게 되었는데, 그는 어렸을 때 기억력이 뛰어나 성경구절이나 찬송가 암송을 잘하였으므로 꼬마목사라는 별명까지 얻었다. 그는 7세에 사설 교육기관에서 그리스와 라틴어 교육을 받고, 9세에 김나지움에서 교육을 받았으며, 14세 때에 기숙학교에 입학하여

뭉크가 그린 니체의 초상화

인문계 중등학교 교육을 받았다.

그는 어린 시절부터 유난히 조용한 것을 좋아하여 꽃이나 책이나 음악에 몰두하지 않을 때는 혼자 산책을 즐기는 성질이었다고 한다. 그는 열 살도 채 되기 전에 시를 쓰기도 했다. 그리고 베토벤을 좋아하여 그의 음악을 악기로 연주하면서 음악가가 되고자 한 시절도 있었다. 그리고 20세에 본 대학 신학과에 입학하여 신학과 고전 문학 공부를 시작했다. 이때부터 니체는 기독교에 회의를 갖게 되었다. 그는 1년 후에 그의 지도교수인 리츨(Albrecht Ritschl) 교수를 따라 라이프치히 대학으로 적을 옮겼는데, 이때 신학에서 문헌학 연구로 전공을 바꾸었다.

라이프치히 대학 시절 니체는 우연히 책방에서 구입한 쇼펜하우어의 '의지와 표상으로서의 세계'를 읽고 큰 감동을 받았으며, 그 때부터 철학에 심취하게 되었다. 그는 23세에 군대에 징집되어 복무하던 중 말에서 떨어져 심한 가슴 타박상을 입었는데, 이로 인해 얻은 가슴통증은 평생 그를 괴롭혔다. 그는 대학졸업 후 그의 스승인 리츨 교수의 추천으로 박사학위도 없이 스위스 바젤 대학의 고전어와 고전문학 교수로 초빙되었다. 또한 라이프치히 대학에서는 학위논문 심사도 없이 25세 밖에 안 되는 젊은 니체에게 철학박사 학위를 수여했다.

니체는 그의 나이 29세 때인 1873년에서 1876년까지 '반시대적 고찰' 1~3권을 출간했다. 그리고 1877년에는 '인간적인 너무나 인간적인'이란 저서를 출간했다. 그러나 이와 같이 젊은 나이에 뛰어난 학자로서 승승장구하는 니체의 삶의 다른 한편으로는 불행의 그림자도 함께 찾아오고 있었다. 니체는 젊은 시절부터 편두통, 치질, 가슴앓

이, 위장병, 류머티즘 등 각종 질병에 시달렸으며, 여기 더하여 극심한 신경쇠약에 시달렸다. 이러한 지병 때문에 그는 결국 35세 때에 교수직을 사임하고 제네바로 휴양을 떠났다.

Also
sprach Zarathustra.

Ein Buch
für
Alle und Keinen.
Von
Friedrich Nietzsche.

Chemnitz 1883.
Verlag von Ernst Schmeitzner.

St. Petersburg
H. Schmitzdorff
(C. Roettger)
Kais. Hof-Buchhandlung.
5 Newsky Prospekt.

Paris
W. Fischbacher
33 Rue de Seine.

Turin
(Florenz, Rom.)
Hermann Loescher
via di Po 19.

New-York
E. Steiger & Co.
25 Park Place.

London
Williams & Norgate
14 Henrietta Street,
Covent Garden.

'차라투스트라는 이렇게 말하였다'
초판본(1883)

한편, 니체는 여자 앞에서 지나치게 소심하고 부끄러움을 많이 타서 마음에 드는 여자를 몇 번 만나기는 했으나, 그 때마다 여자와 친해지는 방법을 잘 몰라서 번번이 결혼할 수 있는 기회를 놓치곤 했다. 그는 38세에 로마에서 살로메라는 여자를 만나서 두 차례나 청혼했지만 역시 거절당했다. 41세에 살로메의 결혼 소식을 들은 후에는 우울증에 빠지기도 했다. 그는 철학자로서의 명성을 얻는데도 실패하여, 그가 39세 때 낸 그의 대표작인 '차라투스트라(Zarathushtra)는 이렇게 말하였다' 1~3부는 1년간 겨우 60부가 판매되는 데 그쳤다. 그래서 제4부는 출판업자를 구하지 못하여 자비로 출간했다. 44세에는 '힘의 의지와 반그리스도' 등을 출판했다. 그 해에 그는 이탈리아의 토리노로 이사했는데, 이때부터 정신착란 증세를 보였다. 이런 가운데 '우상의 황혼'을 출판했는데, 이 책은 그의 마지막 저서가 되었다. 45세 때인 1889년 1월에 그는 토리노에서 채찍질 당하는 말을 보호하려고 말을 감싸 안다가 발작을 일으켜 정신병원에 입원하게 되었다. 이후 그는 12년간 혼수상태에서 깨어나지 못한 채 어머니와 누이동생의 간호를 받다가 그의 나이 56세 때인 1900년 8월 25일에 바이마르에서 파란 많은 생을 마감했다.

(2) 니체의 철학사상

니체는 36세까지 여덟 권의 작은 책을 출판했고, 그다음 44세에 정신병의 증세가 나타나기 전까지 일곱 권의 중요한 책들을 더 출판했다. 니체는 철학적 논리를 전개하는 데 있어 일정한 체계가 없기 때문에 진정한 철학자라고 할 수 없다고 말하는 사람들도 있으나, 오히려 그 때문에 더 파격적인 철학자라고 니체를 높이 평가하는 사람들도 많이 있다. 사실상 니체는 그 때까지의 독일의 전통적인 철학자들, 예컨대 칸트, 헤겔, 피히테 등의 관념론적 철학자들과는 완전히 다른 계열의 철학자라고 할 수 있다. 그러면 여기서 니체의 핵심 사상을 그가 제시한 몇 가지 주제를 중심으로 살펴보기로 하자.

신은 죽었다

아마도 니체의 철학은 몰라도, 니체가 말했던 "신은 죽었다"는 말을 모르는 사람은 거의 없으리라 본다. 어떻게 보면 이 말은 니체와 니체의 사상을 압축적으로 말해주는 말이라고도 할 수 있다.

니체는 〈즐거운 학문〉이란 책에서 "신이 어디로 가버렸는지, 그것을 너희들에게 말해주겠다.— 우리가 그를 죽인 것이다. 너희들과 내가 말이다. 우리 모두가 그의 살해자인 것이다. 신은 죽었다."[226]고 단정적으로 말하고 있다. 니체는 그의 저서인 '차라투스트라는 이렇게 말했다'에서도, 차라투스트라가 신을 부정하는 초인임을 계속해서 강조하고 있다.[227]

"신은 죽었다"라는 니체의 이 한마디는 왜 그렇게도 엄청난 파장을 일으킨 말이 되었을까? 한마디로 이 말은 그 때까지 서구문명의 근간을 이루어온 기독교 신앙과 가치를 송두리째 부정하는 말이기 때문이다. 어찌되었든, "신은 죽었다"는 말은 니체 사상의 출발점이요, 종착점이라고 할 수 있다.[228]

이와 함께, 니체는 기독교 윤리관에서 비롯된 선악에 대한 관점을 부정하는 것은 물론, 서구 문명이 오랜 투쟁 끝에 쟁취한 자유주의, 민주주의, 사회주의 등 서구의 기본적인 제도와 가치도 부정했다. 그리고 이러한 서구문명의 기본적인 가치와 제도들을 폐지해서 초인과 영웅이 나타날 수 있는 새로운 세계를 만들어야 한다고 주장했다.

주인도덕과 노예도덕

니체는 주인도덕과 노예도덕을 구분했다. 주인도덕이 자기 자신을 당당하게 긍정하는 데서 오는 것이라면, 노예도덕은 자기 자신보다 자기 밖을 향하는 도덕이다. "높이 오르고자 하면 그대들 자신의 다리를 사용하라! 자신의 삶을 자신이 장악하지 못하는 것, 그것은 노예의 삶이다."[229] "힘에의 의지는 자율적, 능동적 인간을 만드는 원동력이다. 힘에의 의지가 솟아날 때 주인도덕을 소유하고, 힘에의 의지가 약할 때 동물의 삶, 즉 노예의 도덕으로 추락한다."라고 주장하였다.

니체는 기독교 도덕은 금지, 억제, 절제, 순종 등 소극적이고 부정적인 면만 부각시키고, 본능의 자유로운 활동을 방해하기 때문에 전형적인 노예도덕에 속한다고 보았다. 니체가 기독교 도덕은 마땅히 폐기되어야 한다고 주장했던 이유는 바로 이 때문이다.[230]

인간 정신의 세가지 변화

니체는 인간의 정신 발달 과정을 낙타, 사자, 어린아이의 세단계로 구분하고 있다. 낙타의 단계는 아무 성찰도 없이 기성의 가치와 도덕이란 무거운 짐을 짊어지고, 묵묵히 인내하면서 의무와 구속의 세계에 갇혀 사는 삶이다. 그리고, 사자의 단계는 모든 무거운 짐을 떨쳐버리고, 새로운 창조를 위한 자유를 쟁취하며, 의무 앞에서도 신성하게 '아니요'라고 말할 수 있는 용기를 가진 삶이다.

반면에 어린아이의 단계는 순진무구함, 최초의 움직임, 새로운 출발, 스스로 도는 수레바퀴, 그리고 성스러운 긍정 그 자체이다. 다시 말해서, 긍정과 부정, 선과 악, 미와 추를 넘어서서 있는 그대로의 세계를 긍정하는 삶, 자기 자신이면서 동시에 자기를 벗어나 세계를 긍정하며 유희하는 삶, 이것이 바로 어린아이의 단계이다.[231] 니체가 말하는 어린아이는 초인의 다른 이름이라고 할 수 있다.

초인사상

니체는 신에 대한 죽음을 선포하는 대신에 초인(超人)사상을 주장했다. 니체의 대표작인 '차라투스트라는 이렇게 말했다'의 주인공인 차라투스트라는 도시에 사는 군중들에게 나타나서 "나는 그대들에게 초인을 가르치려 하노라. 인간은 극복되어야 할 그 무엇이다. 그대들은 자신을 극복하기 위해 무엇을 했는가?"라고 외치면서, 초인 사상을 설파하고 있다. 여기서 니체는 초인의 특성을 '자유로운 정신과 자유로운 심장을 가진 자', '스스로 자신의 운명을 만들어내는 자', '언제나 약속한 것 이상으로 행하는 자', '만물을 자신 안에 간직할 만큼 그 영혼이 넘쳐흐르는 자' 등 여러 가지로 표현하고 있다.232)

니체는 또, 말종 인간과 초인을 구분하고 있다. 말종 인간은 시장 바닥에서 왜소화되고 균일화된 삶을 살아가는 경멸스러운 존재를 말한다. 그들 모두는 똑같은 것을 원하고, 남들이 행복이나 가치라고 알고 있는 것을 자신의 행복으로 여기는 사람들이다. 이와 반대로 초인은 가치의 기준을 스스로 정하고 그것에 따라 사물과 행동에 가치를 부여하는 사람이다. 말종 인간에서 초인으로의 변신은 자기의 바깥에다 가치의 기준을 두고 그것에 복종해온 인간이 마침내 노예생활을 끝내고 인간 스스로 자기 가치의 주인이 됨을 의미한다. 초인은 문자 그대로 끊임없이 자신의 한계와 제약을 돌파해 나가는 주체적인 존재이며, 영원회귀의 진리를 체득하고 '힘에의 의지'를 실현시킬 미래의 인간을 가리킨다.233)

역사적으로 보면 수천 년 동안 제 길을 찾지 못하던 인간의 의지를 새로운 궤도 위에 올려놓기 위해 과감하게 매듭을 맺는 선구자가 초인이다. 니체가 보기에 나폴레옹과 미라보 같은 인간이 그 전형이다. 이들은 선악이라는 꾀죄죄한 카테고리를 넘어서 자신의 가치를 창조했다는 의미에서 전형적인 초인의 유형에 속한다고 니체는 보았던 것이다.234)

허무주의와 영원회귀

서양의 철학자들 가운데 허무주의를 강조한 대표적인 사람은 바로 니체이다. 신의 죽음은 인간에게는 최상 가치의 상실을 의미하며, 이러한 상실감은 결국 허무주의로 연결될 수 밖에 없다고 니체는 보았다.

니체는 이러한 허무주의를 극복할 수 있는 길을 영원회귀 사상에서 찾았다. 차라투스트라의 입을 통해 니체는 영원회귀를 이렇게 설명한다. "모든 것은 가고, 모든 것은 되돌아온다. 존재의 수레바퀴는 영원히 굴러간다. 모든 것은 죽고, 모든 것은 다시 꽃 피어난다. 존재의 세월은 영원히 흘러간다. 모든 것은 꺽이고, 모든 것은 새로이 이어진다. 존재의 동일한 집이 영원히 세워진다. 모든 것은 헤어지고, 모든 것은 다시 인사를 나눈다. 모든 순간에 존재는 시작한다. 여기를 중심으로 저기라는 공이 회전한다. 중심은 어디에나 있다. 영원의 오솔길은 굽어있다.

이와 같이 니체는 만물과 더불어 우리 자신도 영원히 회귀하며, 우리와 더불어 만물도 영원히 회귀한다고 보았다. 그는 또, 우리와 더불어 만물도 영원한 횟수에 걸쳐 이미 존재했다는 사실을 강조하면서 니체는 "달빛 속에 느릿느릿 기어 다니는 이 거미. 이 달빛 자체, 그리고 영원한 사물들에 대해 함께 속삭이며 성문입구에 있는 나와 그대, 우리 모두는 이미 존재했었던 것임이 분명하지 않은가?" 라고 반문하고 있다.

한편, 니체는 우리와 더불어 가고 오는 만물은 언제나 동일하다고 말하면서, "나는 다시 온다. 이 태양과 더불어. 이 독수리와 더불어.

그리고 이 뱀과 더불어. 그러나 하나의 새로운 삶, 또는 보다 나은 삶, 또는 비슷한 삶으로 다시 돌아오는 것은 아니다. 나는 최대의 것에서도 그리고 최소의 것에서도 동일한 이 삶으로 영원히 돌아오는 것이다."[235]라고 우리가 동일한 삶으로 영원히 돌아온다는 사실을 강조하고 있다.

이와 같이 생성의 시간 고리 안에서 모든 것이 영원히 생성소멸의 과정을 반복한다는 사실, 이러한 생성의 과정을 직시하고 매 순간 존재가 새로 시작된다는 사실과 그 중심은 어디에나 있다는 역설을 깨닫는 것, 이것이 니체가 말하는 영원회귀설이다.[236]

니체는 만물의 부침성쇠를 단순한 무의미한 시간의 연속으로 보면서도, 이를 비관하며 낙담할 것이 아니라 오히려 좋다! 다시 한번! 하고 덤벼드는 절대 긍정의 자세가 필요하다고 보았다. 이것이 바로 니체의 운명애(運命愛) 사상이며, 긍정적 허무주의이다. 마치 바닷가에서 파도가 계속 바위로 달려들듯이 힘에의 의지를 가진 자는 포기하지 않고, 계속 뛰어들어 달려든다는 것이다. 인내할 수 있는 자만이 허무주의를 극복하고 새로운 창조자가 될 것이다.[237]

바이마르에서 니체가 마지막 생을 보낸 그의 집(현재 니체기념관)

(3) 니체철학의 영향

니체는 죽기 전에 "나는 신화가 될 것이다"라고 예언했는데 이 말은 사실이 되었다. 현대의 대표적인 작가인 헤르만 헤세(Hermann Hesse), 앙드레 지드(Andre Gide), 프란츠 카프카 (Franz Kafka)등은 니체로부터 지대한 영향을 받았다. 하이데거(Martin Heidegger)와 야스퍼스(Karl Jaspers) 등 독일의 대표적인 실존주의 철학자들도 니체를 실존철학의 출발점으로 보았다. 그리고 포스트모더니즘(Post Modernism), 포스트 구조주의 등 현대의 대표적인 사상들도 니체사상의 영향 아래 있다고 볼 수 있다.

니체는 당대의 사회 문제에 대해 거의 언급하지 않았지만 그럼에도 불구하고 민족주의, 제국주의, 군국주의에 대해서는 대단히 비판적이었다. 무엇보다 니체는 "국가가 무슨 말을 하든 그것은 거짓말"이라고 하면서 국가의 존재 가치에 대하여 대단히 비판적인 입장을 취했다. 그는 독일의 빌헬름 황제와 비스마르크가 이룩한 독일의 군국주의적 통일이 20세기 유럽에 지옥을 불러올 것이라며 두려워했는데, 그의 두려움은 결국 현실로 나타났다.[238]

그러나 아이로니컬하게도 후에 와서 그의 사상은 반유대주의자나 파시스트에 의해 악용되었다. 그가 죽은 후 그의 누이동생 부부가 그의 유고들을 출판했는데 누이동생의 남편은 지독한 반유대주의자였으므로 니체가 반유대주의자인 것처럼 그의 책들의 내용을 왜곡시켰기 때문이다. 그리하여 그의 책들은 이탈리아나 독일의 파시스트에 의해 악용되었다. 무솔리니는 공개적으로 니체를 찬양했다. 그리고 히틀러는 니체의 책들을 반유대주의 이론에 악용했다. 이들은 더 나아가 니체의 서구문명에 대한 신랄한 비판이나 초인사상, 권력에의 의지, 그리고 반자유주의적, 반민주주의적 사상 등을 자기들의 독재정권을 합리화하고, 무솔리니나 히틀러를 초인으로 우상화 시키는 작업에 철저하게 악용하였다.

3. 독일의 음악 산책 : 베토벤과 바그너

우리가 잘 알고 있는 바와 같이 독일이 남긴 문화유산 가운데 최고의 것 중의 하나는 음악이다. 프랑스가 뛰어난 미술가들을 배출한 나라로 유명하다면 독일은 뛰어난 음악가를 배출한 나라로 유명하다. 바흐, 헨델, 베토벤, 멘델스존, 슈만, 브람스, 바그너 등 독일이 배출한 유명한 음악가들을 열거하자면 손으로 다 꼽기 힘들 정도이다. 여기에다 하이든, 모차르트, 슈베르트 등의 오스트리아 출신 작곡가들도 다 독일 문화권에 속하는 음악가들이다. 이와 같이 독일 문화권에서 유독 뛰어난 음악가들이 많이 나온 이유는 무엇일까? 그 이유는 독일에서 철학이 발달한 이유와 비슷하다고 본다. 즉 철학이나 음악이나 다같이 깊은 내면의 성찰과 논리적인 사고, 그리고 정확하고 치밀한 구성력이 필요한데 이러한 특성을 가장 잘 갖춘 국민이 바로 독일인이기 때문이다.

그렇다면 독일이 배출한 수 많은 음악가들 가운데 가장 독일적인 특성을 잘 나타내는 음악가를 한 두 사람 꼽는다면 누구를 들 수 있는가? 이 질문에 필자는 서슴없이 대답할 수 있다. 한 사람은 베토벤이고 다른 한 사람은 바그너이다. 베토벤은 기악 부분에서, 바그너는 오페라 부문에서 가장 독일적인 정신을 잘 표현한 음악가라고 본다. 그 이유는 이 두 사람의 생애와 작품을 검토해보면 금방 알 수 있다.

베토벤 이전에 독일 음악의 기초를 세운 작곡가로는 바흐와 헨델이 있다. 그리고 오스트리아 출신인 하이든과 모차르트가 있다. 이 가운데 요한 세바스찬 바흐((J. S. Bach)는 독일 뿐 아니라 서양 근대음악의 아버지로 부르는 사람이다. 왜냐하면 바흐는 독일의 전통적인 음악에다 프랑스와 이탈리아의 새로운 음악양식을 받아들여 당대의 여러 음악양식을 융합한 음악가이기 때문이다. 그는 특히 교회 음악과 관련된 수많은 성악곡을 작곡했는데, 200개가 넘는 교회 칸타타, 수난곡, 오라토리오 등이 그것이다. 기악곡으로는 수많은 관현악곡, 실내악곡, 건반 악기곡 등을 작곡했다. 다음 세대의 작곡가들인 모차르트, 베토벤 등 기라성 같은 작곡가들이 바흐의 작곡 기법을 모방하면서 고전 음악의 토대를 마련한 것을 고려할 때 바흐를 근대 음악의 아버지라고 부르는 것은 너무나 당연하다고 볼 수 있다.

1) 베토벤

(1) 베토벤의 생애

지옥 같은 환경에서 성장한 베토벤

음악사에서 최고봉의 위치를 점하고 있는 루트비히 반 베토벤(Ludwig van Beethoven)은 1770년 12월 17일 독일 북서부에 있는 본에서 태어났다. 궁정 합창단의 가수였던 그의 아버지는 알콜 중독자였기 때문에 그의 집안은 언제나 가난했고 우울했다. 그의 아버지는 술만 취하면 자녀들을 구타했다. 또, 어린 베토벤을 모차르트처럼 신동음악가로 키운다고 혹독한 피아노 연습을 강요했기 때문에 베토벤은 그야말로 지옥 같은 환경에서 어린 시절을 보내야 했다. 가정의 생활 형편이 어려워지자 베토벤은 11세에 학교 공부를 중단해야 했고, 18세에는 가족의 생계까지 책임져야 했다.

요제프 칼 슈틸러가 그린 베토벤의 대표적인 초상화(1820)

이러한 가운데서도 베토벤은 본의 궁정 오르간 연주자인 네페(Christian Gottlob Neefe)의 보조 연주자가 되는 한편 그로부터 음악지도까지 받을 수 있었다. 1787년에는 빈으로 가서 모차르트의 지도를 받을 수 있는 행운을 얻기도 했으나, 어머니의 죽음으로 다시 본으로 오면서 그의 행운은 2개월 만에 끝났다. 그는 다시 5년간 본에서 거주하며 궁정 관현악 연주자로 있었는데, 이때 하이든의 사사를 받을 수 있었다. 1792년에는 프랑스 혁명군이 본 근처까지 진주하자 다시 빈으로 이주했다. 그 때는 이미 모차르트가 사망한 이후였다. 1795년부터 베토벤은 빈에서 수 차례 공개연주회를 가지면서 자신의 존재를 드러냈으며, 그를 후원하겠다는 귀족들도 여러 명 생겨났다. 그러나 그의 행운은 별로 오래 가지 못했다. 1800년 그의 나이

30세를 전후하여 평생 그를 괴롭힌 청각장애가 찾아왔기 때문이다.

하일리겐슈타트의 유서와 영웅 교향곡

빈의 근교에 빈숲이라고 부르는 광대한 숲이 있는데, 그 가운데 하일리겐슈타트(Heiligenstadt)라는 마을에 유명한 베토벤 유언의 집이 있다. 필자도 그 집을 방문한 적이 있었는데, 그 집에 가면 1802년 베토벤이 그의 두 남동생 앞으로 보내는 유언장이 전시되어 있다. 그는 이 유언장의 말미에 "안녕, 내가 죽더라도 나를 완전히 잊어버리지는 말기를. 1802년 10월 6일"이라고 표기했으며, 그로부터 나흘 뒤에 다시 추신을 덧붙였다. "이렇게 나는 작별을 고한다. 정말 슬프다. 여기 올 때는 그래도 어느 정도는 치유되리라는 희망이 있었는데 이제는 완전히 포기해야 한다."라고 적고 있다.[239] 이 유언장은 실제

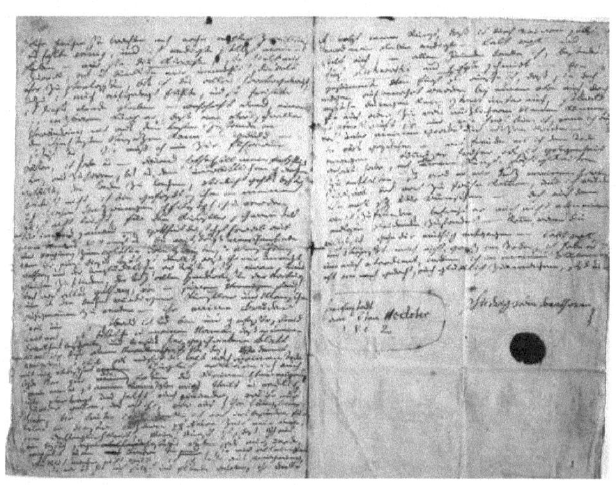

하일리겐슈타트에서 베토벤이 쓴 유서

로 붙여지지는 않았지만 이 유언장을 보면 당시 베토벤의 심리 상태가 어떠했는지를 짐작할 수 있다. 그러나 그는 죽음을 선택하지 않았다. 왜냐하면 그의 가슴 속에 위대한 작품을 남기고 싶다는 열정이 불타고 있었기 때문이다. 그 무렵 친구에게 보낸 편지를 보면 "나는 운명의 멱살을 틀어쥐겠다."라고[240] 선언하고 있는 것으로 보아 그는 자살의 유혹을 받으면서도, 다른 한편에서는 운명을 극복하려는 강렬한 의지를 갖고 있었음을 알 수 있다.

1804년 그의 나이 34세에 베토벤은 그의 4대 교향곡 중의 하나인 3번 교향곡을 작곡했다. '영웅 교향곡'으로 더 많이 알려진 이 곡은 본래 나폴레옹에게 헌정하기 위해 작곡된 곡이다. 베토벤은 이 곡의 표지에 나폴레옹을 의미하는 '보나파르트'라는 이름을 쓰기까지 했으나, 나폴레옹이 1804년에 황제가 되었다는 말을 듣고는 '어느 영웅에게' 라는 식으로 헌정의 대상을 바꾸었다. 영웅 교향곡을 작곡한 이후 베토벤은 왕성한 작곡활동을 계속해서 피아노 소나타 '열정', 피아노 협주곡 4번, 교향곡 4번, 바이올린협주곡, 오페라 '피델리오(Fidelio)' 등을 발표했다.

길들여지지 않은 성품의 소유자, 베토벤

1812년 여름에 베토벤은 휴식을 위해 보헤미아의 온천 마을인 테플리츠(Teplitz)로 갔는데 거기서 당대 최고의 문인이었던 괴테도 만날 수 있었다. 이를 계기로 베토벤은 괴테의 작품인 '에그몬트(Egmont)'에 붙이는 음악을 작곡하기도 했다. 베토벤은 괴테를 존경하기는 했으나, 괴테가 자유와 개성을 존중하는 당대 최고의 문호답지 않게 그

곳을 방문한 오스트리아 황후에게 지나치게 공손한 태도를 취하는 것을 보고, 괴테가 "왕실 분위기를 지나치게 좋아하는 것 같다."라고 하면서 괴테의 이중적인 태도를 비난했다. 한편 괴테는 자기 친구에게 베토벤의 진실성을 칭찬하면서도 "불행하게도 그는 철저하게 길들여지지 않은 성품의 소유자"라고 하면서 간접적으로 베토벤의 무례성을 지적했다.241)

사실상 베토벤은 성질이 급한데다 오랫동안 귓병을 앓아서 그런지 거칠고 괴팍한 성격으로 변해갔다. 그래서 다른 음악가들과의 충돌도 잦아서 한 때 베토벤은 빈을 떠날 생각까지 했을 정도였다. 그의 집은 언제나 불결했으나 그는 자기 몸의 위생에 대해서는 강박적으로 집착한 나머지 집에서 몸을 자주 씻었다. 거기에다 이웃집을 의식하지 않고 아무 때나 악상이 떠오르면 피아노와 바이올린으로 즉흥연주를 하는데다 때로는 이유없이 고함을 질러서 집주인과 마찰을 빚곤 했다. 한마디로 그는 환영받는 세입자가 될 수 없었다. 그가 이사광이라고 할 정도로 자주 이사를 간 데에는 집주인과의 마찰이 큰 작용을 했으리라 본다.

1815년에 동생인 카스파 안톤 카를(Kaspar Anton Karl van Beethoven)이 죽자 베토벤은 아홉 살 된 조카인 카를의 양육문제로 그의 제수인 요한나(Johanna)를 상대로 법정 소송까지 제기했다. 이 기간 동안 베토벤의 편지, 일기, 대화록을 보면 요한나에 대한 비난으로 가득차 있는 것을 볼 수 있다. 심지어 베토벤은 요한나를 모차르트의 오페라 '마술피리'에 나오는 밤의 여왕이라고 부르기도 했다. 3년에 걸친 지루한 법정공방 끝에 베토벤이 승소하여 조카의 양육권을

얻기는 했으나, 조카는 베토벤에게 반항적으로 대했으며, 베토벤에게 곁을 주지 않았다.242)

베토벤의 말년

이 무렵 그는 완전히 청각이 상실되어 아무런 소리도 들을 수 없게 되었다. 그러한 가운데도 그는 창작에 열을 올려 그의 필생의 역작이라고 볼 수 있는 교향곡 9번, 저 유명한 '합창 교향곡'을 작곡했다. 이 곡은 독일의 유명한 문인인 실러가 쓴 '환희의 송가'를 주제로 한 교향곡으로, 베토벤은 역사상 처음으로 오케스트라에 인간의 목소리를 접목시키는 파격적인 곡을 만들었다. 1824년 5월 7일 빈의 케른트너 극장에서 이 곡이 처음 연주되었을 때 소리를 전혀 듣지 못했던 베토벤은 지휘봉을 들고 지휘를 했으나, 실제로 단원들은 다른 지휘자의 지휘를 보면서 연주를 했다고 한다. 2007년도에 개봉된 '카핑 베토벤(Copying Beethoven)'이란 영화를 보면 베토벤은 그를 숭배하던 안나라는 여성의 코치에 따라 지휘를 하는 것으로 나와 있다. 그러나 실제로 지휘를 한 사람은 미하엘 움라우프로 알려져 있다. 베토벤은 연주가 다 끝난 후에도 계속 지휘봉을 들고 서있었는데, 합창단원 하나가 베토벤을 돌려세우자 그때서야 청중들이 열광적으로 박수치는 모습을 볼 수 있었다.

합창 교향곡의 초연이 이루어졌던 1820년대 초반 무렵에 베토벤의 건강은 눈에 띠게 나빠졌다. 이 때 베토벤의 건강 악화에 불을 지른 것은 조카 카를의 자살 파동이었다. 1826년 7월 30일에 19세가 된 조카 카를이 자기 머리에다 총을 쏘는 사태가 나타났던 것이다. 다행

히 목숨에는 지장이 없었지만 이 사건이후 베토벤의 건강은 회복불능의 상태로 떨어지기 시작했다.243)

카를의 자살소동이 있은 지 4개월 만인 1826년 10월 말에 베토벤은 조카인 카를과 함께 그의 동생인 요한 부부의 초청을 받아 시골로 여행을 떠나 그 곳에서 4주를 보냈다. 그러나 이곳에서도 동생부부와 싸움을 하고 12월 1일에 베토벤은 쌀쌀한 날씨에도 불구하고 빈을 향해 떠났다. 추운 날씨에 무리한 장거리 여행을 감행한 때문인지 베토벤은 빈에 도착하자마자 폐렴에 걸렸으며, 황달 및 패혈증 증세까지 나타났다. 복부 수술을 네 차례나 받았으나 회복할 기미가 없어 보였다. 그 이듬해 3월 23일에 베토벤은 그의 유산 모두를 제수인 요한나에게 유증한다는 유언장을 썼다. 마침내 베토벤이 그토록 증오하던 '밤의 여왕'과 화해를 하게 된 것이다. 그는 침대 맡의 친구들에게 몸을 돌려 라틴어로 다음과 같이 말했다. "박수를 치게. 친구들이여. 연주는 끝났으니까." 그리고 의식을 잃은 상태에서 운명을 했다.244) 1827년 3월 26일이었다. 그의 장례식에는 2만 여명의 조문객이 그의 죽음을 애도했으며, 슈베르트는 직접 횃불을 들기도 했다.

베토벤 주변의 여성들 : 불멸의 여인은 누구인가?

베토벤의 생애를 마치기 전에 베토벤의 여성관계에 대해 잠시 언급할 필요가 있다. 왜냐하면 베토벤의 여성관계는 베토벤의 작곡 생활에 큰 영향을 준 사건들이기 때문이다.

베토벤은 당시 빈에서 가장 유명한 음악가이자, 뛰어난 피아노 연주자였기 때문에 그의 주변에는 그의 음악을 좋아하거나 그로부터 음악을 배우고 싶어하는 여성들이 많이 있었다. 그 가운데는 베토벤이 직접 청혼하거나, 청혼 이야기가 나올 정도로 가깝게 지낸 여성들도 여러 명 있었다. 1801년에 베토벤은 최고의 바이올린 소나타 두 곡, '전원', '월광' 등의 피아노 소나타 네 곡을 비롯하여 아름다운 작품들을 많이 작곡했는데, 여기에는 어느 백작의 딸인 17세의 줄리에타 귀차르디(Giulietta Guicciardi)라는 여성과의 연애가 큰 힘으로 작용했다. 그녀는 베토벤이 '월광' 소나타를 헌정할 정도로 사랑한 여성이었으나, 1803년에 어느 백작과 결혼하여 베토벤을 떠났다.

1799년부터 베토벤은 브룬스비크(Brunswick) 백작의 영애들에게 피아노를 가르쳤는데 그 가운데 첫째인 테레제(Therese von Brunswick)와 베토벤은 연인관계에 들어가게 되었다. 두 사람은 1806년에 테레제의 오빠인 프란츠의 동의만으로 약혼까지 하게 되었다.[245] 베토벤은 1810년에 테레제에게 아름다운 피아노 소품을 하나 헌정했는데 그 곡이 유명한 '엘리제를 위하여'이다. 이들의 약혼관계는 1810년경에 깨어지기는 했으나, 베토벤은 테레제가 선물로 준 초상화를 방에 걸어놓고 평생동안 보물처럼 소중하게 여길 정도로 그녀를 사랑했던 것으로 보인다.[246]

베토벤은 또 테레제의 친 동생인 요제피네(Josephine von Brunswick)와도 친밀한 관계를 유지했다. 요제피네는 그의 언니인 테레제와 함께 그녀의 나이 17세 때인 1799년에 베토벤에게 피아노를 배웠으나, 곧이어 부모의 정략결혼 대상자인 어느 백작과 결혼했다. 자기보다 27세나 나이가 많은 백작과 결혼하여 4명의 아이까지 낳은 요제피네는 결혼 4년 만에 남편이 일찍 사망한 이후 다시 베토벤에게 피아노를 배우며 베토벤과 연인 관계가 되었다. 베토벤과 요제피네는 결혼까지 생각할 정도로 가까운 사이가 되었으나, 요제피네가 돌연 다른 백작과 재혼하면서 이 둘의 관계도 깨어지게 되었다. 베토벤이 그녀에게 보낸 편지들은 지금까지 13통이 남아 있는데, 이 편지들을 보면 요제피네에 대한 베토벤의 사랑이 얼마나 깊은 것이었는지 엿볼 수 있다. 베토벤의 가곡 '희망에 부쳐서'는 요제피네에게 헌정된 곡이다.[247]

마지막으로 베토벤의 연인으로 알려진 여성으로는 안토니 브렌타노(Antonie Brentano)가 있다. 오스트리아의 유명한 정치가의 외동딸인 안토니 브렌타노는 18세의 나이에 자신의 의사와 상관없이 프랑크푸르트의 부유한 상인인 프란츠 브렌타노와 결혼하여 6명의 자녀를 두었다. 그녀는 건강이 악화되어 다시 빈에 와서 살게 되었는데 이때 베토벤을 만나게 되었다. 이때부터 브렌타노 부부는 베토벤과 친밀한 관계를 유지하게 되었다. 안토니는 1812년경 자주 앓아눕는 일이 많았는데 그녀는 병석에 있는 동안 아무도 만나주지 않았지만 베토벤만은 예외였다. 베토벤은 주기적으로 안토니를 찾아가 말없이 옆방에서 피아노 연주를 해주곤 했다. 그러나 베토벤은 브렌타노 집안, 특히 안토니의 남편에 대한 의리를 소중히 여긴 탓인지 안토니와의 사랑을 더 이상 진척시키지 못한 것으로 보인다. 확실하지는 않지만, 베토벤이 1811년에 작곡한 유명한 연가곡 "멀리있는 연인에게"라는 곡은 안토니 브렌타노를 생각하며 작곡한 것으로 보인다.

그 밖에도 베토벤의 연인으로 거론되는 여성은 몇 명 더 있는 것으로 알고 있다. 그러나 베토벤은 그 어떤 여성과도 결혼관계로까지는 가지 못하고 평생 독신으로 지냈다. 이렇게 된 이유로는 물론 귀족과 평민이라는 신분상의 장벽을 들 수 있다. 그러나 그것 말고도 결혼에 따르는 여러 가지 부담과 제약에 대한 베토벤의 혐오감, 여성에 대한 베토벤의 청교도적인 관념 등도 큰 작용을 했다. 베토벤은 자기가 사랑하는 여성에 대해 음란한 생각을 품는 것 자체를 죄스럽게 생각했다. 그러다 보니 베토벤은 주변에서 마음에 드는 여자를 만나면 미친 듯이 사랑했고, 혼자서 행복을 꿈꾸었다가 곧 실망하고 씁쓸한 고통만 남기고 물러나곤 했다.248) 베토벤의 연애는 모두 다 일장춘몽으로 끝나긴 했지만 그러한 연애 사건이 베토벤의 음악세계에는 지대한 영향을 미쳤다. 왜냐하면 베토벤의 연애는 베토벤의 왕성한 창작열을 불러 일으키는 계기가 되었기 때문이다.

베토벤이 죽고 나서 그의 서랍 속에서 어떤 여성에게 보내는 편지 3통이 발견되었는데 그 서신의 수신자는 '불멸의 여인' 앞으로 되어 있다. 편지의 내용 또한 "나의 천사, 나의 전부, 나 자신인 그대", "영원히 그대의 사랑, 영원히 나의 사랑"등 베토벤의 불같은 성격이 그대로 표현되어 있다. 편지에는 수신인의 이름이나 작성 장소, 연도가 표시되지 않아서 그 편지를 읽는 사람들에게 큰 호기심을 자아내고 있다. 다만 오랜 기간에 걸친 끈질긴 연구를 통해 한가지 밝혀진 것은 베토벤이 편지를 쓴 날짜는 1812년 7월 6일과 7일이며, 장소는 보헤미아의 온천도시인 테플리츠라는 것이다.

이후 베토벤 연구자들 사이에는 베토벤이 사귀었던 여인들의 이름이 오르내리며 갖가지 추측들이 나왔지만 이 편지를 처음 찾아낸 베토벤의 비서이자 친구였던 안톤 쉰들러(Anton Felix Schindler)는

1840년에 이 편지를 처음 공개하며 편지의 수신인은 줄리에타 귀차르디라고 말했다. 그러나 1872년 베토벤의 전기를 쓴 알렉산더 타이어는 쉰들러의 주장을 반박하면서 불멸의 여인이 테레제 폰 브룬스비크라고 주장하였다. 타이어의 견해는 1903년에 베토벤의 전기를 쓴 로맹 롤랑(Romain Rolland)에 의해서도 그대로 계승되었다. 그러나 1977년에 베토벤의 전기를 쓴 미국의 메이너드 솔로몬(Maynard Solomon)은 불멸의 여인은 안토니 브렌타노라고 주장하고 나섰다.249) 그 밖에도 요제피네 브룬스비크도 불멸의 여인 후보에 올라가 있다. 이와 같이 베토벤 연구자들 사이에 불멸의 여인이 누구냐 하는 문제를 둘러싸고 논쟁이 계속되는 가운데 1995년에 나온 '불멸의 연인'이란 영화에서는 지금까지의 논쟁과는 전혀 판을 달리하는 새로운 설을 제기하고 있다. 이 영화에서는 베토벤의 오랜 친구였던 안톤 쉰들러가 베토벤과 연인관계를 맺었던 여인들 한명 한명씩 찾아가서 확인 작업을 벌이다가 결국은 베토벤의 동생의 부인, 즉 베토벤과 동생의 아들의 양육문제를 가지고 3년 동안이나 법정 싸움을 벌였던 요한나가 베토벤이 말한 불멸의 여인이라고 밝히는 것으로 결론을 내고 있는 것이다. 이것은 흥미가 있을지 모르지만 앞뒤 정황으로 보아 사실과는 거리가 먼 추측으로 여겨지고 있다.

(2) 베토벤의 음악 세계

인간 정신의 위대한 승리를 표현한 베토벤의 교향곡

베토벤하면 역시 교향곡이다. 베토벤은 그가 남긴 9개의 교향곡을 통하여 그가 평생 추구했던 개인적 자유, 운명에 맞서 싸우는 인간

정신의 위대한 승리, 그리고 고뇌를 통한 삶의 기쁨을 표현하고자 했다. 베토벤에게 있어 교향곡은 모든 장르의 음악들을 총결산하는 것이었으며, 전인류적인 사상을 담을 수 있는 커다란 그릇과도 같은 것이었다. 9개의 교향곡 중에서도 제3번 영웅, 제5번 운명, 제6번 전원, 제9번 합창 교향곡은 지금까지 교향곡의 역사상 최고의 걸작들로 알려지고 있다. 이 중 1803년에 완성한 에로이카(Eroica), 즉 영웅 교향곡은 교향곡의 천재인 베토벤의 진면목을 느낄 수 있는 첫 번째 작품으로 베토벤의 개성적 음악어법이 충분히 펼쳐진 첫 교향곡이라고 할 수 있다. 베토벤은 이 곡을 이탈리아어로 영웅교향곡을 의미하는 '신포니아 에로이카(Sinfonia Eroica)'로 명명했다.

베토벤의 제자인 페르디난트 리스에 의하면, 본래 베토벤은 이 곡의 제목을 나폴레옹에게 헌정한다는 의미에서 '보나파르트'라고 붙였으나, 나폴레옹이 스스로 황제 자리에 올랐다는 말을 듣고 크게 노하여 악보의 표지를 찢어서 던져버리고, 새로이 '신포니아 에로이카'라는 이름을 붙였다고 한다. 이 말이 오늘까지 진실처럼 전해져 오고 있으나 실제로 베토벤은 표지를 찢지 않은 것으로 밝혀지고 있다. 왜냐하면 원래의 악보는 현재 빈에 보존되어 있기 때문이다. 다만 표지의 글자를 지운 흔적은 발견되고 있다. 어쨌든 1806년에 출판된 악보에서는 '신포니아 에로이카'라는 제목이 붙여졌으며, '어느 영웅을 회상하기 위하여'라는 부제도 적혀있다.[250)]

1808년에 작곡한 운명 교향곡은 제1악장 도입부에서 네 음으로 된 시작 음이 마치 운명이 문을 두드리는 것처럼 보인다고 하여 붙여진 이름이다. 사실상 이 곡은 가혹한 운명에 대처하는 베토벤의 자세와 운명과의 투쟁에서 최후의 승리를 꿈꾸는 베토벤의 마음가짐을 잘 나타내고 있다. 특히 피날레 부분에서 베토벤은 고뇌를 극복하고 마침내 승리의 개가를 부르는 기쁨의 순간을 표현하기 위해서 오케스트라의 모든 악기를 풀가동하여 강렬하고 화려하게 곡을 마무리짓고 있다.

운명 교향곡이 나온 1808년에는 전원 교향곡도 완성되었다. 이 곡은 베토벤이 직접 표지에다 '시골생활에 대한 회상'이라고 했기 때문에 전원 교향곡이라고 부른다. 베토벤은 자연을 사랑하고 자연 속에서 산책하는 것을 좋아했다. 이 곡에서 베토벤은 자연에서 얻은 느낌을 생생하게 표현하고 있다. 필자는 빈숲에 있는 베토벤 유서의 집을 방문했을 때, 유서의 집에서 얼마 떨어지지 않은 곳에 베토벤이 자주 거닐며 전원교향곡의 모티브를 얻었다는 조그마한 시냇가가 있다는

'전원교향곡'의 모티브를 제공한 하일리겐슈타트의 오솔길

오솔길 끝에 있는 베토벤의 흉상

말을 듣고 그곳을 찾아간 적이 있었다. 그 곳은 약 1킬로미터 정도되는 산책길이었는데, 지금은 한 쪽으로 예쁜 집들이 늘어서 있고, 한 쪽으로 울창한 나무들 사이로 실개천이 졸졸 흐르는 조용하고 평화로운 길이었다. 나는 이 실개천을 거닐며 베토벤처럼 시골에 도착했을 때 느끼는 상쾌한 느낌과 시냇가의 풍경 등을 나타낸 전원교향곡의 제1악장과 제2악장의 아름다운 선율을 생생하게 떠올린 적이 있다. 그 길의 끝에는 베토벤의 흉상이 아름다운 돌기둥 위에 놓여 있어서 더욱 감회가 새로웠던 기억이 있다.

베토벤의 마지막 교향곡인 제9번 합창 교향곡은 아마도 세계의 음악사상 가장 웅장하고 화려하면서도 위대한 곡이라고 할 수 있다. 8번 교향곡을 작곡한 이후 베토벤은 무려 12년 동안 교향곡에서 손을 놓고 있었는데,[251] 이러한 침묵의 기간은 결국 이러한 장대한 교향곡을 잉태하기 위한 인고의 세월이 아니었나 생각된다. 이 곡은 1824년 2월에 완성되어 빈의 게른트너 궁정극장에서 초연되었다. 이 곡은 기악곡으로만 작곡되던 교향곡에다 독창과 중창, 그리고 합창곡을 포함시킨 최초의 교향곡으로도 유명하다. 이 곡의 4악장에 나오는 성악곡은 괴테와 쌍벽을 이루는 독일의 문호인 실러의 시에서 빌려온 것으로 모든 인류가 함께 실현시켜야 할 인류의 해방과 평화를 이상주의적으로 노래한 것이다. 또한, 이 곡에는 베토벤의 평생 신념이었던 '고뇌를 통한 환희'라는 주제가 처음부터 마지막까지 강렬하게 점철되어 있다.[252] 이 곡을 듣게 되면 평생 동안 운명과 힘들게 싸워왔던 베토벤이 마침내 운명의 모든 시련과 고통을 이겨내고 위대한 승리의 찬가를 부르는 것 같은 생각에 잠기게 된다.

피아노의 신약성서, 베토벤의 피아노 소나타

교향곡 다음으로 베토벤의 천재성이 드러난 장르의 곡들이 무엇이냐고 묻는다면 역시 피아노 관련 곡들을 들 수 있을 것이다. 베토벤은 청년 시절 천재적 재능을 지닌 피아니스트로 높은 평가를 받았던 때문인지 평생동안 피아노를 가장 친밀한 악기로 생각하고 피아노 작곡에 각별한 애정을 쏟았다. 그 결과 그는 5개의 피아노 협주곡과 32개의 피아노 소나타를 작곡했다.

베토벤은 피아노 협주곡을 모두 5개 작곡했는데, 그 중에서도 가장 유명한 제5번 피아노 협주곡은 1809년 프랑스 군대의 포격이 쏟아지던 빈에서 완성한 후 1811년 11월 28일 라이프치히에서 초연된 작품이다. 이 곡이 '황제'협주곡으로 널리 알려지게 된 것은 베토벤의 친구인 피아니스트 겸 출판업자 요한 밥티스트 크라머(Johann Baptist Cramer)가 이 곡의 표지에다 '황제'라는 이름을 붙였기 때문이다. 더욱이 이 곡은 '황제'라는 칭호에 맞게 곡 자체가 웅장하고 위풍당당하며, 모든 피아노 협주곡 중에서 황제와 같은 위치를 차지하고 있음은 그 누구도 부인하지 못할 것이다.[253)]

그러나, 이 위대한 협주곡도 처음 연주되었을 때만해도 청중의 반응이 별로 신통치 않아서 처음 몇 번 연주되다가 자취를 감추었다고 한다. 그러나 베토벤의 사후 이 곡이 걸작으로 인정되면서 모든 피아니스트들이 가장 연주하고 싶은 피아노곡으로 인정받게 되었다. 특히 오케스트라의 장엄하면서도 짧막한 사운드에 이어서 피아노가 웅장하고 화려하게 막을 여는 도입부의 방식은 베토벤만의 독창적인 방식으로 인정받고 있다. 우울하고 답답할 때 이 곡의 첫 악장을 듣게 되면 답답했던 가슴이 시원하게 뚫리는 느낌을 받는 것은 비단 필자만의 소회는 아닐 것이다.

피아노 협주곡보다 베토벤이 더 애착을 가졌던 장르는 바로 피아노 소나타이다. 베토벤이 평생에 걸쳐 작곡한 32곡의 피아노 소나타는 피아노의 신약성서라고 부를 정도로 피아노 소나타의 걸작들이다. 이 가운데서도 월광, 비창, 열정, 전원, 고별, 템페스트, 발트슈타인 등 표제가 붙어있는 작품들이 자주 연주되는 곡들이다. 이 가운데서도 줄리에타 귀차르디에게 헌정한 것으로 유명한 '월광' 소나타는 제1악장의 피아노 음이 마치 호숫가에서 달이 떠오르는 모습을 연상케 해서 붙여진 이름이다. 그리고 비창 소나타는 베토벤 초기 피아노 소나타의 정점을 이루는 걸작으로 글자그대로 마음 속에 숨겨진 비통한 감정을 잘 나타내고 있으며, 열정은 처음부터 끝까지 투쟁적인 정열이 폭풍처럼 몰아치는 음악이다.[254]

초연이후 40년만에야 빛을 본 바이올린 협주곡

베토벤은 바이올린을 비롯한 현악에도 깊은 애착을 가졌다. 베토벤은 9세 때 바이올린을 배웠고, 18세 때에는 본에서 오케스트라의 비올라 주자로도 활약한 때문인지 현악부분에도 큰 관심을 가졌다. 그리하여 베토벤은 바이올린 소나타, 바이올린 협주곡, 첼로 소나타, 현악 4중주곡 등 현악 부분에도 음악사에 길이 남을 큰 업적을 남겼다.

베토벤은 평생에 걸쳐 바이올린 소나타를 10곡 남겼다. 그 중 최고의 걸작으로 알려진 것은 '크로이처'라는 이름이 붙어있는 바이올린 소나타 제9번이다. 이 곡을 크로이처라고 부르게 된것은 베토벤이 이 곡을 루돌프 크로이처(Rodolphe Kreutzer)라는 바이올리니스트에게 헌정했기 때문이다. 이 곡에서 베토벤은 바이올린과 피아노의 두 악기를 대등하게 사용하는 기법을 추구했는데 이러한 기법은 이후 낭만파 음악가들에게 큰 영향을 주었다.255)

무엇보다 바이올린과 관련된 곡들 중에서 베토벤의 천재성을 유감없이 발휘한 곡은 역시 바이올린 협주곡이다. 베토벤은 평생 동안 바이올린 협주곡을 단 하나만 작곡했는데, 이 곡 역시 피아노협주곡 '황제'처럼 도입부분부터 혁신적인 모습을 보여주고 있다. 1806년 12월 23일에 안데르 빈 극장에서 베토벤이 최고의 바이올리니스트로 꼽은 프란츠 클레멘트(Franz Klement)의 연주로 이 곡의 초연이 이루어졌는데, 놀라운 사실은 그 때까지 곡이 완성되지 않았기 때문에 클레멘트는 한번도 연습을 하지 않은 채 무대에 섰으면서도 이 곡을 훌륭하게 연주하여 대단한 갈채를 받았다고 한다. 그러나 곡 자체가 너무 난해하고 연주 시간도 길어서인지 초연 이후로는 이 곡을 연주하는 사람이 거의 없었다. 그러다가 1844년 멘델스존이 지휘하는 교향악단과 요제프 요하임(Joseph Joachim)이란 당대의 유명한 바이올리니스트가 함께 연주하면서 이 곡의 진가가 널리 알려지기 시작했다.

그 이후 이 곡은 모든 바이올린 협주곡 중 최고의 걸작으로 인정받게 되었다. 가벼운 북소리와 함께 시작되는 이 협주곡은 바이올린의 뛰어난 기교를 요구하면서도 풍부한 서정성과 기품을 가지고 장대하게 진행되는 곡이다. 이 곡은 때로는 부드럽고 아름답게, 때로는 힘차고 리드미컬하게 진행되는 바이올린의 선율을 통해 듣는 사람 모두에게 깊은 울림을 주는 명곡 중의 명곡이라고 할 수 있다.

베토벤의 내면세계를 가장 친밀하게 나타낸 현악4중주곡

사람들에게 별로 알려져 있지 않은 사실 중의 하나는, 베토벤이 16개나 되는 현악4중주곡을 작곡했다는 것이다. 현악4중주는 베토벤이 생애 마지막까지 놓지 않았던 장르였고, 그의 내면세계를 가장 친밀하게 반영하는 장르였다는 점에서 중요한 의미를 지닌다. 그런 의미에서 현악4중주곡은 교향곡, 피아노 소나타와 함께 베토벤이라는 위대한 작곡가의 모든 작품들을 대표하는 3개의 기둥이라고 할 수 있다. 베토벤은 현악4중주곡을 자신의 마음 속에 있는 진실을 표현하는 데에 가장 적합한 수단으로 여기고 있었다.256) 따라서 베토벤의 현악4중주 곡들은 베토벤의 삶과 음악의 변화의 흔적들을 시대별로 잘 나타내고 있어서 베토벤의 작품 세계를 이해하는 데도 좋은 연주곡이라고 할 수 있다.

베토벤은 위와 같이 교향곡, 피아노 소나타와 협주곡, 바이올린 소나타와 협주곡, 현악 4중주곡 등 기악 부문에서는 타의 추종을 불허할 정도로 많은 곡들을 남겼으나 성악 분야에서는 상대적으로 적은 수의 작품만을 남겼다. 이것은 아마도 베토벤이 성악 보다는 기악 부분이 자기의 천성이나 재능에 맞고 자기가 추구하는 주제나 동기를 표현하기에 더 적합한 장르라고 판단을 했기 때문이 아닌가 생각된다.257)

그런 가운데서도 베토벤은 '피델리오'라는 오페라를 작곡했는데, 인간 해방이라는 숭고한 목표를 추구하는 이 오페라는 오페라 역사상 가장 충실한 내용을 가지고 있으며, 19세기 음악사 전체에 큰 영향을 미친 오페라로 평가받고 있다. 베토벤은 종교 음악 분야에서도 손에 꼽을 정도의 적은 곡들만 남겼는데 그 가운데서도 그가 작곡한 장엄 미사는 역사상 모든 미사곡 가운데 가장 위대한 작품으로 평가받고 있다. 베토벤은 가곡 분야에서도 많은 곡들을 남기지 못했지만 그가 남긴 '멀리있는 연인에게'는 모두 6곡으로 구성된 연가곡으로 슈베르트나 슈만의 연가곡보다 앞서있는 선구적인 연가곡으로 알려져 있다.

베토벤은 위의 곡들 외에 대중적으로 널리 알려진 아기자기한 명곡들을 남겼다. 아름답고 유려한 곡으로 유명한 '로망스' 1, 2번, 피아노 소품 '엘리제를 위하여', 바이올린 소나타 '크로이처'와 '봄', 피아노 3중주 '유령', 가곡 "나는 당신을 사랑합니다(Ich Liebe Dich)" 등이 그것들이다.

(3) 베토벤 음악의 영향

베토벤은 고전주의와 낭만주의 음악의 과도기에 활동한 음악가로 하이든과 모차르트의 고전주의를 계승함과 동시에, 그것을 완성해서 슈베르트, 슈만, 바그너 등 낭만주의 작곡가들의 음악으로 연결시켜 준 위대한 음악가였다. 그는 제9교향곡에서 교향곡과 성악을 결합시키는 실험을 한 것처럼 음악 창작에 있어 언제나 파격적인 시도와 실험을 계속함으로써 교향곡, 협주곡, 소나타의 영역을 확대하였다. 그의 최대 업적은 성악에 비해 열등한 것으로 여겨지던 기악음악을 최고의 위치로 부상시킨 것이며, 특히 교향곡과 피아노 소나타, 그리고 현악4중주곡을 발전의 정점에 올려놓은 것으로 유명하다.

무엇보다 베토벤의 음악 속에는 고난과 역경을 딛고 일어서는 인간 승리의 거대한 울림 같은 것이 나타나 있어서 오늘날까지도 많은 사람들에게 희망의 메시지를 던져주고 있다. 베토벤에게 있어 고통은 그의 삶의 본질적 부분이었다. 어린 시절부터 죽을 때까지 고통을 대하는 태도의 변화가 그의 삶, 나아가 그의 음악의 중심 드라마였다. 그는 자신이라는 본보기를 통해 우리로 하여금 고통을 극복하고 환희와 희망의 길로 나아가는 방법을 제시해주었다고 볼 수 있다.258)

2) 바그너

(1) 바그너의 생애

우리가 결혼식 때 반드시 듣게 되는 결혼행진곡은 두 개가 있다. 하나는 멘델스존(Jakob Ludwig Felix Mendelssohn)의 '한 여름 밤의 꿈'에 나오는 결혼행진곡이고, 다른 하나는 바그너의 오페라 '로엔그린(Lohengrin)'에 나오는 결혼행진곡이다. 보통 우리나라 결혼식장에서는 시작할 때 바그너의 결혼행진곡을, 마칠 때는 멘델스존의 결혼행진곡을 이용한다.

빌헬름 리차드 바그너

'로엔그린'이란 오페라를 작곡한 바그너(Wilhelm Richard Wagner)는 1813년 5월 22일 독일의 라이프치히에서 9남매 중 막내로 출생하였다. 바그너가 태어난 지 반년 만에 부친이 세상을 떠나자, 바그너의 어머니는 자녀들을 데리고 드레스덴으로 이사했다. 그곳에서 어머니는 가이어라는 남성과 재혼을 했는데 그 사람은 예술에 재능을 갖고 있어서 어린 바그너의 예술적 재능을 깨우쳐 주었다. 14세 때에 라이프치히로 이사하여 김나지움에 입학한 바그너는 베토벤의 교향곡에 감동을 받고 음악가가 되기로 결심하였으며, 18세가 되자 라이프치히 대학교에 들어가 음악과 철학 공부를 하였다. 대학을 나온 바그너는 바이마르, 마그데부르크, 쾨니히스부르크[259] 등지를 돌며 궁정합창단장이나 음악감독, 혹은 지휘자로 근무하며 생계를 유지했다. 그런 생활 중에도 바그너는 1934년에 '요정', 1936년에는 '연애금지'라는 오페라를 완성했다.[260] 또한 1936년에는 그가 마그데부르크 오페라단의 지휘자로 있을 때 같은 단원이었던 민나 플라너(Minna Planer)와 결혼을 하였다.

젊은 시절 낭비벽이 심해 항상 빚에 쪼들렸던 바그너는 채권자들의 눈을 피해 도망을 다니다가 파리를 찾아 갔다. 그는 이 곳에서 오페라 작곡자로서의 성공을 꿈꾸었으나 제대로 인정받지 못하고 쓰라린 좌절감만 맛보게 되었다. 그러던 중 그가 1840년에 작곡한 '리엔치(Rienzi)'가 1842년 드레스덴 오페라 극장에서 공연된 것을 계기로 드레스덴으로 다시 돌아와 궁정 오페라 극장의 지휘자가 되었다. '리엔치'의 성공적인 공연에 힘입어 바그너는 1843년에 그가 작곡한 '방랑하는 네덜란드인'을 공연했으나 호평을 받지는 못했다. 그리고

바그너의 작품이 공연되었던 드레스덴의 오페라하우스

1845년에 그가 가장 독일적인 작품이기 때문에 반드시 좋은 반응을 얻으리라고 기대했던 '탄호이저(Tannhäuser)'의 공연마저 실패로 끝나자 바그너는 크게 낙담하게 되었다.

한편 1849년에 독일을 휩쓴 시민혁명의 물결 속에서 드레스덴에서도 러시아의 무정부주의자인 바쿠닌이 주도하는 혁명이 일어났다. 혁명을 통해 자기의 예술가적 꿈이 실현되기를 바라고 있었던 바그너도 이 혁명에 가담하였다. 그러나 이 혁명이 프로이센 군대에 의해 진압되자 경찰에 쫓기는 신세가 된 바그너는 급히 스위스 취리히로 망명하였다.261)

취리히에서 그는 오토 베젠동크(Otto Wesendonck)라는 부유한 상인의 도움을 받아 9년 동안 작곡과 집필에 전념할 수 있었다. 그러다가 베젠동크의 부인인 마틸데(Mathilde Wesendonck)와 이루어질 수 없는 사랑에 빠지게 되었다. 이러한 불편한 애정 행각은 1858년 바그너의 부인인 민나의 폭로로 막을 내리게 되었다. 그러나 이 사건을 계기로 바그너는 중세 잉글랜드의 군대 사령관인 콘월과 아일랜드의 공주인 이졸데 공주와의 비극적 사랑을 그린 '트리스탄과 이졸데(Tristan und Isolde)'라는 오페라를 작곡하기도 했다.

1861년에 바그너는 다시 파리로 가서 '탄호이저'를 공연했으나 야유를 받을 정도의 큰 실패로 막을 내렸다. 이와 같이 두 번에 걸친 파리 공연이 다같이 실패로 끝나자 바그너는 파리에 대해 깊은 원한을 갖게 되었다. 1861년에 작센 왕가에서 바그너에 대한 정치적 추방령을 해제하자 바그너는 13년 만에 다시 독일로 귀향하여 프로이센의 비브리히에 정착하였다. 그는 비브리히에서 그의 유일한 희극 오페라인 '뉘른베르크의 명가수'를 작곡하였다.

1864년에 바그너에게는 일생일대의 행운이 찾아왔다. 다름 아니라, 바그너의 오페라 '로엔그린'을 보고 나서 바그너의 열혈 팬이 된 바이에른의 젊은 왕 루트비히(Ludwig) 2세가 바그너의 모든 빚을 청산해 주고 공연에 필요한 모든 비용을 부담해 주는 등 바그너의 막강한 후원자가 되었기 때문이다. 루트비히 2세는 심지어 바이에른 북쪽에 있는 바이로이트(Bayreut)에 바그너가 정착하도록 했으며, 그곳에 오페라 전용극장인 바이로이트 축제극장을 지어주기도 했다.262)

바그너는 1868년에 루트비히 2세의 후원으로 뮌헨 왕립극장에서 '트리스탄과 이졸데'를 초연하여 큰 성공을 거두었다. 그러나 바그너는 이 초연의 지휘자였던 한스 폰 뷜로(Hans von Bülow)의 아내인 코지마(Cosima Wagner)와 사랑에 빠지게 되었다. 바그너보다 24세

바이로히트 축제극장

나 연하였던 코지마는 유명한 작곡가인 프란츠 리스트(Franz Liszt)의 딸이기도 했다. 1870년 8월 25일에 바그너는 결국 뷜로와 이혼한 코지마와 결혼하였다.

1876년 8월 바그너는 그의 필생의 대작인 '니벨룽의 반지' 4부작을 완성하여 바이로이트 축제극장에서 루트비히 2세가 참석한 가운데 이 오페라를 성공적으로 공연했다. 루트비히 2세는 나흘 밤 동안 계속된 이 공연에 매일 참관하는 열정을 보였다. 1882년 1월에는 그의 최후의 대작으로, 예수의 성배(聖杯)와 성창(聖槍)에 얽힌 설화를 바탕으로 꾸민 '파르지팔(Parsifal)'을 완성하여 그 해 8월에 바이로이트 축제극장에서 많은 사람들의 갈채를 받으며 성공적인 공연을 마쳤다.

'파르지팔'의 공연이 끝난 후 바그너는 가족과 함께 이탈리아 베니스로 여행을 떠났는데 그곳에서 심장마비로 세상을 떠났다. 1883년 12월 13일, 그의 나이 70세였다. 코지마는 자기의 머리칼을 잘라서 바그너의 가슴에 얹은 후 관을 덮었으며, 장례식이 다 끝난 후에도 묘지에 엎드려 일어나지 않았다. 그리고 1년 이상을 외부와의 연락을 끊고 남편의 죽음을 애도했다. 바그너가 죽은 후 3년이 지난 후인 1886년에야 코지마는 다시 활동을 시작하여 바이로이트 축제극장의 총감독이 되었다. 그리고 '바이로이트 페스티벌'을 창설하여 바그너의 음악이 사후에도 계속 사람들로부터 사랑을 받을 수 있도록 하는데 크게 기여했다. 1876년 '니벨룽의 반지' 4부작을 무대에 올리면서 시작된 이 페스티벌에는 지금도 독일과 유럽을 비롯한 전 세계의 바그너 추종자들이 성지순례 하듯이 모여들어 바그너의 오페라를 관람하곤 한다.[263]

(2) 바그너의 음악세계

① 방랑하는 네덜란드인, 탄호이저, 그리고 로엔그린

바그너는 초기 습작인 요정, 연애금지, 리엔치를 제외하고 모두 8개의 작품을 작곡하였다. 이를 연대순으로 표기하면, 방랑하는 네덜란드인(1843), 탄호이저(1845), 로엔그린(1850), 트리스탄과 이졸데(1865), 뉘른베르크의 명가수(1868), 니벨룽의 반지(1876), 파르지팔(1882) 등이 그것이다. 이 가운데 '니벨룽의 반지'는 '라인의 황금', '발퀴레', '지그프리트', '신들의 황혼' 등 모두 4개의 독자적인 작품으로 구성되었으므로 바그너의 작품은 모두 11개가 되는 셈이다. 오늘날 바이로이트 축제극장에서는 초기의 습작을 제외하고 11개의 작품만을 공연하고 있다.[264]

바그너는 1842년에 드레스덴 궁정 오페라단의 지휘자가 되어, 오랜 방랑생활을 마치고 드레스덴에 정착하게 되었다. 이때 '방랑하는 네덜란드인', '탄호이저', '로엔그린' 등의 그의 대표적인 오페라들을 공연하였으나 처음에는 큰 반응을 얻지 못했다.

'방랑하는 네덜란드인'은 신의 저주를 받아 죽음을 맞지 못하고, 유령선을 타고 영원히 바다를 떠다니던 네덜란드인 선장이 지고지순한 여인의 희생으로 구원을 받고 그 여인과 함께 하늘로 올라간다는 이야기를 줄거리로 삼고 있는 오페라이다. 그리고, '탄호이저'는 성(聖)과 속(俗)의 두 세계에서 진정한 사랑을 찾아 고뇌하는 한 남자의 파란만장한 삶을 그린 오페라로서, 환락과 관능의 세계와 순결과 정결의 세계가 서로 극명한 대조를 이루는 오페라이다. 이 작품이 처음 공연되었을 때에는 대중들의 냉소를 받았으나, 오늘날에는 바그너의 모든 작품 중에서 대중적으로 가장 사랑받는 작품이 되었다.

'로엔그린'은 백조를 타고 나타난 기사와 결혼식을 올린 한 여인이 악당의 마술에 걸려서 신혼 첫날에 자신의 출신 성분을 묻지 말아 달라는 기사의 요청을 깨는 바람에 결국 파혼을 당한다는 이야기이다. 마지막 장면에서 기사는 자신이 머나먼 나라에서 온 성배(聖杯)의 기사 로엔그린이고, 이제 고향으로 떠나겠다고 하며 백조를 타고 유유히 사라진다.

바그너의 모든 작품 중에서도 특히 '로엔그린'에 심취했던 루트비히 2세는 '로엔그린'에 등장하는 백조의 기사가 사는 성을 현실로 옮기기 위해 아름다운 성을 지었는데, 이 성이 바로 독일 남부 퓌센에 있는 노이슈반슈타인(Neuschwanstein)성, 즉 백조의 성이다. 루트비히

퓌센에 있는 노이슈반슈타인 성

2세는 이 성의 모든 방을 바그너의 음악극 장면들로 장식했으나, 이 성이 완공되기도 전에 신하들에 의해 강제 퇴위를 당한 후 이 성에 감금되었으며, 얼마 후에는 성근처의 호수에서 시신으로 발견되는 비극을 겪은 왕으로도 유명하다.

트리스탄과 이졸데, 뉘른베르크의 명가수, 그리고 파르지팔

'트리스탄과 이졸데'는 스위스에서 망명생활하던 바그너를 헌신적으로 후원했던 베젠동크의 부인인 마틸데와 이루어질 수 없는 사랑에 빠져 애를 태우던 바그너의 고뇌가 담긴 작품이다. 그리하여 오페라의 모든 테마는 오로지 트리스탄과 이졸데라는 두 남녀의 이루어질 수 없는 사랑과 죽음으로만 완성될 수 있는 영혼의 결합에 초점을 맞추고 있다. 이 오페라의 대본에서 바그너가 트리스탄과 이졸데를 죽음에 이르도록 설정한 데는 당시 바그너가 심취해 있던 염세주의 철학자 쇼펜하우어의 영향이 컸다. 바그너는 쇼펜하우어의 '의지와 표상으로서의 세계'를 읽은 후부터 그의 초상화를 책상 위에 걸어놓을 정도로 쇼펜하우어의 열렬한 숭배자가 되었던 것이다.[265]

한편 '뉘른베르크의 명가수'는 타고난 명가수 귀족 발트가 우여곡절을 겪은 끝에 공식적인 노래 경연대회에서 우승을 하여 금세공업자의 딸과 결혼하게 된다는 이야기로서 바그너의 오페라 중 하나밖에 없는 희극 오페라이다. 독일어권 청중에게는 아주 인기있는 오페라지만 4시간이 넘는 엄청나게 긴 연주시간과 쏟아져 나오는 긴 대사 때문에 비독일어권 청중에게는 다소 부담이 되는 오페라라고 할 수 있다. 한편 바그너의 마지막 작품인 '파르지팔'은 바그너의 마지막 작품으로 1882년 바이로이트 축제극장에서 공연하여 큰 성공을 거둔 오페라이다. 성배를 지키는 기사단 출신인 파르지팔이 미지의 여인과의 키스에 의해 깨달음에 도달한 후 예수가 십자가에 달릴 때 예수의 옆구리를 찔렀다는 성창(聖槍)을 구해서 영원한 상처로 고통받고 있던 왕을 치유한다는 내용을 줄거리로 삼고 있다.[266]

28년의 세월이 걸려 완성된 니벨룽의 반지

'니벨룽의 반지'는 초안의 작성으로부터 전곡 초연에 이르기까지 무려 28년의 세월이 걸린 작품으로서 오페라 역사상 유례를 찾기 힘들 정도의 대작이라고 할 수 있다. 바그너는 1848년 11월 28일 영웅 지그프리트(Siegfried)의 최후를 그린 '지그프리트'의 대본을 먼저 완성한 이후부터 무려 26년의 세월이 지난 1874년 11월 23일에야 제4부작인 '신들의 황혼'을 완성했다. 그리고 1876년 8월 13일부터 17일까지 바이로이트 축제극장에서 그 자신의 지휘로 전곡 초연이 이루어졌다.[267]

'니벨룽의 반지'는 바그너가 그의 전 생애에 걸쳐 구현하려고 했던 종합예술 작품의 개념이 녹아있는 작품이다. 바그너는 이를 위하여 서양의 주요 신화와 전설들, 즉 고대 북유럽의 영웅설화집인 엣다(Edda)와 중세 독일의 서사시인 니벨룽겐의 노래, 그리고 영웅 지그프리트의 전설 등 독일과 북유럽의 다양한 전설과 신화 등을 취재한 후 이를 바그너 자신의 취향에 맞추어 새롭게 구성을 했다.

이 오페라는 모두 4부로 되어 있으며, 총 16시간의 연주시간이 필요할 정도로 모든 오페라 중에서 가장 방대한 오페라이다. 또, 이 오페라에는 난쟁이, 요정, 마법사, 용 등이 자주 등장하고, 웅장하고 화려한 장면들이 많이 나온다는 의미에서 판타지적 요소가 강한 오페라이다. 영화 '반지의 제왕'도 '엣다'를 기초로 시나리오가 작성되었기 때문에 여러 면에서 '니벨룽의 반지'와 유사한 점이 많이 있다.

니벨룽겐(Nibelungen)은 고대 독일의 전설적인 왕족 니벨룽((Nibelung)을 시조로하는 난쟁이족으로 지그프리트에 의해 멸망한 종족으로 알려져 있다. 바그너의 작품에서는 '죽은 사람들의 나라'라는 의미도 가지고 있다. 왜냐하면 니벨룽의 황금을 가진 자는 모두 죽음의 나라로 가지 않으면 안되기 때문이다.[268] 그리고 제2부의 제목인 발퀴레(Walküre)는 전쟁에서 용감히 싸우다가 죽은 영웅이나 전사들을 하늘의 낙원인 발할라(Valhalla)로 인도하는 독일의 전쟁 여신을 가리키는 고대 북방 언어에서 따온 말이다.[269)]

'니벨룽의 반지'에는 크게 세 개의 주인공 그룹이 나온다. 지하세계의 난쟁이 부족들과 지상세계의 거인종족, 그리고 천계의 신들이 그들인데, 이들은 모두 반지를 차지하게 위해 혈안이 되어 있다. 이 반지를 손에 넣는 자는 세계의 지배자가 되기 때문이다. 그런데 한편으로 이들은 반지를 차지함으로써 모두 죽음에 이르게 된다. 반지에는 끔찍한 저주가 내려졌기 때문이다.

제1부 '라인의 황금'에서는 니벨룽겐족, 즉 난쟁이 부족의 알베르히(Alberich)가 라인의 황금을 지키고 있는 처녀들로부터 황금을 빼앗아 반지를 만드는 장면으로부터 시작한다. 알베르히는 신들의 왕인 보탄(Wotan)에게 반지를 강탈당하자 반지에 저주를 내려 반지를 차지한 자는 모두 파멸에 이르도록 한다. 그리고 제2부 발퀴레에서는 지크문트(Siegmund)와 지그린데(Sieglinde)의 근친상간적인 사랑을 둘러싼 이야기와 보탄의 명을 거부하고 이들을 돕다가 형벌을 받아 깊은 잠에 빠지는 브륀힐데(Brünhilde)의 투쟁이 나온다. 제3부 '지그프리트'에서는 지그린데가 낳은 아들이자, 신이 만들어낸 영웅 지그프리트가 반지를 다시 찾는 동시에 보탄의 형벌을 받아 깊은 잠에 빠져있는 브륀힐데를 깨워 그녀와 격정적인 사랑에 빠지는 장면이 주류를 이룬다.

제4부 '신들의 황혼'에서는 지그프리트가 지하세계의 난쟁이 후손에게 복수를 당하여 쓰러지고, 지그프리트와 연인관계에 있던 브륀힐데의 희생에 의해 반지에 얽힌 저주가 풀린다. 그리고 라인 처녀가

반지를 되찾아 이를 높이 쳐들었을 때 불길은 천상에 까지 닿아 발할 성까지 불태우고 신들도 모두 그 불속에 휩싸인다. 그리하여 사건에 연루되었던 모든 신들도 멸망에 이루게 된다.

이와 같이 '니벨룽의 반지'에서는 등장인물들 간의 첨예한 갈등, 복수, 질투, 그리고 맹목적인 소유욕과 예견된 운명, 상식을 뛰어넘는 격렬한 사랑 등이 시종일관 극을 지배하고 있다. 여기에다 화려한 오케스트라의 연주, 장대하고 깊이있는 선율, 갈등과 맞물려있는 무거운 불협화음 등이 작품의 전편에 녹아있어 감상자들에게 큰 감동과 전율을 선사하고 있다.270)

(3) 바그너 음악의 영향

바그너는 독일 낭만주의 오페라의 막을 연 베버의 뒤를 이어 독일 국민 오페라를 창출한 위대한 작곡가였다. 그는 단순한 오페라 작곡가가 아니라 오페라 지휘자와 연출가를 겸했다는 의미에서 진정한 슈퍼스타였다. 뿐아니라 그는 오페라를 음악, 시, 무용, 장식, 건축을 융합한 종합예술로 승화시킨 혁신적이고 창의적인 음악가였으며, 현대 오페라의 개척자였다.271)

한편, 바그너는 음악과 예술은 물론 문학, 철학, 역사, 정치, 심리학 분야에 대해서도 많은 관심을 갖고 각 분야에 걸쳐 많은 글을 남긴 사람으로도 유명하다. 또한, 그는 직접 저술한 자서전, 에세이, 오페라 대본, 서신, 일기와 비망록 등 방대한 분량의 저서와 기록물을 남긴 사람으로도 유명하다. 이와 같이 바그너는 오페라 뿐 아니라 여러 방면에서 흥미를 끌만 한 인물이기 때문에 바그너의 음악세계나 개인 생활에 대해서 쓴 글이나 책들도 엄청나게 많다. 1947년 영국의 어네스트 뉴먼이 쓴 '바그너의 생애'라는 전기가 총 4권에 2,700여 쪽에 이르는 방대한 책인 것만을 보더라도 그의 생애가 얼마나 다채로웠던 것임을 알 수 있다.

그러나 모든 일에는 명암이 함께 존재하듯이 바그너에 대한 평가에서도 긍정적인 평가 못지않게 부정적인 평가 또한 엄청나게 많이 있다. 바그너는 자기 확신에 강하고 열정과 카리스마가 넘친 인물이었으므로 생존 당시부터 논란이 많은 인물이었다. 무엇보다 바그너는 인간적인 면에서 존경하기 힘든 인물이었다는 평가가 많이 나오고 있다. 바그너는 스위스에서 망명생활을 하고 있을 때 전적으로 그를 믿고 후원해준 오토 폰 베젠동크의 아내인 마틸데와 불편한 애정행각을 벌여 모든 사람의 눈총을 받았다. 거기 더하여 1865년 뮌헨의 왕립극장에서 그의 작품인 트리스탄과 이졸데의 초연을 지휘했고, 바그너의 열렬한 추종자였던 한스 폰 뷜로의 아내인 코지마와 사랑에 빠져 두 아이를 임신시켰으며, 결국에는 한스 폰 뷜로와 이혼한 코지마와 결혼한 사실도 세인의 논쟁거리가 되고 있다.

무엇보다 바그너에게 꼬리표처럼 따라다니는 오명이 있다. 바그너는 반유대주의자였고, 히틀러와 나치가 그의 열렬한 팬이었으므로 바그너는 홀로코스트에 일정한 책임을 져야 한다는 것이다. 이것은 어느 정도 근거가 있는 말이다. 바그너는 어려움에 처해 있을 때 유대인 작곡가 마이어베어(Giacomo Meyerbeer) 의 도움을 많이 받았는데, 그가 자기보다 더 성공가도를 달리는 것을 보고 경쟁 심리에 휩싸여 그에 대해 중상모략하기 시작했다. 이에 그치지 않고 바그너는 '음악에 있어서 유대인'이라는 글을 써서 유대인 전체를 싸잡아 비판했다. 유대인들은 배타적이고 이질적이며, 독일어를 완벽하게 구사할 능력이 없기 때문에 진정한 독일 정신을 대표할 만한 음악 작품을 남길 수 없다는 것이다.

뿐 아니라, 바그너의 오페라는 곳곳에 반유대주의 사상을 숨기고 있다는 평가가 나오고 있다. 예컨대 로엔그린에서 엘자와 로엔그린을 진정한 독일 민족의 수호자로 내세우는 반면에 이들을 방해하는 오르트루와 텔라문트 진영을 독일 민족의 발전을 저해하는 불순한 유대인의 상징으로 보는 것이 그것이다. 이러한 바그너의 반유대주의가 히틀러의 유대인 배척 운동에 이용되었음은 물론이다.

그는 또, 루터, 니체와 더불어 가장 독일적인 인물로 평가받고 있다. 그는 자신의 비망록에서 "나는 모든 독일인 중에서 가장 독일인이다"고 고백할 정도로 독일의 순수성을 강조한 인물이었다. 이 때문에 독일의 민족주의자들은 바그너의 음악이 독일적인 것의 결정체요, 독일 민족문화의 구심점, 게르만족의 방파제라고 주장하였다. 그러다보니 바그너의 음악은 나치의 국가사회주의 이데올로기에 많이 이용되었다.[272]

히틀러가 독일국가의 위대성을 부각시키기 위하여 바그너의 음악을 많이 이용했다는 이야기는 유명하다. 히틀러는 '뉘른베르크의 명가수'를 100번도 더 들었을 정도로 바그너 음악에 심취해 있었다.[273] 히틀러는 "누구든지 나치즘을 이해하려면 먼저 바그너를 이해해야 한다"고 말할 정도로 바그너 예찬주의자였다. 히틀러는 특히 독일국가의 위대성과 바그너의 오페라에 자주 등장하는 영웅적인 신화를 결합시키려고 했다.

그래서일까. 히틀러와 그 측근들, 그리고 나치당의 주요 간부들은 매년 7월말에 바이로이트에서 개최되는 바그너 축제에 빠짐없이 참석했다. 이와 같이 히틀러와 나치의 주요 간부들이 바이로이트를 수시로 방문했기 때문에 당시에는 바이로이트가 나치의 문화수도였다는 말까지 나올 정도였다. 1939년 제2차 세계대전이 발발한 이후에도 히틀러는 바이로이트의 축제공연을 계속하라는 명령을 내릴 정도였다.[274)]

바그너 음악과 나치와의 관계를 무시하더라도, 20세기에 들어서서 바그너 음악에 대한 거부 반응이 나타난 이유는 또 있다. 그의 오페라는 너무 무겁고 강렬한 스타일을 고집하고 있어서, 의상이나 실내장식을 가볍게 하려는 현대적인 추세에 맞지 않는다는 것이다. 그러다보니 세계 각국의 오페라 극장에서는 내용이 어렵고, 연주하기도 까다로운 바그너의 오페라보다는 밝고 단순하며, 연주하기가 쉬운 이탈리아의 베르디나 푸치니의 오페라들을 더 선호하는 경향이 있는 것이 사실이다.

7장

독일 도시의 역사 산책

1. 베를린의 역사 산책

독일사의 영욕을 함께 한 브란덴부르크 문

베를린에서 필자가 처음 찾아간 곳은 바로 브란덴부르크(Brandenburg) 문이었다. 브란덴부르크 문은 베를린의 상징물인 동시에 분단의 상징물이기 때문이다. 베를린 장벽은 이 문을 중심으로 좌우로 설치되었으며, 1989년 베를린 장벽이 붕괴되었을 때 이 문이 활짝 열리고 독일인들은 이 문 주위에 모여서 독일의 국기를 흔들며 베를린 장벽의 붕괴를 축하했기 때문이다.

브란덴부르크 문은 1788~1791년에 프로이센 왕국의 개선문으로 세워진 것으로, 베를린을 새로운 아테네로 건설하겠다는 프로이센의 의지가 반영된 문이다. 그리하여 브란덴부르크 문은 아테네의 아크로폴리스로 들어가는 문을 본떠 만들었고, 파르테논 신전의 벽면을 연상시키는 조각들로 장식했다.275)

브란덴부르크 문 앞에 선 필자

이 문을 의기양양하게 통과했던 인물 중의 하나는 나폴레옹이었다. 그는 예나(Jena)와 아우어슈테트(Auerstedt) 전투에서 프로이센 군대를 격파한 후 1806년 10월 27일에 베를린으로 개선 행진했고, 이 문을 통과해서 베를린 궁전으로 갔다. 그로부터 8년 후, 이번에는 라이프치히 전투에서 패배한 나폴레옹을 추격하며 파리까지 진격했던 프로이센 군대가 1814년 8월 7일 프리드리히 빌헬름(Friedrich Wilhelm) 3세를 앞세우고 의기양양하게 이 문을 통과했다.

그로부터 오랜 세월이 지나 프로이센 군대는 덴마크와의 전쟁(1864), 오스트리아와의 전쟁(1866)에서 승리한 후 다시 이 문을 통해 개선했다. 무엇보다 프로이센에게 가장 영광스러운 날은 1871년 6월 16일이었다. 이날 프랑스와의 전쟁에서 승리한 것을 기념하여 약 4만 2천 명의 프로이센 군인들이 베를린 시민들의 열광적인 환영을 받으며, 이 문을 통과하여 개선행진을 했다. 이로써 브란덴부르크 문은 새 독일 제국의 상징이 되었다.

그러나 이 문이 영광스러운 개선장군이나 군인들만 맞이한 것은 아니다. 세월이 흘러 1919년에는 바이마르(Weimar) 공화국의 에베르트(Friedrich Ebert) 대통령이 이 문 앞에서 제1차 세계대전에서 패배한 독일 군대를 맞이했다. 그리고 1933년에는 히틀러의 총리 임명을 축하하기 위해 나치 당원들이 이 문을 통과하면서 횃불 행진을 했다. 1939년에는 히틀러의 50회 생일을 축하하는 퍼레이드 행렬이 역시 이 문을 통과했다. 그로부터 6년이 지난 1945년에는 제2차 세계대전에서 독일군을 패배시킨 연합군이 개선장군처럼 이 문으로 들어왔다. 당시 이 문은 폭격으로 심하게 훼손된 상태에 있었다.

동·서독 분단 시에는 이 문 좌우로 베를린 장벽이 쌓아 올려졌다. 그로 인하여 브란덴부르크문은 좌우로 벽돌과 콘크리트, 그리고 철조

망으로 뒤범벅이가 된 높은 벽을 좌우에 거느린 채 약 50년간이나 분단독일의 상징물로 그 자리를 지켰다. 그러나 역사에는 고정된 것이 없다고 했던가. 1989년 베를린 장벽이 붕괴되면서 이 문 좌우에 흉물스럽게 자리를 잡고 있었던 모든 장벽들은 깨끗이 제거되었다. 그리고 브란덴부르크문은 다시 독일 통일의 상징이 되었다.[276] 이번에는 무력 통일이 아니라 화합과 평화의 통일이었다.

이 문의 꼭대기에 서 있는 승리의 여신은 1791년에 이 자리에 세워진 후 이 곳에 서서 지난 200여년에 걸친 베를린의 파란만장한 역사를 묵묵히 지켜보았을 것이다. 특히, 두 차례에 걸친 세계대전과 독일의 패배, 히틀러와 나치당의 광기 어린 행진, 이 문의 좌우에 세워졌던 벽돌과 콘크리트 장벽, 그리고 그 벽을 넘어 탈출을 감행하다 무참히 살해당한 독일의 시민들, 1989년 베를린 장벽의 붕괴 때 수많은 독일 시민들이 이 문 옆에 있는 콘크리트 벽들을 망치로 깨던 모습, 그리고 마침내 그 살벌한 장벽이 철거되고 이 문이 원래의 모습을 되찾아 큰 길 한가운데 웅장하고 산뜻한 모습으로 서 있게 되었을 때의 그 감격을 그 여신은 영원히 잊지 못할 것이다.

베를린 전승 기념탑

브란덴부르크 문에서 서쪽 방향으로 난 큰 길을 바라보면 약 1.5km 떨어진 길 한 가운데에 금빛으로 빛나는 여신상이 서 있는 것을 볼 수 있는데, 이것이 바로 베를린 전승 기념탑이다.

이 탑은 독일이 19세기 후반기에 덴마크, 오스트리아, 프랑스와의 전쟁에서 연달아 승리한 것을 기념하여 1864~1973년에 세운 것이다. 전승기념탑의 기단에는 이 세 차례 승리를 기념하는 조각이 장식되어 있다. 탑의 높이는 69미터로 꼭대기에는 승리의 여신 빅토리아의 금빛 상이 우뚝 서있다. 빅토리아 여신상은 높이가 18.3미터나 되고, 무게도 35톤이나 되는 거대한 상인데, 머리에는 프로이센을 상징하는 독수리 헬멧을 쓰고, 손에는 승리의 월계수관을 들고 서 있다. 이 전승 기념탑은 1987년에 나온 빔 벤더스(Wim Wenders) 감독의 영화 〈베를린 천사의 시〉에서 천사 다미엘이 빅토리아 여신상 옆에 앉아서 하염없이 베를린 시를 내려다보는 장면이 나오면서 유명해졌다.

베를린 전승 기념탑은 덴마크, 오스트리아, 프랑스를 차례로 물리치고, 바야흐로 유럽의 중심 국가로 뻗어나가던 1870년대 독일의 자신감과 우월감을 상징적으로 나타내는 기념탑이다. 그러나 이 기념탑 속에 스며든 독일의 욱일승천(旭日昇天)하던 기상이 나중에 가서 독일의 독배로 작용할 줄을 그 누가 알았으랴! 독일의 지나친 자신감과 우월감은 지속적인 독일의 팽창정책으로 이어지고, 그것은 결국 독일이 두 차례에 걸친 세계대전을 일으켜 스스로 파멸의 구렁텅이로 빠지는 불행의 씨앗이 된 것이다.

통일 독일 민의의 전당, 연방의회 의사당

브란덴부르크 문에서 오른쪽 대각선 방향으로 흑·적·황색으로 된 독일 국기가 선명하게 보이는 웅장한 건물이 보이는데 그 건물이 바로 독일 연방의회 의사당 건물이다.

얼핏 보면 우리나라의 일제 강점기에 세워졌던 조선총독부 건물과 비슷한 느낌을 주는 독일 의사당 건물은 1871년 독일-프랑스 전쟁에서 독일이 승리한 후 프랑스로부터 받은 엄청난 배상금으로 지은 건물이다. 그 당시에도 물론 의회가 있었지만, 이 건물을 지은 비스마르크나 빌헬름 1세 황제는 언제나 의회를 짐스러운 존재로 생각하고, 의회를 국정의 동반자로 인정하는데 지극히 인색했다. 제1차 세계대전 후에는 본격적인 민주공화국이었던 바이마르 공화국이 이 건물을 15년간 의사당 건물로 사용하기도 했다. 이때 의사당 건물에 매달았던 국기가 바로 1848년 프랑크푸르트 국민의회 시절에 사용되었던 흑·적·황색의 깃발인데 이 깃발이 바로 현재 독일의 국기이다.

그러나 1933년 2월 27일에 일어난 의사당 방화사건은 의사당 건물만 불태운 것이 아니라 독일 최초의 민주공화국 체제도 막을 내리게 했다. 왜냐하면 방화사건을 계기로 바이마르 공화국은 붕괴되었고, 나치의 독재가 시작되었기 때문이다. 나치는 의회 자체를 인정하지 않았기 때문에 이 건물은 나치가 집권하는 동안 방치되어 있었다. 또 제2차 세계대전 기간 중에는 연합군의 폭격으로 이 건물의 지붕이 날아가는 수모를 겪기도 했다. 베를린에 진주한 소련군은 의사당 건물에 소련 국기를 게양하고 그 날을 소련군의 최종 승리의 날로 정하기도 했다.

제2차 대전 후 동베를린을 점령한 소련은 이 건물을 수리하기는 했지만 거의 사용을 하지 않았다. 그러다가 1990년 독일의 재통일 당시 동서독의 대표가 이 건물에서 통일 협약을 체결함으로써 의사당 건물은 다시 세인의 관심을 끌게 되었다. 독일의 통일 이후 수도가 베를린으로 정해지면서 독일 연방의회의 개회 장소는 자동적으로 이 건물로 정해졌다.

이렇게 새로 태어난 연방의회 건물에서 가장 눈에 띄는 것은 하원 회의장 위쪽에 설치된 유리 돔이다. 사람들은 돔 내부에 설치된 보행로를 걸으며 밑에서 의원들이 논의하는 장면을 내려다볼 수 있다. 따라서 이 유리 돔은 독일의 시민들이 누구의 제재도 받지 않고 자기들이 뽑은 정치인들이 시민들의 의사를 제대로 나타내고 있는지, 아닌지를 직접 감시한다는 의미를 내포하고 있다.277)

프로이센 왕가의 묘지, 베를린 대성당

슈프레(Spree) 강으로 둘러싸인 박물관 섬에 있는 5대 박물관 가운데 가장 우측에 자리 잡은 구박물관 앞에 서면 잔디밭 건너편에 로마

베를린 대성당

의 성베드로 대성당을 연상시키는 웅장한 건물이 눈에 뜨이는데 이 건물이 바로 베를린 대성당이다. 성당이라는 이름이 붙기는 했지만 이 건물은 사실 독일 개신교에 속하는 교회 건물이다.

이 성당은 1747~1750년에 초기 바로크 양식으로 지은 건물로 처음부터 프로이센 왕가의 교회로 세워졌다. 이 건물은 19세기 말에 개축될 때 중앙에 98미터의 돔이 추가되어 웅장한 위용을 과시하게 되면서 카이저(Keizer, 황제) 돔으로 부르기도 하였다. 이 성당은 내부의 스테인드글라스와 천장의 모자이크화가 유명하다. 이 성당에는 독일 최대의 파이프 오르간도 있다. 무엇보다 이 성당이 유명한 것은 이 성당의 내부에 프로이센 왕가 역대 왕들의 석관이 안치되어 있기 때문이다. 이 성당은 제2차 세계대전 때 연합군의 폭격을 맞아 크게 무너졌으나 내부의 왕들의 묘는 파괴되지 않았다.

베를린 폭격의 상징, 카이저 빌헬름 기념 교회

베를린 동물원 근처에는 카이저 빌헬름 기념 교회가 있다. 이 교회는 독일 황제 빌헬름 2세가 그의 할아버지인 빌헬름 1세를 기념하기 위하여 1891년에 시작하여 1895년에 완공한 교회이다. 이 교회는 제2차 세계대전 당시 연합군의 폭격을 맞아 건물은 대부분 없어지고 시계탑이 있는 부분만 일부 남아 있는데, 동독 정부 당시 전쟁의 참혹함을 후손에게 전하기 위해 폭격을 당한 상태 그대로 보존하기로 결정했다고 한다.

여기 저기 폭격 맞은 흔적이 고스란히 남아 있는 교회 종탑을 바라보고 있으면 말로만 듣던 연합군의 베를린 폭격이 얼마나 심했는지, 또 전쟁이란 얼마나 비참한 것인지를 절실하게 깨닫게 된다. 독일이나 연합국이나 다 같은 기독교 국가들이었지만 그들의 폭격기들 앞에는 신성한 장소냐 아니냐 하는 것은 전혀 고려의 대상이 아니었던 모양이다. 이 부서진 교회를 보면서 필자는 6.25 전쟁 직후 완전히 파괴되었던 서울 거리의 모습을 떠올렸다. 비록 어린 나이였지만 온통 부서진 건물의 잔해들을 바라보며 느꼈던 어린 시절의 공포와 전율의 느낌이 파괴된 카이저 빌헬름 교회 앞에서 다시 살아나는 듯 했다.

이 교회 안에는 치열한 폭격 속에서도 무사히 살아남은 예수상이 발견되어 이 교회는 더 유명해졌다. 현재 이 교회 옆에는 현대식 건물인 육각형의 타워가 세워져 있는데, 이것이 또 파괴된 교회와 묘한 대조를 이루고 있어 보는 이의 마음을 더욱 착잡하게 만들고 있다.

유대인의 넋을 기리는 홀로코스트 기념 공원

독일사를 공부하면서 가장 풀리지 않는 난제 중의 하나는 홀로코스트(Holocaust)의 문제이다. 괴테와 실러, 헤르만 헤세, 베토벤과 브람스, 칸트와 헤겔 등 기라성 같은 문화사의 대가들을 낳은 독일, 세계 최고의 문명국가 중 하나인 독일의 국민들이 어떻게 해서 히틀러와 같은 희대의 광인을 총통으로 세웠으며, 또 그가 벌인 인류역사상 최악의 학살극을 묵인 혹은 동조했느냐 하는 것이다.

필자가 홀로코스트의 실상을 알게 된 것은 여러 영화를 통해서였다. 오래 전에 텔레비전에서 보았던 '홀로코스트'란 다큐멘터리 장편

드라마를 통해서 필자는 처음으로 홀로코스트의 실상을 접하게 되었다. 그리고 말할 수 없는 충격을 받았던 기억이 난다. 이어서 나온 여러 편의 영화들, '소피의 선택', '인생은 아름다워', '쉰들러 리스트(Schindler's List)등의 영화를 보면서 필자는 홀로코스트의 비극성을 더욱 생생하게 깨닫게 되었다.

그러나 다른 무엇보다 2010년 동유럽 여행 중에 찾아갔던 폴란드 아우슈비츠(Auschwitz) 수용소의 모습은 충격 그 자체였다. 이 방문을 통하여 필자는 더 이상 할 말이 없을 정도로 홀로코스트의 참극을 온 몸으로 체험하게 되었다. 수용소에 수감되었던 유대인들이 벗어놓은 수많은 신발들과 안경들, 유대인을 총살시키던 죽음의 벽, 대량학살의 현장인 가스실과 화장장 등 수용소의 시설들과 유대인이 남긴 물품들은 모두가 다 어린아이로부터 노인에 이르기까지 이 수용소에서 죽어간 수많은 유대인들의 고통과 원혼이 어린 자극들이었다.

수용소에서 이루어진 유대인의 대량 학살과 관련해서 필자가 언제나 기억하는 장면들이 몇 가지가 있다. '홀로코스트'라는 드라마에서 보면 수백 명의 유대인들을 발가벗긴 채 가스실에 집어 놓은 뒤 철문을 잠근 독일 군인들이 가스실에 독가스를 주입한 후 몸부림치며 죽어가는 유태인들의 최후를 쇠창살 사이로 들여다보는 장면이 나온다. 그들은 일말의 동정심도 없는 듯이 서로들 깔깔 거리기도 하고, 농담을 주고받으며 맥주를 마시기도 했다. 이 때 그들 옆에서 악단이 연주하던 음악은 아이러니하게도 모차르트의 음악 중 가장 낭만적인 곡 중의 하나인 '소야곡'이었다. 이 장면은 당시 유대인들을 학살하던 나치 친위대원을 비롯한 독일군 장교나 사병들의 정신상태가 어떠했는지를 잘 나타내준다. 한마디로 홀로코스트와 관련된 영화를 보거나 아니면 실제 학살의 현장을 보면서 느끼는 감정은 인간이 저렇게 까지 악해질 수 있는가 하는 것이었다. '지킬박사와 하이드'라는 소설이 암시해주는 것처럼 선한 것처럼 보이는 인간의 내면 속에는 무서운 악마성이 존재한다는 것을 홀로코스트는 생생하게 증언해준다.

베를린의 홀로코스트 기념공원은 미국 건축가 피터 아이젠만(Peter Eisenman)이 설계하여 2005년에 완공한 공원으로, 나치에 의해 잔인하게 희생당한 유대인을 기념하기 위해 세운 광장이다. 이곳에는 무릎높이에서 4.7미터의 높이까지 그야말로 높이와 크기가 서로 다른 조형물이 무려 2711개나 세워져 있다. 그런데 어디를 보아도 검은색으로 통일되어 있는 조형물들은 하나같이 시체를 넣는 관의 형태를 하고 있다. 사실상 이 조형물들은 히틀러 치하에서 희생당한 유대인들의 넋을 기리는 비석이자 그들의 관을 상징한다. 그 돌로 된 관 하나 하나는 독일군의 점령지나 수용소에서 억울하게 죽은 유대인들의 영혼을 달래기 위한 묘비석의 의미

베를린의 홀로코스트 기념공원

로 제작되었다고 본다. 각 조형물에는 글자 하나 새겨져 있지 않지만 사람들은 미로 같은 조형물 사이로 거닐면서 희생당한 유대인들의 한과 슬픔, 그리고 고통을 뼈아프게 느끼게 된다.

홀로코스트 기념 공원은 베를린에서도 가장 번화한 거리 중 하나인 포츠담 광장에서 부란덴부르크 문과 연방의사당으로 가는 길목에 자리잡고 있다. 이 중요한 장소에다 독일 사람들이 가장 기억하고 싶지 않은 비극적인 사건의 기념비를 세운 이유는 간단하다. 그것은 바로 이곳을 지나는 국회의원을 비롯한 시민들로 하여금 이 기념비를 볼 때마다 독일이 지난 역사 속에서 저지른 죄악을 영원히 잊지 말고 기억하라는 경고의 의미를 담은 것이다.[278] 웅장한 제단이나 높은 석탑 하나 없이도 주변 경관을 압도하는 이 검은 기념비들은 묵묵히 서서 독일의 정치인과 일반 시민, 그리고 베를린을 여행하는 모든 사람들에게 엄중한 메시지를 전하고 있는 것이다.

5대 박물관의 집결지, 박물관 섬

베를린에는 슈프레 강이 갈라져 섬을 이룬 곳에 많은 박물관들이 모여 있는 곳이 있는데 이곳을 박물관 섬(Museum Island)이라고 부른다. 여기에는 1824년에서 1930년에 이르기까지 단계적으로 세워진 5개의 박물관들이 모여 있다. 구박물관, 구국립미술관, 신박물관, 페르가몬(Pergamon)박물관, 보데(Bode)박물관이 그것이다. 이 박물관들은 전체가 슈프레 강변에 떠있는 배 모양을 하고 있는 것이 특징이다. 또, 이 박물관들의 외양을 보면 브란덴부르크 문에서 볼 수 있는 것처럼 다 같이 그리스식 열주로 되어 있으며, 절반은 파르테논 신전과 같은 모양을 하고 있다. 이것은 자신들이 고대 그리스인과 유사하다는 19세기 독일인들의 신념을 반영한 것이었다. 5대 박물관을 하나하나 소개하면 다음과 같다.

① 구박물관

구박물관은 이름 그대로 박물관섬에서 가장 오래된 박물관이다. 베를린 대성당 바로 옆에 그리스의 건축 양식을 쏙 빼어 닮은 건물이 보이는데 이 건물이 바로 구박물관이다. 구박물관은 높은 토대 위에 직사각형으로 설계된 2층 건물로서 이오니아식 기둥 18개가 우아하면서도 웅장한 건축미를 더해주고 있다. 구박물관은 외양만 그리스 건축 양식을 모방했을 뿐아니라 그 내부의 전시품도 주로 그리스와 로마 시대의 유물이다. 그 많은 유물가운데에서도 점토로 된 아프로디테상, 녹색 대리석으로 된 카이사르상이 가장 유명하다.

② 신박물관

1847년에 설립된 신박물관은 구박물관과 비슷하지만 거대한 주 계단이 특징이다. 제2차 세계대전 때 외벽만 남기고 전부 파괴되었으므로 오랜 기간의 재건 작업을 거쳐 2009년에야 재개관이 이루어졌다. 이 박물관은 이집트 유물을 중심으로 전시하고 있으므로 이 박물관에 들어가면 이집트의 미이라, '사자의 서' 등을 싫증나도록 볼 수 있다.

이 박물관의 백미는 기원전 14세기에 살았던 이집트 왕 아크나톤의 왕비 네페르티티(Nefertiti) 여왕의 두상(頭像)이다. 이 두상은 네

신박물관의 네페르티티 여왕의 두상(頭像)

페르티티의 얼굴을 너무나 아름답고 정교하게 새겨놓았기 때문에 마치 살아있는 왕비의 얼굴을 보는 것 같은 착각을 일으키게 한다. 누구든지 그녀의 얼굴을 보는 순간 자기도 모르게 그 매력에 빠져 들어갈 수 밖에 없을 정도로 그녀의 얼굴 조각은 아름답다. 필자도 오랫동안 그 조각상을 지켜보며 감탄사를 연발하다가 같이 간 일행의 독촉 때문에 할 수 없이 발길을 돌려야 했다. 신박물관을 나오는 순간 다른 유물들은 다 잊어버렸는데 그 조각상만은 오랫동안 뇌리 속에서 맴돌았다.

③ 국립미술관

1866년에 건설된 국립미술관은 마름돌로 차곡차곡 쌓은 블록형태의 높은 토대위에다 코린트식 열주들을 배열한 그리스 신전 형태의 건물이다. 5단계로 된 계단은 코린트식의 기둥을 거쳐 박공벽이 있는 현관으로 연결되어 있다. 이 미술관은 고풍스런 그리스식 건물 외관과는 어울리지 않게 내부에는 18~19세기 회화와 조각 등이 전시되어 있다. 특히 모네, 마네, 세잔 등 근대 유명 미술가들의 작품들이 유명하다.

④ 보데박물관

1905년에 완공된 보데박물관은 신바로크 양식을 대표하는 건축물

박물관섬에 있는 5대 박물관 중 가장 선두에 있는 보데박물관(배의 앞부분을 닮아 있다)

로 박물관 섬의 북서쪽 끝에 위치해 있다. 전체가 배 모양으로 형성되어 있는 5개 박물관의 맨 선두에 있는 이 박물관은 건물의 앞부분을 둥글게 하고, 지붕에다 돔을 얹어 놓은 모습이 영락없는 배의 앞부분을 연상시키는 건물이다. 이 박물관은 2층 구조로 된 건물이 촘촘하게 늘어선 코린트식 벽기둥으로 연결되어 있으며, 윗부분에는 난간이 조성되어 있다. 이 박물관에는 주로 비잔틴 미술품과 프로이센 왕가의 유물 등이 전시되어 있다.

⑤ 페르가몬 박물관

1930년에 완공된 페르가몬 박물관은 5개의 박물관 중 가장 늦게 설립되었으나, 규모면에서는 가장 큰 박물관이다. 계단을 올라가면 가운데 중심 건물이 있고, 중심 건물 좌우편으로 웅장한 직사각형 건물이 서로 마주보고 있다. 이 박물관은 건물의 크기만 웅장할 뿐아니라 그 안에 전시된 유물들의 크기 또한 압도적이다. 왜냐하면 이 박물관에는 고대 그리스와 로마의 유물 및 터키와 메소포타미아 지역에 있던 엄청난 크기의 유물이나 건물을 송두리째 옮겨온 것들이 많기 때문이다. 그 가운데서도 페르가몬 왕국의 제단, 밀레토스(Miletus)의 시장문, 바빌론 성벽의 이슈타르(Ishtar)문, 아시리아 니네베(Nineveh) 성벽의 수호신 조각 등은 고대 유적지에서 발굴된 건축물이나 유물을 원형 그대로 옮겨다 놓은 것으로, 누구나 그 전시품 앞에 서면 와! 하고 탄성을 지르지 않을 수 없게 된다.

페르가몬 박물관에 있는 페르가몬 대제단

1층 전시실에 들어가면 페르가몬 대제단이 압도적인 위용을 자랑하며 서있다. 이 제단 앞에 서게 되면 누구나 마치 고대 페르가몬 왕국에 들어선 것 같은 착각을 하게 된다. 이 제단은 터키 소아시아 지역에 있던 페르가몬 왕국에서 제우스 신을 숭배하기 위해 기원전 164년에 세운 제단인데, 1864년에 독일 사람들이 통째로 옮겨온 것이다. 헬레니즘 미술의 걸작으로 알려진 이 제단은 높이가 10미터, 정면 길이가 30미터이며 하단부의 부조에는 거인족과 신들의 전쟁을 묘사한 조각들이 새겨져 있다.

밀레토스의 시장문은 터키 소아시아에 소재한 밀레토스의 시장 입구에 세운 돌문으로 서기 120년경에 세워진 문이다. 이 문은 지진 때 파괴되었던 것인데, 독일로 옮겨서 원형에 맞게 복구시킨 것이다. 이 시장 문은 1~2층 전체가 코린트 양식으로 되어 있다.

바빌론의 이슈타르 문은 기원전 575년경 신바빌로니아 왕국의 수도인 바빌론 성으로 들어가는 다섯 개의 문중 하나를 송두리째 뜯어온 것으로 화려한 터키 블루석으로 장식된 아름다운 문이다. 파란 벽면에 새겨진 용과 소, 그리고 사자 그림은 살아있는 듯한 착각을 일으킨다. 이슈타르 신은 하늘의 여신인 이슈타르를 가리킨다.

영국의 대영박물관, 프랑스의 루브르 박물관 등을 관람할 때에도 그랬지만, 페르가몬 박물관을 관람하면서 필자가 느낀 것은 과거 유럽의 열강들은 자기들이 정복한 약소국의 문화유산을 너무나 철저하게 약탈했다는 것이었다. 그들은 자기들이 한창 잘 나갈 때인 제국주의 시대 때 이집트, 중동, 지중해 일대에서 온갖 진귀한 유물들을 본국으로 실어 날랐으며, 심지어는 거대한 규모의 신전이나 모자이크 벽화 혹은 성문 등을 송두리째 뜯어내는 파괴적인 약탈 행위도 서슴지 않았다. 그러나 이제 시대가 바뀌었으니 약탈한 문화유산은 마땅히 원주인에게 다시 돌려주어야 하지 않을까 하는 생각을 하면서 필자는 씁쓸한 마음으로 이곳 페르가몬 박물관을 나왔다.

동서냉전의 상징, 베를린 장벽

베를린 장벽은 동서냉전이 심화되면서 동독인들의 탈출을 막기 위해 1961년에 처음 세워진 후 3차례 이상 보강되었다. 서베를린과 동베를린의 경계에 세워진 장벽은 본래 43킬로미터였다. 그러나 동베를린과 서베를린이 서로 마주보는 경계선 외에 베를린의 동독지역 경계에 세워진 장벽까지 합하면 베를린 장벽의 총길이는 155킬로미터나 된다. 그리고 장벽의 평균 높이는 3.6미터였다.

그 거대한 장벽에도 불구하고 장벽을 넘어 서독으로 탈출하는 사람들은 계속 이어졌다. 그 중에는 동독 군에서 훔친 육중한 차량을 몰고 장벽을 무너뜨리면서 탈출하는 사람도 있었고, 장벽과 가까운 고층건물에서 밧줄에 얽어맨 무거운 추를 장벽너머에 던져놓고 줄에 매어놓은 리프트를 타고 미끄러져 내려가 탈출하는 사람도 있었다. 심지어는 동베를린의 자기 집에서 장벽너머 145미터 떨어진 서베를린의 빵집까지 땅굴을 파서 한 마을 사람 59명이 한꺼번에 탈출한 사례도 있었다.

이에 소련당국은 장벽의 감시망을 한층 강화했다. 장벽의 동베를린 지역에는 60미터이상의 무인지대를 설치한 후 여기에 302개의 감시

탑과 20개의 감시벙커를 설치했다. 그리하여 무인지대에 얼씬거리는 사람이 있으면 감시탑이나 감시벙커를 지키는 군인들의 총탄세례를 받게 되어 있었다. 그것도 못미더웠던지 소련당국은 127킬로미터에 달하는 전기감지장치와 105킬로미터에 달하는 차량방어용 도랑까지 설치했다. 그리고 무인지대에는 1평당 30~50개의 지뢰를 매설했으며, 곳곳에 군견을 배치하여 민간인은 장벽 근처에 얼씬거리지도 못하게 했다.

이렇게 완전히 요새화된 견고한 장벽너머에서 소련이나 동독 당국은 이 장벽이 백년이 지나도 끄떡도 하지 않으리라고 자신했을 것이다. 그러나 이 장벽은 그 어떠한 인위적인 수단이 아니라 동독 국민들의 분출하는 욕구에 의해 한 순간에 무너졌다. 1989년에 라이프치히를 중심으로 각 도시에서 동서독 간의 자유로운 통행을 요구하는 동독인들의 집회와 시위가 계속되었다. 이에 동독정부는 시위를 잠재우기 위해 1989년 11월 9일에 동서독 국경을 이동할 때 행정절차를 대폭 간소화하겠다는 내용을 담은 개선안을 발표하는 자리를 마련했다. 그런데 이 자리에서 한 순간에 역사의 방향을 바꾸게 된 엄청난 실수가 벌어졌다. 그 자리에 참석했던 한 이탈리아 기자가 "언제부터 국경개방이 시행됩니까?"하고 질문하자, 동베를린의 총서기 귄터 샤보프스키가 당의 정책을 제대로 숙지하지 못한 채 "지금 당장"이라고 답변했던 것이다.

이 보도가 나가자 동서독인들은 갖가지 장비를 가지고 장벽으로 몰려들어 장벽을 부수기 시작했다. 너무나 많은 사람들이 한꺼번에 장벽으로 몰려들었기 때문에 장벽을 지키던 동독 경비병들도 멍하니 구

베를린 장벽의 붕괴

경할 수 밖에 없었다. 그리하여 28년간 철옹성처럼 동서 베를린을 가로막던 콘크리트 장벽은 11월 9일 하루사이에 붕괴되고 말았다. 그리고 이를 계기로 1990년 10월에 동서독 정부는 독일 통일선언을 하게 되었다.

베를린 장벽은 붕괴되었으나 통일된 독일 정부는 분단의 아픈 역사를 후대에 전하기 위해 장벽의 일부분을 남겨두기로 했다. 지금도 베를린 시내 곳곳에 베를린 장벽의 흔적이 남아 있는 것은 바로 이 때문이다. 이 가운데서 가장 체계적으로 장벽의 역사를 간직한 곳은 베를린 북쪽 베르나우어 거리에 있는 베를린 장벽 메모리얼(memorial)이다. 동독 국경 수비대가 국경을 탈출하던 사람들을 무차별 사살했던 비극의 현장에 세워진 베를린 장벽 메모리얼은 800미터의 장벽이 원형 그대로 남아 있다. 또, 장벽을 넘어 탈출하다 희생된 130명의 사진과 이들과 관련된 각종 조형물들이 설치되어 있다. 이에 더하여 베를린 장벽과 관련된 여러 가지 자료들을 전시한 장벽 기록센터와 화해의 교회도 이곳에 있다.

필자는 이곳에서 콘크리트 장벽과 장벽 위로 설치된 감시탑 주변을 걸으며 당시 독일인, 특히 베를린 사람들이 겪었을 분단의 아픔을 잠시 생각해 보았다. 그러나 남의 나라 이야기인데다 이미 오래 전에 벌어진 사건이라 실감이 나지 않았다. 오히려 아직도 분단의 고통 속에 있는 한국의 현실이 더 뼈아프게 다가왔다. 세계에서 대표적인 분단국가였던 두 나라 중의 하나인 독일은 이미 분단을 청산하고 오늘날 이 장벽을 기억해야 할 역사적 과거 정도로 생각하고 있는데, 왜 우리는 분단을 기억 속의 과거가 아닌 가슴 아픈 현실로 날마다 등에 지고 살아야 하는지 가슴이 답답해지는 느낌이 들었다. 그리고 철옹성 같은 베를린 장벽이 요술처럼 벌어진 우연적 사건에 의해 무너진 것처럼 우리에게도 그러한 행운의 여신이 찾아와 휴전선의 철조망을 걷어가 버리는 날이 오면 얼마나 좋을까 하는 꿈같은 상상도 해보았다.

2. 포츠담의 역사 산책

로코코 양식의 정수, 상수시 공원

17세기경부터 프로이센의 왕가인 호엔촐레른(Hohenzollern) 왕가의 역대 왕들이 거주하였던 궁전이 있는 포츠담(Potsdam)은 제2차 세계대전 중 연합국의 수뇌들이 가졌던 포츠담 회담의 개최 장소로도 널리 알려져 있다. 이곳은 베를린 중심가에서도 승용차로 1시간 이내면 도착할 정도로 가까운 거리에 있다.

필자가 포츠담을 방문하고자 했던 이유는 간단하다. 거기에는 18세기 로코코(Rococo) 양식의 정수라고 하는 상수시 궁전이 있기 때문이다. 그런데 포츠담에 가서 알게 된 것은, 상수시 (Sanssouci)궁전은 끝없이 넓은 숲으로 둘러싸인 상수시 공원의 일부에 불과하다는 것이었다. 상수시 공원은 광대한 숲과 호수 사이로 보이는 7개의 궁전들을 비롯하여, 미술관, 영빈관, 교회, 빌라 등 하나같이 특이하게 생긴 역사적 건물들이 흩어져 있는 공원이다. 상수시 공원의 면적은 여의도 면적과 비슷한 2.9평방킬로미터나 된다. 면적이 얼마나 넓은지 걸어서 다니는 것은 거의 불가능하다.

필자가 가고자 했던 상수시 궁전은 상수시 공원의 중앙부분 언덕에

포츠담에 있는 상수시 궁전

있었다. 그 언덕에 오르니 지붕이 없는 대리석 열주들이 좌우로 세워져 있는데, 그 부분이 전망대처럼 되어 있어서 상수시 공원 전체를 한눈에 내려다 볼 수 있게 되어 있었다.

상수시 궁전은 미리 예약한 사람만 입장하게 되어 있으며, 그것도 30분 단위로 한번에 20명만 입장하여 궁전에 배치된 가이드의 안내에 따라 방을 돌아보게 되어 있다. 이 궁전은 프로이센에서 가장 유명한 왕인 프리드리히(Friedrich) 대왕, 즉 프리드리히 2세가 직접 세운 궁전이며, 18세기 로코코 양식의 대표적인 건물이라고 해서 이곳에 오기 전부터 필자는 큰 기대를 갖고 있었다. 그런데 베르사유 궁전에 맞먹는 웅장한 궁전을 상상하고 왔던 필자의 기대는 산산조각이 나고 말았다. 왜냐하면 상수시 궁전은 베르사유 궁전과는 비교하는 것조차 힘들 정도로 규모가 작은 궁전이었기 때문이다. 방의 수도 10개 밖에 되지 않는데다, 방의 크기도 너무나 작았다.

필자는 일단 베르사유 궁전과의 비교는 포기하고 상수시 궁전을 있는 그대로 찬찬하게 살펴보기로 했다. 사실상 이 궁전은 프리드리히 2세의 개인적 취향에 따라 지은 개인 궁전이므로, 이 궁전을 베르사유 궁전과 비교하는 것 자체도 어리석다고 볼 수 있다. 이렇게 마음을 고쳐먹고 상수시 궁전의 내부를 살펴보니, 이 궁전은 실내 장식의 화려함과 정교함, 그리고 디자인의 아름다움에 있어서는 어느 궁전에 비해서도 결코 뒤질 것 같지 않았다. 특히 상수시 궁전은 18세기 후기부터 유행한 로코코 양식의 전형적인 궁전으로 알려져 있다. 바로크 양식이 크고 웅장하고 화려한 것이 특징이라면, 로코코 양식은 섬세하고 우아한 것이 특징이다. '로코코'란 인조동굴을 장식하는 조가

비를 뜻하는 프랑스어 로카유(rocaille)에서 유래한 것으로 알려져 있다.

상수시 궁전에 있는 10개의 방들은 각기 독특한 시설과 디자인을 갖고 있어서 각각의 방을 들어갈 때마다 기대감을 갖게 했다. 그 가운데서도 궁전의 중심에 자리잡은 대리석 방은 이 궁전에서 정원을 향해 배치한 유일한 방으로, 금빛을 입힌 8개의 코린트식 기둥, 샹들리에, 황금빛의 갑옷과 방패 모양의 장식들이 매달려 있는 화려한 돔, 갖가지 식물 문양들이 새겨진 대리석 바닥 등 아름답고 정교한 장식물로 가득찬 방이다. 로코코 양식의 정수를 보여주는 이 방은 아마도 연회와 무도회 장소로 이용된 것으로 보인다.

상수시 궁전, 근심이 없는 궁전?

왕실의 생활공간 가운데 접견실 겸 식당은 창이 하나밖에 없는 비교적 작고 친밀한 방이다. 이 방에는 화려한 테두리를 가진 소파, 거울, 탁자, 괘종시계 등도 여기 저기 보인다. 프리드리히는 점심 식사 때 보통 7명에서 10명까지 손님을 초대해서 이 방에서 함께 오찬을 했다. 이 때 초대된 손님은 주로 학자나 관료들이었다. 그러다 보니 점심시간은 몇 시간씩 연장되는 것이 보통이었다고 한다.

왕의 침실과 서재는 프리드리히가 상수시궁전에 머무를 때마다 프로이센 권력의 핵심부가 되었다. 그는 이곳에서 그의 재상이나 장관들을 만났으며, 끊임없이 법령과 명령을 내보냈다. 이렇게 볼 때 왕의 생활공간으로 이용된 방들은 그들의 사적인 성격에도 불구하고 프로이센의 운명을 좌우하는 매일의 정치적 사무가 행해지던 중요한 공적인 장소이기도 했다.

상수시 궁전은 본래 근심이 없는 궁전이란 뜻이다. 그러나 그는 근심이 없다는 이 궁전에서 밤낮없이 근심하며 일했다. 여기에서 사람들을 만나고, 신하들과 정사를 논하고, 중대사에 관해 고민하면서 결정하고, 명령을 내렸다. 근심이 없는 방은 허울 좋은 이름뿐이고 그는 평생 동안 큰 근심을 달고 살았다. 특히 오스트리아 및 그 동맹국들과 수년 동안 국가의 운명을 건 두 차례의 큰 전쟁을 치루기도 했다.

그가 이 궁전에서 유일하게 근심이 없었던 시간은 그가 좋아하는 플루트를 연주하고, 마음에 드는 철학자들과 철학을 논하던 시간이

상수시 궁전에서 플룻을 연주하는 프리드리히 2세

아니었을까? 그는 죽을 때까지 근심하다가 그의 침실에서 1786년 8월 17일 오전 2시 20분에 팔걸이가 있는 의자에 앉은 채로 죽었다. 그의 나이 74세였다. 그가 죽었을 때 그의 옆을 지킨 것은 두 마리의 영국산 개뿐이었다.

프리드리히 대왕의 가장 큰 취미는 플루트 연주였다. 그래서일까. 상수시 궁전에는 음악실이 따로 있다. 음악실의 벽과 천장은 꽃, 포도 넝클, 동물, 조개껍질과 같은 다양한 자연물 장식들로 가득 채워놓은 것이 특징이다. 그리고 도처에 그림, 거울, 촛대 등을 아름답게 배치해 놓았다. 그리고 방의 중심에 놓인 1746년도산 피아노와 플루트와 악보대는 이 방이 음악실이었음을 잘 말해준다. 그 자신 재능 있는 플루트 연주자였던 프리드리히는 이 방에서 젊은 음악가들과 이중주를 연주하곤 했으며, 때로는 피아니스트 및 바이올리니스트와 함께 실내악 형태로 연주하는 것도 좋아했다. 그는 샹들리에 불빛 아래서 검은 옷을 입고 연주하곤 했다. 이 음악실에서 플루트를 연주하는 프리드리히 대왕의 모습을 상상하고 있노라면, 그가 오스트리아의 여왕 마리아 테레지아(Maria Theresia)의 약점을 이용하여 실레지엔(Schlesien)을 탈취하고, 이것 때문에 오스트리아 계승전쟁과 7년 전쟁 등 유럽 전체를 뒤흔든 큰 전쟁을 2번이나 치른 유럽 최고의 전제군주요, 스트롱 맨(strong man)이라는 사실이 잘 믿어지지 않았다.

상수시 궁전에서 3년간 머문 볼테르

상수시 궁전에는 방문객들이 머물렀던 5개의 게스트 룸이 있다. 이 방들은 장식이나 디자인이 비교적 간결한 대신에 벽에 그림 액자들이 많이 걸려있는 것이 특징이다. 이 중에서 네 번째 방은 꽃의 방이라고 알려질 정도로 꽃, 열매나무, 포도 넝쿨 등의 그림들로 장식되어 있으며, 특히 원숭이가 포도와 과일 위에 앉아 있는 모습의 그림이 유명하다. 이 방은 볼테르의 방으로도 알려져 있다. 18세기 프랑스의 계몽사상가였던 볼테르(Voltaire)가 3년간 머물렀던 방이기 때문이다. 프리드리히 2세는 즉위하기 전부터 볼테르와 서신을 통하여 서로 교류를 했다. 프리드리히 2세는 본래 프랑스어를 자유롭게 구사했고, 프랑스의 학문과 예술에 대해 해박한 지식을 갖고 있었으므로 당대 프랑스의 최고 석학인 볼테르에 대해 관심을 갖는 것은 당연한 일이었는지 모른다.

프리드리히 2세는 실제로 볼테르를 상수시로 초대하였다. 이 초대에 응한 볼테르는 1750년 7월부터 3년간 이방에서 머물며 프리드리히 대왕의 지적인 욕구와 허영심을 채워주는 역할을 담당했다. 그리고 다른 학자들이 합석한 자리에서 자유로운 토론을 벌이는 일도 많았다. 그러나 시간이 지날수록 토론 때마다 두 사람 간에는 의견차이가 벌어졌다. 이에 왕의 태도가 달라진 것을 깨닫게 된 볼테르는 결국 프랑스로 돌아갔다. 그 이후 프리드리히 2세의 학문적 열정도 많이 식게 되었다.

상수시 궁전에서 방문객이 궁금해 하는 것 중의 하나는 왕비의 방이 어디있느냐 하는 것이다. 사실상 궁전 어디에서든 왕비를 위한 방은 없다. 프리드리히 2세는 그가 아직 왕자였을 때 그의 아버지가 그의 아들의 배우자로 선택한 엘리자베스 크리스틴(Elizabeth Kristin)

과 결혼을 했다. 그러나 크리스틴과의 결혼은 처음부터 행복하지 않았다. 그래서인지 프리드리히 2세는 왕위를 계승한지 얼마 안되어 크리스틴을 베를린 북동쪽에 있는 한 성에 살게 하고, 자신은 왕궁에서 혼자 지냈다. 그러므로 상수시 궁전에는 왕비의 방이 마련되지 않았던 것이다.

상수시 공원의 다른 궁전들

상수시 궁전 구경을 다 마치고 공원 입구로 나와 약 1시간에 걸쳐 상수시 공원 전체를 둘러보는 마차를 탔다. 마차는 포츠담 시내를 가로질러 공원의 남쪽으로부터 숲 길 사이로 난 길을 따라 가며 공원 여기저기 흩어져 있는 궁전과 시설물들을 보여준다. 남쪽 끝에 우아하고 작은 궁전이 하나 보이는데 이것이 샤를로텐호프(Charlottenhof) 궁전이다. 이 궁전은 프리드리히 빌헬름 4세와 그의 부인인 엘리자베드를 위해 지은 궁전이다. 거기서 조금 더 올라가면 연분홍색으로 된 신궁전이 나온다. 신궁전은 프리드리히 2세가 상수시 궁전을 지은지 20년 만에 설립한 궁전으로 상수시 궁전보다 훨씬 규모가 크고 화려한 궁전이다. 이 궁전 역시 프리드리히 2세의 개인적 취향이 반영된 로코코 양식의 궁전이다.

상수시 궁전에서 우측으로 3킬로미터 정도 떨어진 호숫가 옆에는 신정원이 있다. 이 정원의 호숫가에는 두 개의 궁전이 있다. 이 가운데 체칠리엔호프(Cecilienhof)라는 궁전은 독일이 제1차 세계대전에서 패배하기 직전인 1917년에 세워진 궁전으로 프로이센 왕가의 마지막 궁전이다. 이 궁전은 독일 제국의 마지막 황제인 빌헬름 2세의 아들 빌헬름 왕자와 그의 부인 세실리가 살았던 궁전이다. 이들 부부는 이 궁전에 거주한지 1년도 안되어 독일의 패전과 제국의 붕괴라는 비운을 겪게 되고, 결국은 이 궁전에서 쫓겨나게 되었다. 이 궁전이 유명하게 된 것은 1945년 7월에 제2차 세계대전의 뒤처리를 위하여 미·영·소의 영수들이 모여 이른바 포츠담 회담을 개최했던 장소였기 때문이다.

3. 드레스덴의 역사 산책

유럽의 발코니, 브륄의 테라스

과거 동독에 속했던 도시 중 필자가 가장 가보고 싶었던 도시는 바로 드레스덴(Dresden)이었다. 드레스덴은 작센(Sachsen) 주의 수도로 독일의 피렌체라고 불릴 정도로 화려한 역사적 유적, 특히 바로크 양식의 아름다운 건물들이 즐비한 도시라는 말을 많이 들었기 때문이었다. 또 드레스덴은 히틀러가 가장 사랑한 도시라서 그런지 제2차 세계대전 중 연합군의 폭격을 가장 많이 받은 도시였는데 어떻게 복구가 이루어졌는지 한번 확인하고 싶은 희망도 있었다.

마침 베를린을 방문하는 기회를 이용하여 베를린에서 200킬로미터 정도 떨어진 드레스덴을 찾았다. 드레스덴을 방문했을 때 제일 먼저 눈에 들어오는 것은 웅장한 바로크식 건물들이었다. 고풍스런 건물들이 몰려 있는 구시가지는 엘베(Elbe) 강변에 자리잡고 있어서 나는 처음부터 엘베 강이 한눈에 내려다보이는 언덕으로 향했다.

엘베 강은 체코 프라하 근처에서 발원하여 드레스덴 앞을 지난 후 북쪽으로 올라가 함부르크를 거쳐 북해로 빠지는 강으로서 그 길이가 980킬로미터에 이르는 독일의 대표적인 강 중의 하나이다. 독일의 수많은 제후 국가들 중 가장 강력한 힘을 가졌던 7선제후 중 하나였던 작센공국은 바로 엘베 강을 기반으로 번성했다. 내가 갔던 날에도 엘베 강에는 큰 배들이 정박한 것을 볼 수 있었는데 드레스덴이 발전할 수 있었던 것도 바로 수상교통의 요지였기 때문이다.

이 엘베 강을 내려다보는 곳에 브륄의 테라스(Brühlsche

브륄의 테라스(사진 왼쪽의 나무들이 서있는 부분)

Terrasse)가 있다. 엘베 강과 강 건너의 아름다운 옛 건물들과 농촌 풍경이 한 눈에 내려다 보이는 이곳은 특히 저녁노을이 아름다워 괴테가 일찍이 유럽의 발코니라고 찬사를 했던 장소이다. 이 테라스에 '브륄'이란 이름이 붙은 것은 드레스덴의 하인리히 폰 브륄(Heinrich von Brühl) 백작이 1740년에 요새였던 이 곳을 아름다운 정원으로 가꾸었기 때문이다. 테라스 뒤편으로는 드레스덴의 고풍스런 건물들이 밀집되어 있어서 내가 마치 괴테와 같은 시대에 이곳에 와서 엘베 강의 석양을 마주하고 있는 듯한 착각에 빠지게 한다. 그런데 강변을 끼고 있는 웅장하면서도 아름다운 바로크식 건물들에는 하나같이 검게 그을린 흔적이 남아있다. 이것은 제2차 세계대전 때 연합군의 폭격을 당해 무너졌던 건물들을 다시 복원하는 과정에서 불과 연기에 그을린 석재들을 그대로 이용했기 때문이라고 한다.

엘베 강을 끼고 좌측으로 내려가면 광장 건너편에 화려하고 장엄한 바로크식 교회 건물이 나타나는데, 이 건물이 바로 드레스덴 대성당이다. 1738년부터 20년에 걸쳐 완공된 드레스덴 대성당은 과거 작센 왕가의 궁정교회로서 작센 왕가의 묘가 안치되어 있는 성당이다. 이 성당은 건물 중간에 홈을 파고 성인들의 상을 세워놓았는데 건물 꼭대기에도 아슬아슬하게 78체나 되는 실물크기의 각종 성인상을 세워놓은 것을 볼 수 있다. 알고 보니 이 성당은 이탈리아 건축가가 설계했다고 한다. 아마도 그 건축가는 수많은 성인 상을 지붕위에 세워놓은 밀라노 대성당을 머릿속에 두고서 이 성당을 건축하지 않았나하는 생각이 들었다. 성당에 들어가 보면 흰색으로 된 벽 때문에 내부가 무척 환하게 보이는데 정면 제단 위로는 승천하는 예수상이 한 눈에 들어오며, 황금빛 장식들이 눈을 사로잡는다.

레지던츠 궁전과 기마행렬 모자이크 벽화

드레스덴 대성당의 좌측을 보면 이 성당과 구름다리로 연결되어 있는 웅장한 건물과 마주치게 된다. 바로 레지던츠(Residenz) 궁전이다. 드레스덴성이라고도 불리는 이 궁전은 12세기부터 작센의 역대 군주들이 살던 궁전으로 여러 세기를 거쳐 증축과 복원이 거듭되었기 때문에 르네상스 양식, 바로크 양식 등 여러 건축 양식이 혼합된 건물이다. 이 궁전은 드레스덴의 다른 건물과 마찬가지로 제2차 세계대전 때 완전히 파괴되었다가 1985년부터 20년간의 복구공사를 거쳐 2006년에야 공사를 완료했다. 레지던츠 궁전에는 하우스만 탑이라는 시계탑이 서있는데 이 탑을 건설할 당시의 군주가 드레스덴에서 이 탑보다 더 높은 건물을 짓지 말라는 유언을 남겼기 때문에 지금도 드레스덴에서는 이 탑보다 더 높은 건물을 찾아 볼 수 없다고 한다.

이 궁전 안에는 중세 기사들의 갑옷과 병기 등을 모아놓은 병기관, 중세와 근대의 각종 동전 등을 모아놓은 화폐관, 작센 왕가의 보물 컬렉션이라고 할 수 있는 보물 전시관 등이 있다. 이 중 눈에 띄는 것은 보물 전시관인데, 이 전시관이 유명한 이유는 바로 '드레스덴 그린(Dresden Green)'이라고 부르는 세계에서 가장 크고 희귀한 녹색의 다이아몬드를 보관하고 있기 때문이다. 40.7캐럿이나 되는 이 다이아몬드는 작센 왕가의 왕관을 장식하던 보석으로, 제2차 세계대전 중 소련군이 가져갔다가 1958년에 동독 정부의 요청으로 다시 제자

레지던츠 궁전 벽의 기마행렬 모자이크 벽화

리에 반환을 했다고 한다. 최근에 이 전시관이 갑자기 세인의 관심을 끈 것은 2019년에 이 전시관이 전시하고 있던 보물 한 점이 도난당했기 때문이다. 철통같은 보안장치에도 불구하고 보물이 도난당한 것은 그야말로 영화 같은 이야기가 아닌가 생각된다.

레지던츠 궁전이 유명한 이유는 또 하나 있다. 그것은 바로 이 궁전의 한 부분인 마구간 외곽을 둘러싼 벽에 설치된 기마행렬 모자이크 벽화 때문이다. 레지던츠 궁전은 몰라도 이 궁전의 모자이크 벽화는 알 정도로 이 벽화는 드레스덴의 상징으로 널리 알려져 있다. 이 벽화는 높이 8미터, 길이 100미터에 이르는 거대한 벽화로 독일 제일의 도자기 산지인 마이센(Meissen)에서 생산된 2만 5천개의 타일을 이용하여 제작한 것이다. 여기에는 35명에 이르는 역대 작센 군주들과 58명에 이르는 과학자, 예술가, 농부 등의 기마행렬이 연대순으로 표현되어 있다. 이 벽화는 시대별로 바뀌는 인물들의 옷이나 머리 스타일까지 반영할 정도로 매우 섬세하고 역동적으로 인물들을 표현하고 있다. 이 벽화가 유명해진 또 하나의 이유는, 제2차 세계대전 중 연합군의 융단 폭격으로 드레스덴 건물들의 90퍼센트가 무너지거나 불타는 가운데서도 이 벽화는 전혀 손상을 입지 않고 원형 그대로 남아 있었기 때문이다.

폐허에서 다시 재건된 프라우엔 교회

궁전 등이 몰려있는 골목길을 나와 호텔이나 카페 등이 많은 널찍한 공간으로 나오면 갑자기 중세에서 현대로 빠져 나온 느낌이 든다. 그런데 그 현대식 공간 한가운데 고풍스런 교회가 하나 나타난다. 바로 '프라우엔(Frauen)' 교회이다. 필자는 처음에 겉모습만 보고 이 교회가 가톨릭 성당인줄 알았는데, 교회 앞 광장에 서있는 마르틴 루터의 동상을 보고 프로테스탄트 교회임을 알 수 있었다. 프라우엔 교회는 1726년부터 시작해서 17년 만에 완공된 바로크 양식의 프로테스탄트 교회로 높이 95미터에 이르는 돔을 가진 교회로 유명하다. 이 돔은 건축 당시 성 베드로 대성당의 돔과 비교해도 손색이 없다고 할 정도로 웅장하고 아름다운 교회로 소문이 났다고 한다.

프라우엔 교회 건물을 올려다 보면 시커멓게 그을린 석재들과 다소 하얗게 보이는 석재들이 뒤섞여 있음을 볼 수 있다. 사실상 프라우엔 교회는 연합군의 드레스덴 대공습 때 완전히 잿더미로 변했기 때문에

드레스덴 시민들의 노력으로 폐허 위에 다시 세워진 프라우엔 교회

동독 정부는 교회 터에다 주차장을 건설할 계획까지 세웠다고 한다. 물론 시민들의 반대로 이 계획은 무산되었지만, 동독 정부는 이 교회를 다시 복구할만한 여력이 없었기 때문에 교회를 폐허 상태로 방치할 수 밖에 없었다. 그러나 이 와중에서도 드레스덴 시민들은 여기저기 무너져 내린 돌조각들을 버리지 않고 번호까지 매겨 보관을 했다고 한다. 결국 프라우엔 교회의 복구는 독일이 통일된 후인 1994년에 시작되었는데, 이 때 시민들이 보관했던 돌조각들은 원래의 자리에 하나씩 하나씩 짜 맞추어지기 시작했다. 그러나 이 건물이 너무 철저하게 파괴된 탓인지 절반 정도의 돌은 새로운 돌로 대체될 수 밖에 없었다. 이러한 정성어린 재건을 통해 프라우엔 교회는 드디어 2005년 10월 30일에 마침내 석재의 절반을 갈아끼운 채 본래의 모

습을 되찾게 되었다.

블록버스터의 상징, 드레스덴의 폭격

제2차 세계대전 중 연합군의 드레스덴 공습은 동부 독일 최고의 문화 유적을 단 이틀만에 90퍼센트 이상을 쓸어버릴 정도로 최악의 공습으로 알려져 있다. 당시 드레스덴은 히틀러가 가장 사랑하는 도시라는 소문이 나 있었고, 군수물자를 생산하는 공장만도 100개가 넘는다는 정보도 나돌았다. 그럼에도 불구하고, 1944년 말까지 드레스덴은 독일의 다른 도시에 비해 비교적 폭격을 덜 받았다. 이 때문에 사람들은 연합군이 문화유적이 많은 드레스덴에 대한 폭격을 기피한다고 생각을 하게 되었다. 그런 소문 때문인지 드레스덴에는 독일 동부로부터 피난 온 사람들로 붐비고 있었다. 그러나 그러한 소문은 어디까지나 착각에 불과하다는 것이 곧 드러났다.

당시 연합군의 공군지휘부에게 드레스덴의 문화 유적은 제 2차적인 문제에 불과했다. 그들은 독일군의 저항 능력을 분쇄하고 소련군의 진격을 돕는다는 명분아래 1945년 2월 13일 밤 10시부터 2월 15일 낮 12시까지 영국과 미국의 폭격기 1,000대 이상을 동원하여 드레스덴과 그 주변에 맹렬한 폭격을 퍼부었다. 그 폭격의 강도가 얼마나 심했던지 융단폭격이니 블록버스터(blockbuster)란 말이 드레스덴의 폭격을 계기로 생겨날 정도였다. 이 때 드레스덴 주변의 날씨까지 좋지 않았기 때문에 폭격기들은 눈에 잘 안보이는 군수시설에 대한 폭격 대신에 드레스덴의 도심 건물에다 무작정 폭탄을 퍼붓는 일이 많았다. 그리하여, 불과 이틀에 걸친 융단 폭격으로 독일의 피렌체라고 지칭할 정도로 아름다운 도시 드레스덴은 거의 형체를 알아볼 수 없을 정도로 철저하게 파괴되었다.

집중 폭격으로 인한 피해는 문화유적의 파괴에 그치지 않았다. 민간인의 희생 또한 상상을 초월할 정도로 많았다. 당시 드레스덴에는 방공호가 부족했기 때문에 대다수의 민간인들이 건물의 지하실로 대피하고 있었다. 그런데 대규모 폭격으로 건물의 대부분이 무너졌고, 소이탄의 폭발로 인한 대규모 화재까지 발생하여 수많은 민간인들이 희생되었다. 이 때 희생된 민간인의 수는 공식적으로만 4만 명이고, 통계에서 빠진 민간인의 수를 합하면 약 10만 명에 이를 것으로 추정하고 있다.

연합군의 폭격으로 도시의 90퍼센트 이상 파괴된 드레스덴 시민들이 무너진 건물의 잔해를 치우고 있다.

이 폭격으로 인한 드레스덴 시민들의 상처가 얼마나 컸는가 하는 것은 드레스덴 폭격 후 47년이 지난 1992년에 영국의 엘리자베드 2세 여왕이 드레스덴을 방문했을 때 시민으로부터 계란세례를 받은 사례를 통해서도 어느 정도 짐작할 수 있다.

제2차 세계대전이 끝난 지 70년이 훨씬 지난 지금 드레스덴에서 전쟁의 상처를 찾아보기는 쉽지 않다. 여전히 아름답고 웅장한 바로크풍의 궁전과 교회, 오페라하우스 등이 가득 찬 구시가지를 거닐다 보면 사람들이 이 도시를 왜 독일의 피렌체라고 부르는지 그 이유를 금방 깨닫게 된다. 그리고 구시가지를 조금 벗어나 있는 신시가지에는 각종 현대식 상점이나 호텔들마다 관광객들로 북적거린다. 어디를 보아도 전쟁의 상흔을 찾기는 힘들다. 오늘날의 드레스덴의 풍경에서 필자는 전쟁 때 90%이상 파괴되었던 도시를 불과 70여년 사이에 거의 완벽하게 옛 모습대로 복구해 놓은 독일인들의 끈기와 근면성, 그리고 전통에 대한 깊은 애착 같은 것을 진하게 느낄 수 있었다.

4. 바이마르의 역사 산책

독일의 문화 수도, 바이마르

드레스덴 방문을 마친 후 다음 코스로 잡은 곳은 바이마르(Vaimar)였다. 필자가 바이마르를 꼭 가보고 싶었던 이유는 두 가지였다. 하나는 이곳이 바로 괴테가 생애의 대부분을 보냈던 곳이고, 또 하나는 이곳이 바로 1차 세계대전의 패전이후 독일에서 출현한 바이마르 헌법과 그 헌법에 기초한 바이마르 공화국이 탄생한 유서깊은 장소였기 때문이다.

바이마르는 중세 이래 공작이 다스리던 공국으로, 신성로마제국의 300개 영방국가 중의 하나였다. 바이마르 공국은 1741년 이래 작센아이제나흐(Saxen-Aisenach)공국과 서로 연합 상태에 있다가 1809년에 서로 합병하여 작센바이마르아이제나흐 공국이 되었고, 1871년에 독일이 통일되면서 독일제국의 일부가 되었다. 제1차 세계대전 후 독일제국이 멸망한 후에는 다시 작센바이마르아이제나흐 자유주로 불리었는데, 이 자유주의 인구는 40만 명이 조금 넘었고, 주민의 대다수는 루터파 개신교였다. 그러다가 1920년에 튀링겐(Thüringen)주에 합병되어, 작센바이마르아이제나흐 주는 지도에서 사라졌다. 따라서 현재 바이마르는 튀링겐주에 속하는 조그마한 도시에 불과하다.

드레스덴에서 바이마르까지는 고속도로로 약 2시간 30분 걸린다. 고속도로 연변에는 광활한 숲이 보이는가 하면, 숲 사이로 넓게 펼쳐진 밀밭이나 목초지들, 노란색의 화려한 유채꽃 밭, 빨간 지붕을 한 아름답고 평화로운 농가들이 이어지며 독일 농촌 특유의 아름답고 목가적인 풍경이 이어진다.

고속도로에서 바이마르라는 이정표를 보면서 2차선의 좁은 길을 따라 시내로 들어갈 때 느끼는 첫 인상은 우리나라의 어느 조그마한 시골 도시로 들어간다는 인상이었다. 이곳이 바이마르 공화국의 발생지이자 독일의 문화수도라고 부를 정도로 유명한 도시라는 인상은 전혀 들지 않았다. 사실 바이마르는 상주인구가 6만 5천 명에 불과한 소도시이기 때문에 그러한 인상이 드는 것은 너무나 당연하다고도 볼 수 있다.

그러나 인구수나 도시의 외관만 가지고 바이마르를 평가해서는 안 된다. 왜냐하면, 바이마르가 독일 역사에 끼친 영향을 생각하면 바이마르야 말로 어느 대도시에 견주어도 손색이 없는 큰 영향력을 가진 도시라고 할 수 있기 때문이다. 바이마르는 괴테, 실러, 니체, 바흐, 리스트, 리하르트 슈트라우스, 발터 그로피우스 등 문학, 철학, 음악, 건축 등 여러 분야에서 독일 역사를 대표하는 문화인들이 활동하거나 거쳐 간 도시이다. 독일 사람들이 베를린을 독일 정치의 중심지로, 그리고 바이마르를 독일 문화의 중심지라고 까지 일컫고 있는 것은 다 그만한 이유가 있는 것이다. 사실상 바이마르는 괴테탄생 250주년이 되는 1999년에 유럽의 문화수도로 지정되기도 했다. 제1차 세계대전 후 독일의 수많은 도시 가운데 이곳이 독일 헌법을 제정하기 위한 국민의회의 개최장소로 선정되고, 또 새로 탄생된 공화국의 이름을 바이마르 공화국으로 불렀던 것도 바이마르가 가졌던 문화적 명성 때문이 아닌가 생각된다.

바이마르가 독일 문화의 중심지로 떠오른 것은 괴테가 바이마르의 칼 아우구스트(Karl August) 공의 초청을 받아 바이마르에 머물게 된 1776년 이후가 아닌가 생각된다. 당시 27세였던 괴테는 25세에 발표한 '젊은 베르테르의 슬픔'이 크게 히트하여 이미 문학가로서의 평판을 크게 떨치고 있었다. 그는 이때부터 바이마르 추밀원 고문관에 임명되어 바이마르 공국의 정치에 깊이 관여하게 되었다. 이 시기에 바이마르는 인구가 6천명밖에 안되는 소도시였지만 칼 아우구스트 공과 대공비 안나 아말리아(Anna Amalia)가 문학과 예술에 많은 관심을 갖고 지속적인 투자를 함에 따라 바이마르는 점차로 독일 문화의 중심지로 떠오르고 있었던 것이다. 지금도 바이마르에서 가장 유명한 도서관을 '안나 아말리아 도서관'이라고 부르고 있는 것은 그녀가 바이마르의 문화적 품격을 높이는 데 기여한 공로가 얼마나 큰 것인가를 잘 말해주는 사례라고 할 수 있다.

괴테와 실러의 동상을 만나다

고속도로에서 2차선밖에 안되는 좁은 도로를 따라 15분 정도 들어가니 바이마르 시내가 나타났다. 주차할 데를 찾다가 어떤 쇼핑센타 지하주차장에 주차를 하게 되었는데, 주차를 마치고 나오다가 그 쇼핑센터 간판을 보니 '실러기념 쇼핑센터'라는 독일어가 크게 보인다. 그제야 이곳 바이마르에 괴테만이 아니라 실러도 살았다는 사실을 깨닫게 되었다. 프리드리히 실러(Friedrich von Schiller)는 괴테와 함께 독일의 고전주의 문학을 대표하는 작가이며, 우리에게는 '빌헬름 텔'의 작가로 너무나 잘 알려진 작가가 아니던가? 그 유명한 실러가 이와 같이 평범한 상가 건물 간판에 등장하다니 필자는 갑자기 머리가 혼란해지는 느낌이 들었다.

실러기념 쇼핑센터에 차를 주차하고 밖으로 나오니 금방 바이마르 국립극장 광장이 보이고 그 앞에 독일의 전통적인 복장을 한 두 사람의 동상이 보인다. 가까이 가서 보니 다름 아닌 괴테와 실러의 동상이었다. 필자가 알기에 괴테와 실러의 동상은 바이마르의 상징으로

괴테와 실러의 동상 앞에 선 필자

알려질 만큼 유명한 동상인데 그 동상을 바이마르 시내에 들어오자마자 금방 보게 될 줄은 정말 상상도 못했다.

독일의 고전주의 문학을 대표하는 괴테와 실러가 여러 해 동안 한 도시에서 살면서 함께 교유했다는 사실만으로도 대단한 일인데, 사후에도 이렇게 함께 나란히 서서 그들의 우정을 과시하는 모습을 동상으로 남겼다는 사실 자체가 대단하다는 느낌이 들었다. 실러는 1787년에 처음 바이마르를 방문하여 이곳에 머물면서 여러 사람들과 교제를 가졌다. 그 때는 괴테가 이탈리아 여행 중이었기 때문에 괴테를 만나지는 못했다. 그러다가 괴테가 이탈리아에서 돌아온 1788년 9월에야 실러와 괴테는 처음 바이마르에서 상봉을 했다. 그 때 실러의 나이는 29세, 괴테의 나이는 39세였다. 그리고 그 해 12월에 실러는 괴테의 추천으로 예나 대학의 역사학 교수로 초빙을 받아 바이마르를 떠나긴 했으나, 그 때부터 괴테와 실러의 교제는 계속되었다.

1799년 실러가 39세 되던 해부터 그는 바이마르에 완전히 정착을 했다. 그리고 이 곳에서 '빌헬름 텔'을 비롯한 그의 대표적인 희곡 작품들을 집필했다. 그러나 실러는 바이마르에 정착한지 6년 밖에 안되는 1805년에 급성 폐렴으로 갑자기 사망했다. 그의 나이 46세 때였다. 실러보다 10세가 더 많았던 괴테는 그로부터 27년을 더 살고 1832년에 83세의 나이로 사망했다. 두 사람의 교류가 얼마나 깊었는지는 후에 두 사람이 주고 받은 서한들을 모은 〈괴테-실러 왕복 서한〉이 발간된 것을 통해서도 잘 알 수 있다. 또 괴테는 실러의 죽음을 애도하며, "내 존재의 절반을 잃은 것같다"라고 말했는데, 죽은 후에는 바이마르에 있는 실러 무덤 옆에 묻혔다

그러므로 바이마르의 국립극장 앞에 괴테와 실러 동상이 세워진 것은 너무나 당연한 것처럼 보였다. 그러나 150여년 전 이 동상을 세울 때 예기치 않은 난관에 부딪친 일이 있었다. 그것은 괴테의 키가 실러보다 20센티나 적어서 균형이 맞지 않았기 때문이었다. 실제로 동상에서는 두 사람의 키를 비슷하게 만들었지만, 당시 동상제작자는 상당한 곤혹감을 느꼈으리라 본다. 동상에서 보면 괴테와 실러는 월계관을 함께 잡고 있는데 이것은 아마도 뛰어난 시인에게 주는 계관시인의 명예를 두 사람이 함께 나눈다는 의미가 내포되어 있다고 본다.

괴테와 실러의 동상이 서 있는 바이마르 국립극장은 실러의 빌헬름 텔과 괴테의 파우스트가 초연된 극장이다. 또 이 극장은 제1차 세계대전 후 바이마르 공화국의 출발점이 된 바이마르 헌법이 제정된 유서 깊은 장소이기도 하다. 그래서 필자는 이 극장의 내부를 상세하게 구경하고 싶었으나 마침 그 날 저녁에 있을 공연준비 때문에 극장측

에서 입장을 불허했기 때문에 서운한 마음을 안고 발길을 돌리지 않으면 안되었다.

괴테의 숨결이 서린 괴테하우스

바이마르가 괴테와 실러의 도시임을 느끼게 만드는 장소는 괴테와 실러의 동상에 그치지 않는다. 구시가지 한가운데로 들어가니 유난히 관광객의 발길이 많이 머무는 장소가 나오는데 다름 아닌 실러거리와 괴테거리이다. 그 거리에는 관광마차까지 다니고 있다. 필자는 괴테기념품 상점에 들어가서 바이마르 기념 사진첩을 하나 사들고 괴테하우스 관람을 했다.

괴테하우스는 1792년에 칼 아우구스트 공이 괴테에게 기증한 저택이다. 괴테는 바이마르에서 결혼한 가난한 서민 출신의 아내 크리스티아네 불피우스(Christiane Vulpius)와 함께 이 집에서 살았다. 괴테는 또한 이곳에서 유럽 각지로부터 자기를 찾아오는 많은 사람들과 교류함으로써 이 집은 유럽의 지적인 중심지가 되었다.

괴테 하우스에는 괴테의 친필 편지, 괴테 및 그와 관련된 인물들의 초상화와 사진, 책상과 책장, 그가 수집한 각종 책, 도자기, 자연과학 관련 채집품들이 방마다 가득 차 있다. 특히 놀라운 것은 괴테가 자연과학에 대한 관심이 많았다는 것을 증명이나 하듯이 각종 광물이나 동식물 관련 수집품들이 많다는 것이다. 이것을 보면 괴테의 관심분야가 실로 다양했다는 것을 알 수 있다.

괴테하우스에는 두 가지의 대조적인 공간이 존재한다. 하나는 집의

파우스트 등 괴테 후반기에 나온 대작들의 산실인 괴테의 서재

앞쪽에 마련된 손님 접대를 위한 공적인 공간이고, 다른 하나는 집의 뒤쪽에 마련된 사적인 공간이다. 사적인 공간에서는 괴테와 관련된 초상화 가운데 가장 유명한 '이탈리아 여행 중의 괴테'라는 초상화도 볼 수 있다. 괴테는 바이마르에서의 안정된 생활을 기반으로 '빌헬름 마이스터의 수업시대', '에그몬트', '시와 진실', '파우스트' 등 그의 대표작들의 대부분을 이곳 사적인 공간에서 집필했다. 또 그가 1832년 3월 22일에 83세를 일기로 세상을 떠난 곳도 바로 이곳의 침실이었다. 괴테하우스는 제2차 세계대전 중 심하게 파손되었으나 그의 서재는 운 좋게도 별로 손상을 당하지 않았다고 한다.

삐꺽거리는 층계를 오르내리며 괴테하우스의 방들을 구경하다 보니, 필자의 머리속에는 갑자기 약 200년 전에 매일 같이 이 층계를 오르내리고, 서재와 연구실을 들락거리다가 밤에는 침실에서 잠을 잤을 괴테의 모습이 갑자기 떠올랐다. 그리고 여기 있는 서재 한구석에

웅크리고 앉아 파우스트를 집필하고 있는 괴테의 모습도 연상되어 혼자서 웃음을 짓기도 했다.

실러하우스, 니체기념관, 그리고 바우하우스

괴테하우스와 가까운 거리에는 또 실러하우스가 있다. 그는 1799년에 바이마르에 정착한 이후 그의 아내와 아이들과 함께 바이마르에 있는 어떤 집에서 살다가 3년 후 그의 모든 돈을 털어서 현재 실러하우스로 지정된 이 집을 사서 이사를 왔다. 실러는 이 집의 인테리어를 직접 했는데 괴테하우스보다는 훨씬 모던하게 장식했다고 한다. 이집 서재에서 실러는 '빌헬름 텔' 등의 걸작을 썼다. 그러나 본래부터 병약했던 실러는 힘들게 마련한 이 집에서 3년 밖에 살지 못하고 세상을 떠났다. 현재 실러하우스에는 그가 세상을 떠날 당시에 누워있었던 침실도 그대로 놓여있어서 보는 이들로 하여금 병고에 시달렸

실러하우스

던 대문호의 마지막 모습을 연상하게 한다.

바이마르에 있는 또 하나의 유명한 기념관은 니체 기념관이다. “신은 죽었다”고 외치면서 평생 고독한 이단아로 살았던 니체는 그의 나이 45세가 되던 해에 정신병을 얻어 혼수상태에 빠진 채 12년을 더 살았다. 니체는 그의 생애의 마지막 기간인 1897년부터 1900년까지 3년동안 마지막까지 그를 돌보았던 그의 여동생과 함께 이 집에서 살다가 그의 나이 57세 때인 1900년 8월 25일에 이곳에서 쓸쓸하게 세상을 떠났다. 산업혁명 당시 유행하던 빌라 형태로 지어진 이 집은 현재 니체 기념관으로 지정되어 보호를 받고 있다.

바이마르에는 또 바우하우스(Bauhaus) 박물관이라는 우리에게는 다소 생소한 박물관이 하나 있다. 그러나 이 박물관은 건축이나 가구를 공부하는 사람들에게는 너무나도 잘 알려진 독일의 건축가 발터 그로피우스(Walter Gropius)와 관련된 박물관이다. 그로피우스는 20세기 초에 중세의 화려한 장식을 벗어나 실생활에 맞는 쉽고 편한 건축과 가구의 제작을 주장하여 현대 건축과 가구의 신기원을 이룬 건축가로 유명하다. 이 박물관은 발터 그로피우스의 위대한 정신을 기리기 위하여 그가 남긴 여러 가지 발자취를 모아 놓은 박물관이다.

바이마르에는 또, 종교개혁가 마르틴 루터가 설교하던 교회가 있으며, 바흐가 오르간 연주를 했던 교회도 있다. 이와 같이 바이마르에는 독일의 문화를 수놓았던 수많은 인물들의 발자취가 도처에 널려 있다. 그러므로 바이마르 시가지 전체가 1998년에 유네스코 세계문화유산에 등재된 것은 어쩌면 당연한 것이었는지 모른다.

바이마르의 어두운 그림자, 부헨발트 수용소

그러나 인생사에는 언제나 빛과 그림자가 공존하듯이 바이마르가 포함하고 있는 위대한 문화 유산 뒤에는 독일 사람들이 드러내고 싶지 않은 독일사의 치부가 함께 존재한다. 필자는 바이마르를 떠나오기 전에 반드시 들려야 했으나 영 마음이 내키지 않아서 가지 못한 장소가 한 곳 있다. 바로 바이마르 시내에서 15km 밖에 떨어지지 않은 곳에 위치하고 있는 부헨발트(Buchenwald) 수용소이다. 이 수용소는 괴테가 가끔 와서 산책을 즐길 정도로 풍광이 빼어난 숲 속에 자리잡고 있다. 이곳은 나치당의 친위대가 독일에 건설했던 6대 강제수용소 중 세 번째로 세운 수용소로, 지금은 정문을 비롯하여 몇 개의 건물만 남아 있다. 이 수용소는 설립 초기만 해도 유대인보다는 공산주의자, 반체제 독일인, 동성애자, 정신질환자, 집시 등을 수용하던 장소로서 학살과는 거리가 먼 수용소였다. 그러나 히틀러가 조직적으로 유대인을 학살하기 시작하면서 이곳도 학살수용소로 변모했으며, 학살 대상도 유대인이 다수를 점하게 되었다. 이곳에서 희생된 사람은 약 5만 6천명인데, 그 중에는 독일의 공산당 지도자인 에른스트 텔만(Ernst Thälmann), 히틀러 암살에 가담했던 개신교 목사 디트리히 본회퍼(Dietrich Bon hoeffer)등의 유명인사가 포함되어 있다.

필자가 바이마르에서 차로 10분이면 갈 수 있는 이 수용소를 가지 않은 이유는 간단하다. 오래전 아우슈비츠 수용소를 방문했을 때 가졌던 처참한 감정을 다시 재현하고 싶지 않아서이다. 히틀러의 집권

당시 바이마르 사람들은 자기들이 사는 생활공간 가까이에서 이런 반인륜적인 만행이 저질러지고 있다는 사실을 거의 몰랐을 것이다. 그럼에도 불구하고 이곳 부헨발트 수용소의 존재가 가슴 아프게 다가오는 것은, 독일의 악명 높은 수용소를 상징하는 부헨발트 수용소가 왜 하필이면 독일의 문화수도라고 하는 이곳 바이마르 근교에 세워졌나 하는 것이다. 이 사실에 대하여 닐 맥그리거는 다음과 같이 말하고 있다.

부헨발트 강제 수용소에 세워진 부헨발트 메모리얼

"바이마르가 거의 보이는 곳에, 바이마르가 상징하는 모든 것 가까이에 세워진 부헨발트가 우리에게 상기하는 질문은 아직까지 그 답변을 들은 적도 없고, 어쩌면 대답할 수도 없을 질문이다. 어떻게 그런 일이 일어날 수 있었을까? 뒤러, 루터의 성경, 바흐, 계몽주의, 괴테의 파우스트, 바우하우스 등 독일 역사상 위대한 인도적 전통들이 수백만의 학살과 재난으로 이어진 총체적인 윤리적 타락을 막지 못한 이유는 무엇일까?279)

5. 비텐베르크의 역사 산책

마르틴 루터

루터의 도시, 비텐베르크

2017년은 마르틴 루터가 종교개혁을 일으킨지 500주년이 되는 해였다. 이 뜻 깊은 해를 맞이하여 세계 여러 나라에서는 종교개혁 500주년을 기념하는 행사가 수없이 열렸으며, 우리나라 개신교계에서도 종교개혁의 발상지를 탐방하는 행사가 붐을 이루었다. 필자는 2017년 5월에 독일의 베를린과 주변 도시들을 답사하는 기회를 이용하여 루터가 종교개혁을 일으킨 비텐베르크(Wittenberg)를 방문하게 되었다. 대학에서 서양근대사를 가르치면서 종교개혁사를 가르칠 때마다 수없이 등장하는 비텐베르크를 직접 찾아간다는 것은 그 자체만으로도 흥분되는 일이었다. 원래 계획은 루터가 법률을 공부했던 대학이 있는 에르푸르트, 루터가 숨어서 성서를 번역한 장소인 아이제나흐(Eisenach)의 바르트부르크(Wartburg) 성 등을 함께 방문하기로 했지만 사정에 의하여 다 취소하고 비텐베르크 한 곳만 방문하게 되었다.

비텐베르크는 엘베 강 연안에 있는 도시로 베를린에서 기차로 1시간 20분밖에 안 걸릴 정도로 베를린 근교에 속하는 도시라고 할 수 있다. 작센안할트(Sachen-Anhalt) 주에 속하는 비텐베르크는 인구가 4만 7천명 밖에 안되며, 시가지 한쪽 끝에서 다른 끝까지 걸어서 1시간 남짓밖에 안걸릴 정도로 작은 도시에 불과하다. 이 작은 도시에서 독일 뿐 아니라 전 세계 역사에 엄청난 영향을 미친 종교개혁이 일어났다는 사실이 신기로운 일이 아닐 수 없다.

종교개혁이 일어난지 500주년이 되는 2017년 5월 13일에 나는 설레는 마음으로 비텐베르크를 방문했다. 마르틴 루터는 63년의 생애 중 35년이란 긴 세월을 이 도시에서 생활했다. 그는 비텐베르크 대학에서 박사학위를 받았으며, 그 대학에서 교수 생활을 했다. 그리고 이곳에서 종교개혁을 일으켰다. 필자는 비텐베르크에 들어서는 순간부터 이 도시가 루터의 도시라는 것을 실감하게 되었다. 우선 시내 안내판에 적힌 도시 이름 자체가 '루터슈타트 비텐베르크(Lutherstadt Wittenberg)'이다. 즉 '루터의 도시 비텐베르크'라는 뜻이다. 이 도시의 시청 광장에는 루터의 동상이 서 있으며, 상점에서는 루터 모습을 인쇄한 컵이나 티셔츠를 팔고 있었다.

종교개혁의 진원지, 비텐베르크 성교회와 시청광장

필자는 다른 어느 곳보다 먼저 종교개혁의 진원지인 비텐베르크 성(城)교회를 찾아갔다. 나는 서둘러 1517년 10월 31일에 루터가 95개조 반박문을 붙였던 교회의 문부터 살펴보았다. 그런데 교회의 정문인 청동문을 살펴보니 거기에 무엇인가 새겨져 있다. 바로 라틴어로 된 95개조 반박문이다. 알고 보니 루터 당시 95개조 반박문을 붙였

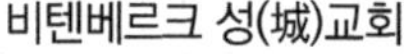

비텐베르크 성(城)교회

루터의 95개조 반박문이 새겨진 비텐베르크 성교회 청동문

던 목조문은 1760년에 화재로 소실되고, 1858년에 청동으로 된 문을 만들면서 거기에다 라틴어로 된 95개조 반박문 전문을 새겨놓았다고 한다. 대문 위 그림에는 십자가에 달린 그리스도 왼쪽에 루터가 성경책을 들고 앉아 있는 모습이 보인다. 오른 쪽에는 그의 후배이자 동지였던 멜란히톤(Philipp Melanchthon)이 그려져 있다.

교회 안으로 들어가니, 전체적인 모습이 고딕성당과 같은 구조로 되어 있고, 정면의 강단 유리창이 스테인드 글라스로 되어 있어서 가톨릭 성당과 별 차이가 없다는 느낌을 받았다. 그러나 각종 성화와 조각 및 장식으로 가득찬 가톨릭 성당과 달리 전체적인 내부 장식이 간결하고 소박하게 되어 있는 점은 이 교회가 프로테스탄트 교회임을 잘 말해주는 것 같다. 교회 내부의 의자들과 제단사이의 공간 오른쪽에는 루터의 시신이 대리석 관에 안치되어 있고, 묘지석에는 '마르틴 루터가 묻혀있다'는 라틴어 글귀도 볼 수 있었다. 루터가 세례를 줄때 사용하던 커다란 청동그릇까지 놓여있다. 이것을 보니 이 교회가 종교개혁의 출발점이 된 교회라는 사실이 새삼 가슴에 와 닿았다.

성교회를 나와 필자가 간곳은 비텐베르크 중심가라고 할 수 있는 시청 광장이다. 거기에는 시청사와 시민교회를 비롯하여 이름 모르는 상점 건물들이 자리잡고 있었다. 특히 광장 한가운데 있는 루터와 멜란히톤의 동상이 필자의 시선을 사로잡았다. 루터는 성서를 펴들고 손으로 성서를 가리키고 있는데 이것은 아마도 성서중심주의를 나타내는 것으로 보여진다. 사실 루터의 종교개혁의 핵심은 바로 신앙과 성서중심주의였다. 루터는 당시 교황을 비롯한 성직자의 권위를 부정하면서, 구원은 선행보다는 오히려 성서에 기반을 둔 믿음에 의해서만 가능하다고 주장했다. 다시 말해서, 철저한 성서중심주의, 신앙중심주의를 강조했던 것이다.

시청 광장에는 종교개혁 500주년을 기념하여 시에서 세운 지구본을 상징하는 조형물도 눈에 띄었다. 이것은 아마도 이 도시에서 일어난 루터의 종교개혁이 전 세계에 영향을 주었다는 사실을 강조한 것이라고 할 수 있다. 그리고 시청 광장에서 오른 쪽 골목으로 들어가면 첨탑 두 개가 우뚝 서 있는 교회를 볼 수 있는데, 이 교회는 바로 루터가 독일어로 처음 설교했던 성마리아 시립 교회이다. 교회 밖의 게시판에는 종교개혁의 어머니 교회라는 글귀가 적혀 있었다.

시청 광장에서 나와 동서로 길게 뻗은 도로를 따라 루터하우스로 가는 길 양쪽으로는 삼층 건물들이 일직선으로 늘어서 있다. 마치 우리나라의 조용한 시골 읍 풍경을 연상케 한다. 도로를 따라가다 보면 오른쪽으로 대학 건물이 하나 나타나는데, 이 건물이 바로 루터가 신학교수로 있었던 그 유명한 비텐베르크 대학이다. 지금은 할레 대학교와 통합이 되어 비텐베르크 대학의 공식 명칭은 '마르틴 루터 할레-비텐베르크 대학교'로 되어 있다. 대학의 명칭에 처음부터 마르틴 루터를 내세운 것으로 보아 할레-비텐베르크 대학은 마르틴 루터의 개혁 정신을 계승한다는 대학의 이념을 교명에서부터 뚜렷하게 부각시킨 셈이다.

비텐베르크 대학 건물입구의 바닥에는 독일의 유서깊은 대학들의 설립연도가 새겨진 돌판들이 박혀져 있다. 프라하 대학 1348, 빈대학 1365, 하이델베르크 대학 1385, 에르푸르트 대학 1392, 라이프치히 대학 1409 등 독일의 쟁쟁한 대학들을 열거한 다음 비텐베르크 대학 1502 라고 새겨놓았다. 이것을 보면 루터 당시에 비텐베르크 대학은 신생대학의 하나로 설립연도나 그 위치를 보더라도 다른 유서 깊은 대학에 비해 뒤로 한참 쳐져 있는 무명 대학에 불과했을 것이다. 그러나 종교개혁과 함께 이 대학은 독일의 쟁쟁한 그 어느 대학에 비해서도 결코 뒤지지 않는 프로테스탄트 명문대학으로 부상했으리라 본다.

루터부부의 보금자리, 루터하우스

비텐베르크 성(城)교회에서 일직선으로 난 큰 도로를 따라 20분 정도 걷다보면 루터하우스가 나타난다. 이 건물은 본래 루터가 소속했던 아우구스티누스 수도원 자리였는데, 프리드리히 선제후가 1525년 결혼한 루터에게 이 집에서 살도록 한 후부터 루터 하우스가 되었다. 마당에 들어서니 어떤 여자의 동상이 보인다. 바로 루터의 부인이었던 카타리나 폰 보라(Katharina von Bora)의 동상이다. 루터는 가톨릭 성당의 사제였기 때문에 결혼을 할 수 없었으나 종교개혁을 일으키면서 수녀였던 그녀와 결혼식을 올렸다. 당시 루터는 마흔 두 살, 폰 보라는 스물 여섯 살이었다. 두 사람은 결혼 후 6남매의 자녀를 두었다. 매일같이 교황 및 황제와 맞서서 종교개혁이라는 험난한 투쟁의 삶을 살았던 루터를 남편으로 두었기 때문에 그녀가 겪었을 고초 또한 엄청난 것이었으리라. 실물보다 조금 큰 형태로 된 폰 보라 동상의 손이 반질반질하다. 오고 가는 사람들이 전부 그녀의 손을 만졌기 때문이다.

루터하우스 마당에 서있는 루터 부인의 청동상

루터하우스의 오른쪽에는 큰 참나무가 하나 서 있는데 이것이 유명한 루터나무다. 루터는 1520년 12월 교황으로부터 받은 파문장을 불태우고 그 자리에 참나무를 심었는데, 이 나무가 자라서 거대한 나무가 되어 종교개혁의 정신을 일깨워 주고 있는 것이다.

독일어의 표준을 마련한 루터의 성경 번역 사업

루터하우스 전시관에 들어서니 종교개혁의 도화선이 되었던 면죄부용 헌금 통이 한 눈에 들어온다. 그리고 루터가 번역한 성경을 인쇄했던 활판인쇄기와 루터가 성경을 번역하기 위해 일일이 메모를 하며 꼼꼼히 읽었던 히브리어 성경도 눈에 띤다. 루터의 종교개혁운동이 전 독일에 급속히 퍼졌던 이유 중의 하나는 바로 활판인쇄술의 보급이었다. 활판인쇄술 때문에 루터의 95개조 반박문은 몇 주도 안되어 독일 각지로 급속히 확산되었던 것이다. 루터는 발트부르크 성에 숨어 불과 11주 만에 신약성경을 독일어로 번역해서 활판인쇄기에 올려놓았는데 이 성서는 1522년 9월부터 독일전역에 보급되기 시작했다. 그 성경은 일년도 되지 않아 12판을 찍을 정도로 인기가 높았다. 이어서 루터는 구약성서 번역에도 착수하여 거의 10년간 매달린 끝에 1534년에 성서 전체의 번역을 끝낼 수 있었다.

루터의 독일어 번역 성경이 큰 인기를 얻고, 또 독일 전역에 빠르게 보급될 수 있었던 이유는 루터가 뛰어난 번역 실력을 가지고 있었기 때문이다. 루터의 독일어 성경책은 쉽고 생생하며 정확한 문장으로 되어 있어서 누구나 읽기 쉽게 되어 있다. 루터 이전만 하더라도 독일어의 어법이나 화법은 지방마다 달라서 누구나 이해할 수 있는 독일어 문장을 구사한다는 것은 쉬운 일이 아니었다. 이 점을 잘 알고 있었던 루터는 당시 비교적 방언이 심하지 않았던 작센 지역의 관공서에서 사용하던 독일어를 모델로 삼았다. 그리고 지식인 보다는 일반 대중이 사용하는 평범한 언어, 그것도 대화에서 일상적으로 사용하는 독일어의 단어나 관용구를 이용하여 성서를 번역했다. 적당한 관용구가 없을 때는 자신이 직접 창조하기도 했다.[280] 어찌되었든 루터가 그의 성경번역에서 사용한 독일어는 그 후 독일어의 표준이 되었고, 모든 문학작품에서 사용하는 독일어의 유일한 모델이 되었다.

루터하우스에서 주차장으로 돌아오다 보니 멀리 성교회의 첨탑이 높이 보인다. 500년전 지금보다 더 조용하고 평화롭던 이 도시에 어느 날 아침 검은 사제복을 입은 한 사나이가 교회 문에 붙인 대자보 한 장이 독일의 모든 것, 나아가 전 세계의 종교 판도를 바꾸는 이른바 종교 개혁의 시발점이 될 줄을 이 도시 사람 누구도 몰랐을 것이다. 그리고 그 후 이 도시를 비롯한 독일의 전 도시가 신교파와 구교파 사이의 피비린내 나는 전쟁의 소용돌이 속으로 빠져들 줄을 그 누가 알았으랴. 필자는 오랫동안 가고 싶었던 종교개혁의 현장을 직접 방문했다는 감격과 흥분, 그리고 루터의 종교개혁이후 독일을 휩쓸었던 농민전쟁, 30년 전쟁 같은 피비린내 나는 사건들에 관한 기억이 가져다주는 착잡한 마음 등을 뒤로 한 채 저녁 무렵에 서둘러 비텐베르크를 떠났다.

6. 프랑크푸르트의 역사 산책

독일에서 가장 현대적인 도시, 프랑크푸르트

고풍스런 건물과 유적으로 이름난 독일의 다른 도시들과는 달리 프랑크푸르트는 현대적인 도시로 이름이 나 있다. 그도 그럴 것이 프랑크푸르트는 독일 최대의 경제도시로서, 상업 및 금융의 중심지로 알려져 있기 때문이다. 이 말을 긍정이라도 하듯이 프랑크푸르트에는 유럽중앙은행과 독일연방은행의 본사가 자리 잡고 있다. 실제로 프랑크푸르트에 가보면 독일의 어느 도시에서도 보기 힘든 고층빌딩이 즐비하게 솟아있다. 또 이 도시는 세계 3위 안에 드는 거대한 전시장 시설을 갖추고 있어서 1년 내내 각종 박람회가 개최되는 도시이기도 하다. 그 중에서도 책 박람회와 모터쇼는 역사와 규모 양쪽에서 세계 최고를 자랑한다. 그래서일까? 프랑크푸르트 공항은 유럽 최대의 허브공항이다. 우리나라에서 독일로 가는 비행기는 무조건 프랑크푸르트 공항에 착륙하는 것이 일반적이며, 심지어 다른 나라로 가는 경우에도 프랑크푸르트 공항에서 갈아타는 경우가 많이 있다.

프랑크푸르트는 우리나라 사람들에게도 익숙한 도시이다. 왜냐하면 1980년대 초에 차범근 선수가 독일의 분데스리가(bundesliga)에서 활약할 때 소속된 팀이 바로 아인트라흐트 프랑크푸르트 팀이었기 때문이다. 아직도 프랑크푸르트의 빌리브란트 지하철역에는 차범근 선수가 아인트라흐트(Eintracht) 선수복을 입고 뛰는 모습의 사진이 그대로 전시되어 있다.

이와 같이 프랑크푸르트가 하이테크를 자랑하는 현대적 도시로 소문이 난 탓인지 프랑크푸르트 관광 수기들을 읽어보면 한결같이 프랑크푸르트는 별로 볼 것이 없는 도시, 다른 도시로 가기 위해 잠시 들렀다 가는 도시 정도로만 간주하는 경우를 많이 보게 된다. 기껏해야 괴테의 생가가 있는 도시 정도로만 알고 있을 뿐이다.

독일의 운명을 바꾼 행사들의 개최지, 프랑크푸르트

과연 프랑크푸르트는 잠시 들려가는 도시로 인식하는 것이 타당할까? 필자는 이 말에 절대로 동의할 수 없다. 왜냐하면 필자가 독일을 포함해서 유럽여행에 나서기 전에 가장 가보고 싶었던 도시 중의 하나가 바로 프랑크푸르트였기 때문이다. 그 이유는 이 도시가 바로 필자가 유럽인 중에서 가장 좋아하는 인물 중의 하나인 괴테의 고향이며, 그가 '젊은 베르테르의 슬픔'을 집필한 그의 생가가 있는 도시였기 때문이다. 또, 프랑크푸르트는 중세이래 자유제국도시의 하나로 신성로마제국 황제의 선출과 즉위식이 열렸던 도시였으며, 1815년 나폴레옹의 실각 이후 개최되었던 빈회의 이후 결성된 독일연방의 대표들이 모여 회의를 개최하던 장소였다. 더욱이 이 도시는 1848년 독일의 3월 혁명 이후 소집된 독일국민회의가 1년 동안 독일의 통일 방안을 협의하던 역사적인 장소였다. 심지어 제2차 세계대전 후 독일이 동서독으로 분리된 후 서독의 수도로, 또 1990년 독일의 통일 이후에는 통일독일의 수도로 유력하게 거론되던 도시이기도 했다.

그러나 이러한 찬란한 역사적 배경을 가진 도시임에도 불구하고 프랑크푸르트가 독일의 다른 도시에 비해 별로 볼 것이 없다는 말은 어떤 의미에서는 타당한 말이다. 왜냐하면 프랑크푸르트의 역사적 유적지의 대부분은 제2차 세계대전 당시 연합군의 폭격으로 파괴되었기 때문이다. 그리고 파괴된 건물의 상당 부분은 현대식 빌딩과 상가로 대체되었으므로, 도시의 어디를 가나 역사적 유적으로 가득찬 다른 도시들에서 느낄 수 있는 고풍스런 느낌을 프랑크푸르트에서는 별로 느낄 수 없는 것이 사실이다.

괴테의 성장기 역사가 담긴 괴테의 집

필자는 2000년과 2010년 두 차례에 걸쳐 프랑크푸르트를 탐방한

프랑크푸르트에 있는 괴테의 집

적이 있었다. 필자가 먼저 찾아간 곳은 괴테의 집이었다. 고딕양식으로 지어진 적갈색의 5층 저택은 괴테가 태어났고, 그가 바이마르로 이주했던 26세 때까지 살았던 집이다. 물론 이 집도 제2차 세계대전 당시 완전히 파괴되었던 것을 시민들이 서둘러서 원형 그대로 복구했다. 다행히 폭격을 당하기전 시민들이 이 집의 생활 도구들과 유품들을 미리 안전한 곳으로 옮겨 놓았기 때문에 이 집의 모든 물품들은 괴테 일가가 사용하던 물품 그대로라고 할 수 있다.

괴테의 아버지는 황제의 고문관이었으며, 어머니는 프랑크푸르트의 시장의 딸이었기 때문에 괴테는 누구보다도 부유한 집안에서 자랐다고 할 수 있다. 따라서 이 집은 괴테 당시 프랑크푸르트 상류층의 집안 풍경을 그대로 보여준다는 점에서 역사적으로도 가치가 있는 집이다.

이 집의 1층은 식당과 부엌으로 되어 있다. 괴테가 말년에 저술한 그의 자서전인 '시와 진실'에 보면 괴테가 어린 시절에 동네 꼬마들의 충동에 이끌려 어른들이 없는 사이에 찬장에 있던 접시들을 꺼내어 창문 밖으로 던져서 깨뜨리는 모습이 나온다. 필자는 괴테의 집 부엌의 찬장을 보면서 접시를 던지는 어린 괴테를 생각하고 혼자서 웃었던 생각이 난다.

괴테의 집 1층에 있는 부엌의 모습

2층 방에는 중세 시대의 고악기와 피아노가 놓여 있었다. 그리고 괴테가 동생과 함께 인형놀이를 했던 방이 있다. 괴테는 어린 시절 할머니가 크리스마스 날 밤에 보여준 인형극에 강열한 인상을 받았으며, 나중에는 동생과 함께 직접 인형극을 연습해서 가족들 앞에서 상연하곤 했다.281)

3층 방에는 괴테가 태어난 방이 있고, 괴테 부모의 방도 있다. 특히 아버지의 방은 작은 도서관처럼 책장에 장서가 가득했다. 괴테가 밝힌 그대로 아버지는 학식에 대한 자부심이 강한 사람이었다. 그래서 자신의 아이들을 스스로 교육시켰으며, 필요할 때만 권위있는 교사들을 초빙하여 자기의 아이들을 가르치게 했다. 이와 같이 괴테의 아버지가 괴테 남매의 양육과 교육에 남다른 신경을 쓴 것은 괴테의 농생 7남매 가운데 여동생 한명을 제외한 나머지 6명이 어린 나이에 병에 걸려 죽었기 때문이다. 괴테의 부모에 있어서 살아남은 괴테 남매는 그야말로 금쪽같은 자식이었음을 우리는 얼마든지 상상해볼 수 있다. 그러나 천재 중의 천재였던 괴테는 아버지나 다른 교사들이 가르치는 공부에 별로 만족을 못하고 틈만 나면 거기에서 벗어나려고 몸부림을 친 것으로 보인다.282)

4층에는 이른바 시인의 방이라는 방이 있다. 그야말로 다락방처럼 조그마한 방인데 초라해 보이는 이 방이 사실은 세계 문학사의 한 페이지를 장식할 정도로 유명한 방이라 할 수 있다. 왜냐하면 이 작은 방에서 저 유명한 '젊은 베르테르의 슬픔'이 탄생되었기 때문이다. 괴테는 이 방에서 무엇에 홀린듯이 집필에 몰두하여 불과 3주 만에 젊은 베르테르의 슬픔을 탈고했다. 지난 200여년 동안 수많은 청춘남녀들을 울린 낭만주의의 위대한 걸작이 이 초라한 방에서, 그리고 그렇게 짧은 시간에 탄생을 하다니 실로 신기루와 같은 사실이 아닐 수 없었다.

괴테의 집을 구경하고 있는 우리에게 안내를 맡은 가이드가 재미있는 이야기를 해주었다. 괴테가 소년시절에 불량소년들과 어울려 다니며 부모의 속을 어지간히 긁어 놓았다는 것이다. 그래서 괴테의 어머니는 매일 저녁마다 3층 창문에서 괴테가 속히 귀가하기를 손꼽아 기다리곤 했다. 이 이야기는 우리가 알던 괴테의 모범생 이미지와는 너무나 다른 이야기라 깜짝 놀랐던 기억이 난다. 나중에 '시와 진실'에서 밝힌 괴테의 소년 시절 기록을 읽고 나서야 나는 그토록 부모의 속을 썩인 괴테의 비행이 무엇인지를 알게 되었다.

괴테는 소년 시절에 우연한 기회에 하층 신분에 속하는 몇 명의 소년들을 알게 되었다. 괴테는 자주 그들과 어울려 다니며 그들이 요구하는 대로 연애편지를 대필해주거나 장례식 시 같은 것을 써주고 그대가로 받은 돈을 가지고 그 소년들과 함께 먹고 마시는 데 쓰곤 했다. 그런 가운데 괴테는 이 소년들과 인척관계에 있었던 그레트헨(Gretchen)이라는 처녀와 사랑에 빠지게 되었다. 괴테에게 찾아온 첫 사랑이었다.

그러나 소년 괴테를 들뜨게 했던 첫사랑은 비련으로 끝났다. 왜냐하면 괴테는 그 친구들의 부탁으로 시청의 일자리를 얻고자 하는 어떤 청년을 프랑크푸르트 시장으로 있는 외할아버지에게 소개해준 적이 있었는데, 이 청년이 어떤 범죄 집단에 관련된 사실이 밝혀졌기 때문이다. 이로 인하여 괴테와 그와 어울린 소년들, 심지어 그레트헨까지 시참사회에 불려가 심문을 받게 되었다. 결국 괴테는 상류사회의 이점을 이용하여 금새 풀려나왔지만, 하층 신분에 속했던 괴테의 친구들은 견책을 받게 되고, 괴테가 사랑하던 그레트헨은 프랑크푸르트에서 추방당하게 되었다. 이 일로 인하여 괴테는 자기 때문에 친구들과 그레트헨이 잘못되었다는 자책감으로 인하여 지독한 불안과 초조 속에서 나날을 보내다가 그만 병까지 얻게 되었다.[283] 결국 괴테는 이 사건으로 인하여 그토록 좋아하던 프랑크푸르트 도시 자체를 싫어하게 되었다. 괴테가 아버지의 희망대로 라이프치히 대학으로 서둘러 떠난 것은 바로 이 때문이었다.

괴테를 잘 모르는 사람에게 있어 괴테의 집은 그저 세계적인 문학가인 괴테라는 사람이 태어나고 자란 상류사회의 저택 중의 하나에 불과하다. 그러나 괴테의 전기나 자서전을 읽은 사람, 혹은 젊은 시절에 가슴 졸이며 '젊은 베르테르의 슬픔'을 읽었던 추억을 간직한 사람들에게 괴테의 집은 방이나 복도 혹은 가구 하나 하나마다 각별한 의

미로 다가올 수 밖에 없다. 그리고 대문호의 숨결과 발자취가 곳곳에 서려 있음을 실감하게 된다.

뢰머 광장 주변에 숨어있는 독일의 역사

괴테의 집을 나와 필자가 향한 곳은 프랑크푸르트의 대표적인 명소인 뢰머(Römer) 광장이다. 뢰머는 로마인을 가리키는 독일어인데, 로마 제국 시대에 이곳에서 로마인이 살았다고 해서 붙여진 이름이다. 뢰머 광장에 들어서자 특이하면서도 아름다운 중세식 건물 세 채가 필자의 눈을 사로잡았다. 이 건물들은 한결같이 45도 각도로 가파르게 올라간 지붕의 모서리 부분을 계단식으로 깍아 세운 건물로서 그 특이한 구조 때문에 주위 경관을 압도하고 있다. 이 건물들은 개인의 저택으로 사용되던 것을 15세기 초에 프랑크푸르트 시에서 사들여 시

뢰머 광장에 있는 중세식 건물

청사로 이용했다고 한다.

이 건물들이 유명해 진 또 다른 이유는 프랑크푸르트에서 선출되던 역대 신성로마제국 황제의 즉위 축하연이 베풀어지던 장소였기 때문이다. '시와 진실'에 보면 괴테의 나이 15세 되던 해인 1764년 4월 3일에 괴테는 프랑크푸르트 시장이었던 자기 외할아버지 덕분에 시청사 2층에 자리를 잡고 새로 황제가 된 요제프 2세의 대관식 장면을 구경했으며, 그 날 저녁에는 시청사에서 개최된 황제 즉위식 축하연을 연회장 계단에 서서 생생하게 지켜볼 수 있었다. 괴테는 온통 진주와 보석을 박아놓은 황제의 붉은 실크 예복과 왕관, 왕홀 등을 황홀한 눈으로 바라보았다고 기록하고 있다.284)

괴테는 또 자기 외할아버지 덕분에 이곳 시청사를 지키는 수위 아저씨와 친하게 지나면서 황제층계로 알려진 계단으로 올라가 새빨간 벽포와 색다른 당초무늬의 금줄로 장식된 황제가 머물던 방도 구경했으며, 귀빈에게만 관람이 허락되는 금인칙서도 관람했다. 이것을 보는 순간 소년 괴테는 흥분을 감출수가 없었고, 상상의 날개를 마음껏 펼 수 있었다고 말하고 있다.

뢰머 광장 주변을 찬찬히 살펴보면 의외로 역사적인 건물들이 많이 있다는 것을 알게 된다. 그 가운데서도 프랑크푸르트 대성당은 9세기 카롤링 왕조때에 건축하기 시작하여 수백 년의 증개축을 통해 완성된 아름다운 성당이다. 이 성당은 1152년부터 신성로마제국의 황제 선출이 이루어졌고, 1562년부터는 황제의 선출과 대관식이 동시에 개최되었던 유서깊은 성당이다. '시와 진실'에 보면 1764년 4월 3일에 행해진 황제 대관식의 화려한 행렬 장면이 상세하게 나타나 있다. 또,

이날 괴테가 자기의 첫사랑인 그레트헨과 팔장을 끼고 인파로 북적이는 시내 이곳 저곳을 돌아다니며 마음껏 즐기는 모습이 나온다.[285)]

뢰머 광장 주변에는 또 하나의 유명한 교회 건물이 있다. 바로 파울(Paul) 교회이다. 이 건물은 1833년에 완공된 건물로 전체적으로 둥그런 형태로 된 아담한 교회 건물이다. 그러나 이 교회는 독일의 역사에 반드시 등장하는 중요한 교회이다. 왜냐하면 이 교회는 1848년에 있었던 프랑크푸르트 국민의회가 개최되었던 장소이기 때문이다. 1848년 프랑스에서 일어난 2월 혁명의 영향으로 독일에서는 3월 혁명이 일어났다. 그 결과 당시 35개 국가와 4개의 자유시로 분열되어 있었던 독일은 역사상 처음으로 민주적인 방식으로 대표를 선출하여 국민의회를 구성했다. 그리고 1848년 5월 1일에 각 지역에서 뽑힌 대표들이 한자리에 모여 국민의회를 개회했는데, 국민의회가 열린 장소가 바로 파울교회였던 것이다.

파울 교회에 모인 국민의회 대표들은 1년여 동안 진지한 토론을 이어가서 마침내 독일의 통일 방안을 마련했다. 그러나 이들이 천신만고 끝에 마련한 통일의 청사진은 프랑크푸르트 국민의회에서 황제로 추대하기로 한 프로이센 국왕의 반대로 인해 실패로 끝나고 말았다. 나는 서양근대사를 가르칠 때마다 프랑크푸르트 국민의회에서 제기했던 자유주의적인 통일 방안이 실현되지 못한 것을 아쉬워한다. 왜냐하면 이 국민의회의 실패는 결과적으로 비스마르크의 철혈정책에 근거한 군국주의적 독일통일로 가는 길을 열어 주었고, 더 나아가 제1차, 제2차 세계대전이라는 독일사의 큰 비극을 초래하는 중요한 모티브가 되었기 때문이다.

7. 뮌헨의 역사 산책

바이에른 왕국의 수도, 뮌헨

뮌헨은 독일사에서 자주 나오는 바이에른(Bayern) 왕국의 수도였다. 바이에른 왕국은 19세기에 35개 국가와 4개의 자유시로 이루어진 독일연방의 강대국 순위에서 오스트리아와 프로이센에 이어 제3위를 기록할 정도로 강력한 국가 중의 하나였다. 그래서일까. 바이에른은 1866년에 프로이센의 비스마르크가 오스트리아와 전쟁을 벌여 승리한 후 북독일연방을 구성했을 때 끝까지 비스마르크에 협조하지 않았던 남부 독일의 4개 국가 중 우두머리 국가였다.

현재도 바이에른 주는 독일의 16개 주 가운데 가장 큰 주로 인구만 해도 1,300만 명이 넘는다.

뮌헨은 또 세계 3대 축제 중 하나인 '옥토버 페스트'의 본고장으로 뮌헨하면 맥주가 떠오를 정도로 독일 맥주의 본고장이기도 하다. '옥토버 페스트'는 10월(Oktober)에 열리는 축제(Fest)란 뜻이다. 한편, 뮌헨은 우리나라 최초의 독일 유학생 중의 한명인 전혜린이 유학생활을 보낸 도시로서, 그녀가 남긴 "그

수도사의 모습이 그려진 뮌헨의 도시 휘장

리고 아무말도 하지 않았다"라는 책에서 자주 언급되었기 때문에 더 친근하게 느껴졌는지 모른다. 이런 저런 이유로 인해 뮌헨은 내가 독일의 도시 중에서 가장 가보고 싶었던 도시 중의 하나가 되었다.

뮌헨은 도시에서 남쪽으로 40킬로미터만 내려오면 알프스의 영봉들이 눈앞에 펼쳐질 정도로 알프스에서 가까운 도시이다. 그래서인지 뮌헨은 수도사들이 건설한 도시로 알려져 있다. 그것은 뮌헨이란 도시명이 '수도사들이 거하는 곳'이라는 뜻을 가진 무니헨(Munichen)에서 유래했다는 사실이나, 뮌헨의 도시 휘장에 수도사의 모습이 그려져 있다는 사실을 통해서 얼마든지 유추해 볼 수 있다.

뮌헨의 역사는 곧 비텔스바흐 가문의 역사

뮌헨의 역사는 곧 비텔스바흐(Wittelsbach) 가문의 역사이다. 1180년에 독일황제 프리드리히 바바로사(Friedrich Babarosa)로부터 바이에른의 대공 자리를 넘겨받은 이래 제1차 세계대전 직후인 1918년까지 무려 700년 이상이나 뮌헨을 지배했던 가문은 바로 비텔스바흐 가문이기 때문이다.

한편 바이에른 대공이 정식으로 왕이라는 칭호를 받은 것은 1806년부터이다. 당시 바이에른 대공인 막스밀리안(Maximilian) 1세는 자기의 딸을 나폴레옹에게 시집보내는 대신에 나폴레옹으로부터 왕의 칭호를 받았는데, 이때부터 바이에른은 왕국이 되고, 바이에른 대공은 바이에른 왕이 된 것이다. 바이에른 왕국은 1866년 프로이센이 오스트리아와의 전쟁에서 승리한 후 북독일연방을 조직했을 때에는 프로이센에 굴복하지 않았으나, 1871년 프로이센이 프랑스와 전쟁을 벌이자 여론에 떠밀려 할 수 없이 프로이센 편에 가담하고, 이후 프로이센이 중심이 된 독일제국에도 편입했다. 그러나 왕의 칭호는 그대로 사용했다. 그러다가 제1차 세계대전에서 독일제국이 패배하면서 바이에른을 지배하던 비텔스바흐 왕가도 물러나게 되었다. 1919년 2월에는 잠시 바이에른 공산당이 집권하기도 했으나, 곧 공화국 정부가 들어섰다. 그 이후에는 히틀러 같은 극우주의자들의 중심무대가 되어, 뮌헨은 나치당의 본거지가 되었다. 그 인연 때문인지 뮌헨은 제2차 세계대전 중 연합군의 집중 폭격을 당해 도시 전체가 대부분 파괴되는 비운을 겪기도 했다.

뮌헨 관광의 일번지, 마리엔 광장과 레지던츠 궁전

2010년에 필자는 뮌헨의 이곳저곳을 돌아볼 기회를 가졌다. 필자는 특히 뮌헨의 대표 관광지인 마리엔(Marien) 광장을 중심으로 그 일대를 집중적으로 살펴보았다. 마리엔 광장은 신시청사 앞의 광장을 말한다. 광장 중앙에 마리아상이 높이 서 있는데 이 상은 뮌헨의 기준점 역할을 한다고 한다. 마리엔 광장에 우뚝 서있는 신고딕 양식의 건물은 신시청사이다. 신시청사는 1867년에 시작해서 1909년에 완성되었다고 하는데, 이 건물은 85미터 높이의 중앙첨탑을 중심으로 양쪽으로 거대한 건물들이 늘어서 있으며, 안으로도 몇 겹으로 형성된 건물들이 놓여있는 아주 복잡한 형태의 건물이다. 또한 모든 건물에는 정교한 조각과 장식물들이 빈틈없이 채워져 있어 보는 이들을 압도하고 있다. 그 조각들은 주로 바이에른의 왕과 성자들, 그리고 신화

뮌헨의 마리엔 광장 주변에 우뚝 서있는 신시청사와 프라우엔 성당

의 주인공들을 소재로 삼은 것들이라고 한다. 마치 성당 건물로 오해할만한 뮌헨의 신시청사 건물과 비슷한 시청건물을 나는 빈에서도 본 적이 있다. 시청사 건물 하나도 이렇게 예술적으로 짓는 독일 사람들의 장인 정신이 부러운 생각이 들었다.

마리엔 광장 인근의 골목 길에는 프라우엔(Frauen) 성당이 우뚝 서있다. 이 성당은 1488년에 완공된 후기 고딕양식에 속하는 뮌헨 최대의 성당으로서, 쌍둥이처럼 솟아있는 두 개의 탑이 유명하다. 북탑은 99미터, 남탑은 100미터로 두 탑의 높이는 조금 차이가 있다.

뮌헨을 대표하는 궁전인 레지덴츠(Residenz) 궁전은 신시청사에서 걸어서 10분 거리에 있다. 이 궁전은 비텔스바흐 가문이 거주하기 위해 지은 궁전으로 1384년에 짓기 시작하여 여러 차례 확장을 거듭해서 오늘의 모습을 갖추었다고 한다. 이 궁전에는 모든 공간이 황금색으로 장식된 갤러리가 있는데, 이 갤러리는 역대 왕들의 초상화를 전시한 공간이라고 한다. 역대 왕들은 죽어서도 화려한 장식으로 뒤덮

뮌헨의 님펜부르크 성

인 초상화로 남아서 이 궁전에서 일어나는 일들을 지켜보는 것 같은 생각이 들었다. 이 궁전은 또 길이가 88미터에 이르는 르네상스 양식의 거대한 대형 홀로도 유명하다. 지금은 일반시민들도 임대료만 지급하면 누구나 빌려서 연회장으로 쓸 수 있다고 한다. 다만 임대료 자체가 어마어마하게 비싸서 웬만한 부자가 아니면 이용하기가 쉽지 않겠다는 생각을 했다.

레지덴츠 궁전과 함께 뮌헨을 대표하는 궁전인 님펜부르크(Nymphenburg) 성은 도시 성곽 바깥쪽에 자리잡고 있다. 이 성은 1664년부터 100년 이상에 걸쳐 건설된 건물로서 비텔스바흐 가문이 여름 궁전으로 조성한 궁전이다. 요정의 성이라는 뜻을 가진 님펜부르크 궁전은 좌우 대칭의 건물을 가진 바로크식 건물이다. 이 궁전은 꽃의 여신인 플로라와 그녀가 거느린 요정들을 그린 중앙 홀의 천장화와 30명이나 되는 미인들의 초상화가 전시되어 있는 갤러리가 유명하다. 무엇보다 이 궁전을 더욱 유명하게 만든 것은 이 궁전에 딸린 거대하고 아름다운 정원이다. 이 정원은 1701년에 베르사유 궁전의 정원을 설계했던 카르보네가 설계한 것으로 정원 곳곳에 있는 각종 조각과 분수가 특히 유명하다. 이 정원을 포함하여 님펜부르크 궁전은 유럽에서 가장 아름다운 궁전으로 손꼽히고 있다.

맥주의 본고장, 뮌헨

마리엔 광장 가까운 곳에 호프 브로이하우스(Hofbräuhaus)가 있다. 이곳은 1589년 빌헬름 5세에 의해 설립된 바이에른 왕실 지정 양조장으로, 3,000명 정도의 인원을 수용할 수 있는 세계에서 가장 크고, 유명한 맥주홀이다. 이곳에는 지금도 저녁이면 수많은 시민들이 모여들어 브로이하우스의 상표가 새겨진 맥주잔으로 생맥주를 마시며, 큰 소리로 떠들기고 하고, 브라스밴드에 맞추어 춤을 추기도 하는 뮌헨 최고의 맥주홀이라고 한다. 독일인들이 이러한 맥주홀에 와서 큰 소리로 떠들며 맥주를 마시는 이유는 무엇일까. 그것은 아마도 평소 질서와 법을 잘 지키며, 겉으로 표정을 잘 나타내지 않는 독일인들이 나름대로 내면에 쌓인 스트레스를 푸는 방법이 아닌가 생각된다. 그러고 보니 1920년대 초에 떠돌이 퇴역군인에 불과했던 히틀러가 선동적인 연설로 나치당의 우두머리로 크게 부상했던 장소가 다름 아닌 뮌헨의 맥주홀이었다는 사실도 어느 정도 이해될 것 같다는 생각이 들었다.

옥토버 페스트가 열리는 중심 장소는 뮌헨 중심가에서 조금 떨어진 곳에 있는 테레지엔비제(Theresienwiese)광장이다. 그 광장은 평소에는 가끔 각종 행사나 경기가 열리는 것 외에는 한적한 광장이지만

9월말이 되면 엄청난 시설물들이 들어차고, 셀 수조차 없이 많은 맥주통과 맥주컵이 왔다갔다 하는 장관을 이루는 곳이다. 옥토버 페스트 때 이곳을 찾는 사람만 해도 600만 명이나 된다고 하니 축제의 규모가 어느 정도인지 상상이 잘 가지 않았다.

'검은 9월단'의 테러로 얼룩진 뮌헨 올림픽 경기장

뮌헨을 출입할 때 눈에 금방 들어오는 건물 중의 하나는 1972년 뮌헨 올림픽 주경기장 건물이다. 독특한 외관을 가진 이 경기장은 아크릴을 강철로 연결한 건물로서 당시만 해도 현대 건축의 상징물처럼 여겨지던 건물이었다. 그리고 그 옆에는 올림피아 탑이 높이 솟아 있는데 지금도 이 탑은 뮌헨에서 가장 높은 건물이다. 그러나 뮌헨 올림픽 하면 우선 떠오르는 것은 '검은 9월단'의 테러 사건이다. 이 사건은 팔레스타인계의 테러 단체인 검은 9월 단원 8명이 이스라엘 선수들을 인질로 잡고 협상을 벌리다가 협상이 잘못되어 결국 이스라엘 측 인질 9명이 사망하고, 범인측도 5명이 사살되는 대참사로 연결된 사건이다. 이 사건으로 올림픽 사상 처음으로 경기장에 조기가 게양되는 일도 있었다. 이 참사 후 이스라엘의 정보기관인 모사드는 뮌헨 테러를 계획한 검은 9월단의 배후 인물들을 추적하여 차례차례 암살했는데, 그 암살 과정을 그린 영화가 바로 2005년에 스티븐 스필버그 감독이 만든 '뮌헨'이다.

나치스의 본고장, 뮌헨

뮌헨은 또 하나의 쓰라린 기억을 갖고 있다. 그것은 바로 뮌헨이 과거 히틀러와 나치스의 본고장이라는 것이다. 1920년에 극우 민족주의와 반유대주의를 강령으로 하는 나치당이 만들어지고 그 당수로 취임한 히틀러가 최초로 힘을 과시한 장소가 바로 뮌헨이었다. 히틀러는 1923년 11월 9일 뮌헨에서 폭동을 일으킨 후 나치스의 깃발을 내걸고 시가지를 행진했다. 그러나 뮌헨 경찰의 발포로 인하여 나치의 폭동은 실패로 끝나고, 히틀러는 체포되어 수감생활을 해야 했다.

그러나 1933년 히틀러가 수상이 되면서 뮌헨은 다시 나치당의 본거지가 되어, 뮌헨에는 나치당 본부 건물이 들어섰으며, 왕의 광장에는 총통의 건물들이 들어섰다. 뮌헨을 방문하면서 필자는 히틀러가 만일에 뮌헨 폭동 시 경찰의 발포로 사망했거나, 아니면 히틀러의 악마성을 간파한 누군가가 그를 암살했더라면 독일, 아니 세계의 역사는 얼마나 달라졌을까 하는 상상을 해보며 혼자서 쓴 웃음을 지은 적이 있다.

뮌헨이 나치당과 매우 밀접한 관계가 있다는 것은, 1933년 나치당이 집권한 후에 건설한 독일 최초의 강제수용소가 이곳 뮌헨의 외곽지대인 다하우(Dachau)에 세워진 것만 보아도 알 수 있다. 다하우 강제 수용소에는 모두 26만 명이 넘는 유대인과 정치범들이 수용되었는데, 그 가운데 공식적으로 사망한 사람만 31,591명인 것으로 알려져 있다. 이 수용소는 가스실과 시체소각장실을 갖추었으며, 생체실험까지 자행된 악명 높은 수용소였다. 이 수용소가 더 악명이 높았던 이유는 바로 이곳에서 최초로 실험된 처형방식이나 시체처리 방식이 다른 강제수용소에도 그대로 적용되었기 때문이다. 특히 폴란드에 세워진 수많은 절멸 수용소들은 이곳 다하우 수용소에서 이용된 방식을 그대로 모방하여 수백만 명의 유대인을 가스실로 보내 죽이고, 또 소각장에서 그들의 시체를 처리했던 것이다. 지금도 다하우 수용소를 방문하면 연합군이 수용소를 점령하면서 찍었다는 사진들이 전시되어 있는데, 그 처참한 모습에 누구든지 고개를 돌리게 된다.

전혜린의 추억이 깃든 슈바빙 거리

이곳 뮌헨은 한국인 여성 최초 독일 유학생이었던 전혜린의 발자취가 숨어있는 도시이기도 하다. 전혜린은 1955년에 뮌헨의 명문 대학인 루트비히 막시밀리안(Ludwig-Maximilian) 대학교에 입학을 해서 4년간 이곳에서 대학 생활을 했다. 그 때 그녀가 매일 같이 걸었던 거리가 바로 슈바빙(Schwabing)이었다. 전혜린은 1956년에 같은 독일유학생인 어느 법학도와 결혼해서 딸까지 낳았다. 그후 1959년에 뮌헨에서 대학을 졸업하고 한국으로 귀국한 그녀는 여러 편의 독일 문학 작품을 한국어로 번역하여 이름을 날렸으며, 대학의 교수자리까지 얻을 수 있었다.

그러나 너무 젊은 나이에 갑자기 유명인사가 된 것이 부담스러웠던 것일까. 누구보다 치열하게 살았던 그녀는 1965년 초에 갑자기 수면제 과다 복용으로 31세의 생을 마감했다. 너무나 아까운 나이였다. 이와 같이 그녀가 젊은 나이에 스스로의 삶을 끝냈던 이유는 무엇일까? 우선, 남성이 모든 것의 중심이었던 당시 한국 사회에서 유학까지 다녀온 여자 지성인이 겪어야 했던 고뇌와 갈등을 들 수 있을 것이다. 그리고 남편과의 이혼에 따른 후유증도 거론되고 있다.

그러나 필자는 뮌헨에서의 외로운 대학생활을 견디기 위하여 그녀가 심취했던 니체나 헤세, 그리고 루이저 린저(Luise Rinser)의 허무주의적인 책들도 큰 몫을 했을 것이라고 생각한다. 또 한 가지 추가할 것이 있다. 바로 뮌헨의 독특한 풍경과 기후이다. 전혜린의 유고집인 '그리고 아무 말도 하지 않았다'에 보면, 그녀는 뮌헨을 회상하면서 "덥지 않은 도시, 안개 낀 비가 자욱이 가려 덮고 있는 도시, 이것이 내 마음 속에 아로새겨진 뮌헨의 이미지다"라고 쓰고 있다. 저녁 가로등 사이로 안개 낀 비가 자욱이 내릴 때는 누구라도 허무하고 애잔한 감정을 갖게 된다. 바로 그런 분위기 속에서 고독한 유학생활을 보내다 보니 그녀는 자기도 모르게 허무주의적인 감정에 빠져든 것은 아니었을까. 어찌되었든 뮌헨은 설레는 마음으로 이 도시로 찾아든 필자에게 즐거운 생각보다는 우울한 생각들을 더 많이 연상시킨 덕분에 필자는 인간과 역사에 대한 풀리지 않는 숙제들을 안고 어두운 마음으로 서둘러 이 도시를 떠났다.

8. 하이델베르크의 역사 산책

'황태자의 첫사랑'의 무대, 하이델베르크

필자가 하이델베르크(Heidelberg)에 꼭 가보고 싶었던 이유 중의 하나는 바로 청소년 시절에 본 '황태자의 첫사랑'이란 영화 때문이었다. 1954년에 미국에서 나온 황태자의 첫사랑은 하이델베르크를 무대로 프로이센의 황태자인 칼과 여관집 딸로서 호프집에서 일하는 캐시와의 이루어질 수 없는 사랑을 다룬 뮤지컬 영화였다. 그 영화에는 하이델베르크의 아름다운 풍광과 함께 하이델베르크 대학의 고풍스런 모습, 그리고 그 영화의 주무대라고 볼 수 있는 대학가 술집에서 학생들이 맥주를 마시며 드링크! 드링크! 라고 외쳐대는 모습이 너무 인상적이었다. 특히 주인공인 황태자가 부르는 노래는 전부 당대의 세계적인 테너 가수였던 마리오 란자(Mario Lanza)가 대신하여 불렀는데, 그가 부르는 감미로운 노래들은 대학생활의 낭만과 첫사랑의 애잔함을 상기시켜 주기에 충분했다. 황태자의 첫사랑을 본 순간부터 필자는 막연히 하이델베르크에 대한 환상을 갖게 되었다.

필자의 환상이 현실로 이루어진 것은 2000년도에 왔다. 그 해에 학과 교수들과 함께 서유럽 여행을 다녀올 기회가 있었는데, 그 때 필자는 독일 여행 코스에서 반드시 보아야 할 대상으로 프랑크푸르트와 하이델베르크를 추천했다. 그러한 필자의 제안이 받아들여져서 학과 교수 일행은 함께 프랑크푸르트와 하이델베르크를 답사할 수 있었다. 하이델베르크는 프랑크푸르트에서 버스로 3시간 이내에 충분히 갈 수 있는 곳이었다. 하이델베르크를 들어섰을 때 제일 먼저 들어오는 고성의 모습을 보았을 때 필자는 마치 꿈에만 그리던 동화 속의 나라에 온 것처럼 탄성을 질렀다.

하이델베르크의 역사는 곧 파괴의 역사

하이델베르크는 현재 독일 바덴뷔르템베르크(Baden-Württemberg) 주에 속하는 도시로서 인구는 15만여 명밖에 되지 않는 중소규모의 도시에 불과하다. 그러나 독일사에서 그 도시가 갖는 역사적 의미와 독일의 지성사에서 그 도시가 지니는 역사적 가치는 결코 무시할 수 없다고 본다.

하이델베르크가 처음 독일 문헌에 등장하는 것은 1155년이다. 이 해에 독일의 호헨슈타우펜(Hohenstaufen) 가문이 하이델베르크를 중심지로 하는 팔츠(Pfalz) 지역의 백작이 되었다는 기록이 나온다. 그 후 1214년부터 팔츠백작 자리는 비텔스바흐가로 넘어가게 되었다. 팔츠백작은 1356년에 신성로마제국의 황제인 칼 4세가 내린 황금칙서에 의해 신성로마제국 황제의 선출권을 가진 일곱 제후, 즉 7선제후 중의 하나가 되었다. 이와 같이 7선제후 중의 하나인 팔츠백작이 통치하는 지역의 중심지가 바로 하이델베르크였던 것이다. 하이델베르크성은 1225년에 처음 축조된 이래 여러 차례의 증개축을 통해 해자와 보루를 갖춘 난공불락의 요새로 거듭나게 되었다.

그러나 이러한 하이델베르크의 견고한 요새들은 17세기 초 독일에서 일어난 최대의 종교전쟁인 30년 전쟁 때 철저하게 무너져 내렸다. 30년 전쟁 때 하이델베르크는 다른 도시에 비해 더 극심한 파괴를 당했는데, 그 이유는 바로 하이델베르크를 지배하던 팔츠백작 프리드리히 5세가 당시 황제와 가톨릭에 대항하는 신교파의 핵심인물 중의 한 사람으로 전쟁의 도화선을 제공한 사람이었기 때문이다.

그리하여 팔츠백작의 본거지인 하이델베르크는 어느 성보다 황제군의 제1차 공격 목표가 되었다. 가톨릭 동맹군의 총사령관인 틸리(Marshal Tilly) 백작이 이끄는 황제군은 1622년에 하이델베르크 성을 지키던 신교 군대를 무찌르고 성을 점령한 후 닥치는 대로 성을 파괴했다. 그러나 1633년에는 독일의 신교측 군대를 도와주던 스웨덴 군대가 다시 성을 탈환했다. 이후 1648년에 전쟁이 끝날 때 까지 하이델베르크성은 신교와 구교 군대가 번갈아 점령하는 사태가 반복되었고, 그 때마다 성의 파괴는 계속되었다.

30년 전쟁이 끝난 후 다시 팔츠백작이 된 사람은 프리드리히 5세의 아들인 카를 루트비히(Carl Ludwig)였다. 그는 하이델베르크 성의 재건 작업을 시작했다. 그는 또 자신의 딸을 프랑스 루이 14세의 동생인 오를레앙 공작에게 시집을 보냈다. 그러나 그가 죽은 후 팔츠의 후계자가 없는 것을 알게 된 프랑스의 루이 14세는 자기의 동생에게 팔츠의 계승권이 있다고 주장하며 독일을 침략했는데 이것이 바로 세계사 책에 등장하는 팔츠계승전쟁이다. 프랑스군은 1689년과 1693년에 두 차례에 걸쳐 아직도 복구공사가 끝나지 않은 하이델베르크 성을 점령했다가 떠나며 곳곳에 불을 지르고, 성벽과 성탑까지 철저하게 파괴했다.

이렇게 되자, 1720년에 팔츠백작이 된 카를 필립(Carl Philipp)은 팔츠의 수도를 만하임으로 옮겨버렸다. 하이델베르크성은 1750년대에 와서 일부 복구되기도 했으나, 1764년 6월 24일에 일어난 낙뢰와 그 뒤를 이은 화재로 말미암아 또 다시 극심하게 파괴되었다. 이와 같이 연달아 발생한 파괴의 상처로 인해 이 성의 지배자는 넌덜머리가 난 탓일까. 낙뢰 사건 이후 하이델베르크성에 대한 복구계획은 두 번 다시 추진되지 않았으며, 성은 폐허 그대로 방치되었다. 그리하여, 1838년에 이곳을 방문한 빅토르 위고는 성을 둘러본 후 “이 성은 유럽을 뒤흔든 모든 사건의 피해자다”라고 탄식을 했다. 1890년에 성을 다시 복구하려는 움직임도 있었으나, 이 때도 성의 완전한 재건은 포기한 채 불에 탄 내부만 복구공사를 진행하여 현재 우리가 보는 하이델베르크 성의 모습을 갖추게 되었다. 제2차 세계대전 때 독일의 대부분의 도시들이 연합군의 폭격을 당했으나, 하이델베르크 주변에 특별한 산업시설이 없다는 이유로 이 성이 폭격을 당하지 않았다는 것이 그나마 다행이라고 할 수 있었다.

폐허화된 고성의 매력을 지닌 하이델베르크 성

그러나 하이델베르크성이 폐허 상태를 유지한 것이 꼭 불운한 결과만을 초래했다고는 볼 수 없다. 왜냐하면 오늘날에 와서 하이델베르크를 찾는 사람이 많아지면서 그 성의 미학적, 예술적 가치를 높게 평가하는 사람도 많아졌기 때문이다.286) 오늘 날 하이델베르크를 찾는 사람들이 가장 보고 싶어 하는 것은 역시 고성이며, 그것도 뼈대

하이델베르크 고성

만 앙상하게 남은 폐허 그대로의 고성이다. 사람들은 이 폐허화된 성터에서 고성의 매력에 흠뻑 빠지며, 그 속에서 과거로의 여행을 꿈꾸는 것이다.

붉은 사암으로 지어진 고성은 여기 저기 파괴의 흔적들이 진하게 남아있는 외부의 모습과는 달리 성의 내부는 어느 정도 옛 모습을 많이 간직하고 있다. 이 중에서 성의 앞쪽에 있는 루프레히트(Ruprecht)관은 성에서 가장 먼저 지어진 건물로서, 목에 올가미를 걸고 서로 싸우는 원숭이 상이 새겨져 있는 것으로 유명하다. 또 루프레히트관의 왼쪽에 있는 건물에는 1층에서 3층까지 성경 및 우주의 별과 관련된 인물상들이 빼곡하게 새겨져 있다. 그리고 성의 지하실에는 술통관이 있는데 여기에는 용량이 무려 22만 리터나 되는, 세계 최대의 와인 술통이 있다.

하이델베르트성의 정원에는 한 구석에 "여기서 나는 사랑을 하고 그리하여 사랑을 받으며 행복하였노라"라는 괴테의 시가 새겨진 비석이 있다. 괴테는 그의 나이 67세 때 이곳에서 유부녀인 마리안네를 만나 사랑을 하게 되었다. 그러나 유부녀라는 제약으로 인하여 그 사랑은 조기에 끝나고 말았으며, 괴테는 그녀와의 애달픈 사랑을 담은 시집을 내는 것으로 위안을 삼아야 했다.

30년 전쟁과 팔츠계승전쟁의 상처는 하이델베르크성에만 해당되는 것이 아니었다. 하이델베르크 시내도 마찬가지였다. 겉으로만 보면 빨간 지붕을 한 고풍스런 집들이 가득 찬 하이델베르크는 중세 시대의 모습 그대로를 간직한 것처럼 보인다. 그러나 내막을 살펴보면, 중세 시대 혹은 근대 초기의 모습을 그대로 간직하고 있는 건물은 성령교

네카어 강에 놓인 카를 테오도어 다리 부근의 하이델베르크 구시가지 모습

회(1436), 왕실 마구간(1590), 기사회관(1592) 정도이고, 대부분의 건물들은 18세기 바로크 양식으로 새로 지어진 건물들이다. 중세시대에 지어졌던 건물들은 30년 전쟁과 팔츠계승전쟁을 겪으면서 대부분 파괴되었기 때문이다.

독일 최초의 대학인 하이델베르크 대학

영화 '황태자의 첫사랑'에 등장하는 하이델베르크 대학은 팔츠의 선제후였던 루프레히트(Ruprecht) 1세가 교황의 인가를 받아 1386년에 세운 대학이다. 독일 최초의 대학으로 유명한 하이델베르크 대학은 종교개혁 후 팔츠 선제후의 요청으로 신교인 칼뱅주의를 받아들였으며, 이로 인해 전 유럽에서 칼뱅주의를 신봉하는 교수와 학생들이 몰려들어 대학의 전성기를 이루었다. 그러나 그 대가는 컸다. 왜냐하면 30년 전쟁과 팔츠전쟁 때 하이델베르크 대학의 모든 건물들은 도시의 건물들과 마찬가지로 철저하게 파괴되었기 때문이다.287)

대학이 안정기에 들어선 것은 1803년 하이델베르크가 바덴주로 넘어가면서부터이다. 이때부터 바덴주로부터 재정지원을 받으면서 하이델베르크 대학에는 전국에서 우수한 교수와 학생들이 몰려들었다. 이 대학은 특히 철학, 의학, 법학, 자연과학 분야에서 이름을 날렸는데, 유명한 독일 철학자 헤겔도 이 대학의 교수로 근무한 적이 있었다. 유명한 실존철학자인 칼 야스퍼스도 이 대학의 교수였다. 이 대학은 7명의 노벨상 수상자를 배출하면서 더욱 유명해졌다.

하이델베르크 대학을 구경할 때 빠지지 않고 보는 것이 바로 학생감옥이다. 중세 이래 대학은 치외법권 지대였기 때문에 유럽의 대학들은 학생 범죄자를 직접 처리했다. 죄의 경중에 따라 3일에서 4주까지 형량은 다양했다. 학생감옥에 수감된 학생들은 처음에는 빵과 물만 주었으나 나중에는 감옥에서 술파티를 벌이는 경우가 많았으며, 학생감옥에 갇히는 것을 명예로 생각해 자진해서 범죄를 저지르는 경우도 있었다. 학생 감옥의 벽에는 당시 수감된 학생들이 무료함을 달래기 위해 적어놓은 온갖 낙서가 가득하여 또 하나의 관광거리를 제공하고 있다.

9. 로텐부르크의 역사 산책

중세 독일 도시의 모습을 완벽하게 간직한 도시

독일의 관광 코스로 유명한 길 가운데 로맨틱 가도가 있다. 로맨틱 가도는 중세의 분위기를 물씬 풍기는 도시들을 연결하는 가도로서, 프랑크푸르트에서 출발하여 뷔르츠부르크, 로텐부르크, 아우크스부르크를 거쳐 마지막으로 백조의 성이 자리잡고 있는 퓌센에 이르는 가도이다. 이 로맨틱 가도에 있는 도시들 중에서도 백미에 속하는 도시가 바로 로텐부르크(Rotenburg)이다. 이 도시는 중세의 보석으로 불릴 정도로 독일의 도시들 중에서도 중세의 도시 모습을 가장 완벽하게 간직하고 있는 도시로 유명하다.

필자가 로텐부르크라는 도시의 이름을 처음 알게 된 것은 1980년대 말이었다. 그 때 필자가 사는 청주 중앙공원 앞에 로텐부르크라는 생소한 이름의 상호를 가진 독일식 정통 레스트랑이 생겼다. 안에 들어가면 독일식 분위기를 살리느라고 검은 색의 큰 술통을 군데군데 놓고 독일의 민속 복장을 한 종업원이 음식을 날라 주던 모습이 떠오른다. 불행히도 그 레스트랑은 2년 만에 문을 닫았지만 필자는 처음으로 독일에 로텐부르크라는 도시가 있다는 사실을 알게 되었고, 또 그 도시를 마음에 품게 되었다.

로텐부르크의 독일식 공식 이름은 "타우버 강위의 로텐부르크(Rothenburg ob der Tauber)"이다. 로텐부르크라는 도시가 다른 곳에서도 몇 개 더 있기 때문에 이곳의 도시를 다른 곳의 도시와 구분하기 위해서 이런 긴 이름을 붙였다고 한다. 그리고 로텐부르크(Rothenburg)에서 '로텐(Rothen)'은 '붉다'라는 말이고, 부르크(burg)란 말은 성이란 뜻이니 로텐부르크는 '붉은 성'이란 뜻이다. 실제로 로텐부르크의 성벽에 올라서면 이 말이 실감이 된다. 왜냐하면 대다수 건물들의 지붕들이 온통 붉은 색을 띠고 있어서 글자 그대로 붉은 색의 향연을 보여주고 있기 때문이다.

로텐부르크에 들어서면 마치 중세 도시 사람의 하나가 되어 중세의 골목을 거니는 것 같은 묘한 기분을 느끼게 된다. 또 어떤 때는 마법의 집들이 가득찬 동화속의 한 장면 속에 들어온 것 같은 착각에 빠지기도 한다. 왜냐하면 동화 속의 집들처럼 꽃으로 장식한 예쁜 집들과 비현실적인 풍경들이 여기저기 펼쳐지기 때문이다.

30년 전쟁에서 도시를 구한 시장의 와인 마시기

로텐부르크 성이 건설된 것은 1142년이었다. 그러나 로텐부르크가 역사 속에 등장한 것은 1172년에 신성로마황제 프리드리히 1세가 이 도시를 자치도시로 인정하는 칙령을 발표한 다음부터이다. 칙령 발표 후 많은 이주민들이 이 도시로 몰려들면서 이 도시는 상업의 중심지로 번창하기 시작했으며, 수공업 생산도 착실하게 증가하기 시작했다. 1274년에는 자유제국도시로 지정을 받아 로텐부르크는 더욱 발전하게 되었다. 15세기 이후에는 주변 도시들이나 군주들과의 동맹을 통해 이미 획득한 자유제국도시의 지위를 유지하고 보존하는 데 치중했다.

그러나 로텐부르크는 30년 전쟁을 겪으면서 큰 피해를 당하게 되었다. 이때 로텐부르크는 신교연합에 가입을 했는데 이로 인해 여러 차례 구교에 속하는 황제군의 침입을 받게 되었다. 1631년 10월 30일에 황제군이 침입했을 때는 간발의 차이로 피해를 면할 수 있었는데, 이와 관련해서 전설처럼 전해 내려오는 유명한 일화가 있다. 당시 황제군이 도시를 점령하자, 로텐부르크 시장이던 누쉬(Georg Nusch)가 황제군의 장군인 틸리(Marshal Tilly)와 담판을 벌였는데, 이때 틸리는 누쉬에게 3리터의 와인을 단숨에 마시면 물러가겠다고 약속했다. 이것은 사실상 실현 불가능한 요구였지만, 어떻게든 로텐부르크를 살려야 한다는 집념에 불타 있었던 누쉬가 죽기를 각오하고 커다란 잔에 채워진 3리터의 와인을 단숨에 다 마시자 결국 그 용기를 가상하게 여긴 틸리의 황제군은 물러가게 되었다. 지금도 그 신화같은 이야기는 한 시간 간격으로 시청의 시계탑에서 빙빙 돌아가는 시장인형에 의해 재현되고 있다. 또한, 이 신화는 로텐부르크에서 가장 유명한 축제인 성령강림절 행사에서도 재현되고 있다.

이러한 신화는 30년 전쟁 당시 로텐부르크가 처했던 절박한 상황을 잘 말해준다. 그 후에도 이 도시는 황제군에 의해 몇 차례 더 정복되었는데, 그 때마다 막대한 배상금을 지불하고 화를 면하곤 했다. 그러나 30년 전쟁이 끝난 후에도 배상금의 지불을 노리는 침략군들의 행렬은 계속되었고, 그 때마다 로텐부르크는 막대한 돈과 재산을 강탈당했다. 이와 같이 침략을 받을 때마다 끝까지 맞서 싸우기보다는 막대한 돈을 지불하고 침략자들을 돌려보내는 로텐부르크식의 생존방식은 막강한 힘을 가진 주변 세력들 가운데서 로텐부르크가 살아남을 수 있는 최선의 방법이었는지 모른다. 어찌되었든 이러한 생존방식 때문에 로텐부르크는 침략자들에 의한 무차별적인 파괴를 당하지 않고 오늘날까지 중세도시의 모습을 온전히 보존해서 후손에게 물려주었다고 볼 수 있다.

시민들이 힘을 합쳐 지켜낸 도시의 풍경들

이와 같이 수많은 침략을 당하면서 온전하게 자치도시의 전통을 지켜왔던 로텐부르크에게 어떻게 손을 쓸 수 있는 여지도 없는 가운데 갑자기 불행한 일이 닥쳤다. 1803년에 프랑스의 나폴레옹과 신성로마제국 황제 사이의 협약으로 인하여 로텐부르크가 어느 날 갑자기 바이에른 왕의 손으로 넘어갔던 것이다. 이것은 자유제국도시로, 또 독립된 도시공화국으로 600년간이나 이어졌던 로텐부르크의 자유와 자치의 특권이 대부분 상실되었음을 의미한다. 1810년에는 더 고통스러운 손실이 있었다. 즉, 바이에른과 뷔르템베르크사이의 협정의 결과 로텐부르크 영토의 대부분은 뷔르템베르크 영토로 귀속되었던 것이다. 로텐부르크는 이제 아무런 자치권도 행사할 수 없는 평범한 상업도시로 살아갈 수 밖에 없었다.

로텐부르크는 제2차 세계대전의 환난도 피해갈 수 없었다. 제2차 세계대전이 끝나갈 무렵인 1945년 3월 31일에 로텐부르크는 연합군의 대대적인 폭격을 당하여 건물의 약 40%가 파괴되었던 것이다. 로텐부르크 시민들의 필사적인 복구공사로 인해 도시는 다시 옛 모습을 되찾게 되었으나, 전쟁의 상흔은 로텐부르크 곳곳에 남게 되었다.

이와 같이 로텐부르크의 파란만장한 역사를 알게 되니 이 도시의 모습이 예사롭지 않게 느껴졌다. 겉으로는 한없이 아름답고 평화롭게

한 시간 간격으로 누쉬 시장의 '와인 마시기'를 재현하는 로텐부르크 시청의 인형들

보이는 로텐부르크가 사실은 다른 도시들처럼 수많은 외세의 침략을 당했다는 사실이 놀라웠고, 또 그 때마다 시민들이 힘을 합쳐 모든 위기를 슬기롭게 잘 극복하면서 중세의 도시 모습을 지금까지 잘 보존해 왔다는 사실도 놀라웠다. 한마디로, 중세 도시 로텐부르크는 저절로 만들어진 것이 아니라 이를 지키기 위한 시민들의 필사적인 투쟁과 노력들이 쌓여 이룩된 것이다.

필자가 로텐부르크 성문을 지나서 안내받은 곳은 바로 시청 광장이었다. 이 광장에 서니 중세도시 로텐부르크의 진면목을 한눈에 보는 것 같았다. 고색창연한 아름다운 건물들은 바라보는 것만 가지고도 중세도시의 분위기를 물씬 풍기는 것 같다. 대부분의 독일 도시들이 다 그러하듯이 로텐부르크의 주요 건물들도 시청 광장주변에 몰려 있다. 그 중에서도 가장 눈에 띠는 건물은 시청 건물이다. 이 시청 건물은 이중의 구조로 되어 있는 것이 특징이다. 1375년에 지어졌다는 시청의 중심부분은 고딕양식으로 되어 있고, 1578년에 지어졌다는 그 옆의 부속 건물은 르네상스 양식으로 되어 있다. 시청과 마주보고 있는 푸주한 홀(Butcher's Hall)은 중세에 이 도시에 살았던 푸주한들이 도축한 고기를 바닥에 놓을 때 사용한 건물인데, 오늘날에는 예술가들의 전시실로 이용되고 있다. 푸주한들의 거래처가 예술가들의 전시실로 변모한 것이다.

시청 광장의 북쪽 부분은 시의회 의원들이 술을 마시던 음주실로서, 이 곳은 로텐부르크를 지배했던 고위층 인사들의 회합장소이기도 했다. 이 건물의 바깥쪽에는 1683년에 제작된 천문시계가 있다. 천문시계는 각기 시간, 달, 태양의 위치를 나타내는 세 가지 시계로 나누어져 있다. 그리고, 이 천문시계 탑에 30년 전쟁 당시 황제군의 파괴로부터 도시를 구출한 누쉬 시장이 거대한 잔에 와인을 마시는 모습을 묘사한 인형들이 놓여져 있다. 그 인형들은 한 시간에 한번 씩 두 개의 창문에 빙글빙글 돌면서 나타났다가 사라지는데 그 짧은 순간을 놓치지 않기 위해 수많은 관광객들이 시청 광장을 가득 메우고 있다.

로텐부르크의 일반 가옥들은 보통 3~4층 건물로 되어 있으며, 지붕은 보통 삼각형으로 된 가파른 형태의 주황색 지붕으로 되어 있다. 이 도시의 가옥에서 볼 수 있는 또 하나의 특징은 중세 도시의 모습을 그대로 보존하기 위하여 호텔이나 레스트랑 등 상업 시설들을 별도로 짓지 않고, 옛날 건물의 외관은 그대로 놓아둔 채 내부만 개조한다는 것이다. 그리고 상업시설을 표시하는 상호도 건물에서 바깥쪽으로 매단 철제 걸개에다 간략하게 표시하고 있는데, 그 걸개에는 사

로텐부르크 중심 도로. 카페를 표시하는 상가 표지판이 인상적이다.

자, 노루 등 그 상점과 연관된 문장(紋章)들이 매달려 있는 모습이 매우 인상적으로 느껴졌다.

로텐부르크는 중세의 도시답게 장난감이나 기념품 상점들이 많이 있다. 필자는 시청 광장 주변의 상점들을 구경하다가 우연히 크리스마스 관련 물품을 파는 어떤 상점에 들어가게 되었다. 그 때는 5월인데도 상점 안에 들어가니 필자가 지금 크리스마스가 가까운 12월 어느 날에 크리스마스 선물을 사기 위해 이 매장에 들어온 것처럼 넓은 가게 안은 온통 크리스마스 장식과 기념품들로 가득했다. 알고 보니 이 상점은 세계적으로 유명한 크리스마스 관련 상품 판매장이라고 한다. 필자는 매장 안을 구경하며 이 상점이야 말로 1년 내내 사람들을 크리스마스 분위기에 젖게 만드는 매력적인 가게라는 생각이 들었다.

로텐부르크는 야경꾼 나이트 투어로도 유명한 도시이다. 나이트 투어를 신청하는 사람들은 저녁 8시부터 한시간 동안 한손에는 등불을 들고 한손에는 중세시대의 창을 든 야경꾼을 따라 성의 골목골목을 다니며 로텐부르크의 역사와 전설을 듣게 된다. 이 때 투어 참가자들은 중세의 흑사병 이야기, 30년 전쟁과 3리터가 넘는 포도주잔을 단숨에 마셔 도시를 구한 시장의 이야기 등 이 도시만이 간직한 비밀스런 이야기들을 들으며 중세도시로의 시간여행을 마음껏 즐길수 있다. 그러나 필자는 정해진 스케줄 때문에 해가 지기 전에 아쉽게도 로텐부르크로를 떠나야 했다.

〈주〉

1) 라틴어로는 아르미니우스(Arminius)라고 부른다.

2) 널 맥그리거(김희주 옮김), 《독일사 산책》, 도서출판 옥당, 2018, 147쪽.

3) 카알 대제는 프랑스어로 샤를마뉴(Charlemagne) 대제라고 한다.

4) 하겐 슐체(반성완 옮김), 《새로 쓴 독일역사》, 지와 사랑, 2002, 60~63쪽.

5) 《새로 쓴 독일역사》, 71쪽.

6) 위의 책, 117~121쪽.

7) 위의 책, 45쪽.

8) 위의 책, 35쪽.

9) 마틴 키친(유정희 옮김), 《사진과 그림으로 보는 케임브리지 독일사》, 시공사, 77~85쪽.

10) 이민호, 《독일사》, 대한교과서, 1996, 102~103쪽.

11) 프리드리히 마이네케(이광주 옮김), 《독일의 비극》, 을유문화사, 1965, 76쪽.

12) 《독일사》, 103쪽.

13) 1740년대에 프로이센의 영토가 된 슐레지엔은 계속 독일 영토로 남아 있었으나, 제2차 세계대전 이후 폴란드 영토가 되었다. 현재 폴란드 인구의 25퍼센트 정도가 슐레지엔에 살고 있다.

14) 《새로 쓴 독일역사》, 77~78쪽.

15) 위의 책, 109~110쪽.

16) 《케임브리지 독일사》, 173~174쪽.
17) 위의 책, 175쪽.
18) 《새로 쓴 독일역사》, 140~141쪽.
19) 《독일의 비극》, 99쪽.
20) 《새로 쓴 독일역사》, 150쪽.
21) 디트릭 올로(문수현 옮김), 《독일현대사》, 미지북스, 2019, 21쪽.
22) 제바스티안 하프너(안인희 옮김), 《비스마르크에서 히틀러까지》, 돌베개, 2020, 7쪽.
23) 《독일현대사》, 28쪽.
24) 위의 책, 30쪽.
25) 《비스마르크에서 히틀러까지》, 56~62쪽.
26) 《새로 쓴 독일역사》, 181~182쪽.
27) 《비스마르크에서 히틀러까지》, 79쪽.
28) 《독일현대사》, 70쪽.
29) 위의 책, 109쪽.
30) 《새로 쓴 독일역사》, 186쪽.
31) 《독일현대사》, 109쪽.
32) 《비스마르크에서 히틀러까지》, 90쪽.
33) 《새로 쓴 독일역사》, 202쪽.
34) 《독일현대사》, 145쪽.
35) 김정섭, 《낙엽이 지기 전에 -1차 세계대전 그리고 한반도의 미래-》, MID, 2017, 127쪽.
36) 《독일현대사》, 174쪽.
37) 《비스마르크에서 히틀러까지》, 119쪽.
38) 《낙엽이 지기 전에 -1차 세계대전 그리고 한반도의 미래-》, 236~238쪽.

39) 《새로 쓴 독일역사》, 202~204쪽.
40) 《독일현대사》, 200쪽.
41) 《비스마르크에서 히틀러까지》, 151쪽.
42) 《독일현대사》, 227쪽.
43) 《케임브리지 독일사》, 269쪽.
44) 위의 책, 270쪽.
45) 《독일현대사》, 244쪽.
46) 《새로 쓴 독일역사》, 220~224쪽.
47) 벤저민 카터 헷(이선주 역), 《히틀러를 선택한 나라》, (주)눌와, 2022, 31쪽.
48) 차하순, 《서양사총론》, 탐구당, 2010, 1069쪽.
49) 《독일현대사》, 261쪽.
50) 위의 책, 319쪽.
51) 《새로 쓴 독일역사》, 228~229쪽.
52) 《독일현대사》, 322쪽.
53) 《새로쓴 독일역사》, 241~250쪽.
54) 《히틀러를 선택한 나라》, 117~119쪽.
55) 위의 책, 66~68쪽.
56) 《히틀러를 선택한 나라》, 192~196쪽.
57) 《독일현대사》, 343쪽.
58) 《케임브리지 독일사》, 286쪽.
59) 《독일현대사》, 323쪽.
60) 《비스마르크에서 히틀러까지》, 208쪽.
61) 《히틀러를 선택한 나라》, 179~182쪽.
62) 랄프 게오르크 로이트(김태희 옮김), 《괴벨스, 대중 선동의 심리학》,

교양인, 2020, 273쪽.
63) 《괴벨스》, 140쪽.
64) 《독일현대사》, 343쪽.
65) 《히틀러를 선택한 나라》, 217~219쪽.
66) 《괴벨스》, 338~344쪽.
67) 위의 책, 347쪽.
68) 《히틀러를 선택한 나라》, 228~232쪽.
69) 《괴벨스》, 359쪽.
70) 《히틀러를 선택한 나라》, 234쪽.
71) 위의 책, 369~373쪽.
72) 헨리 애슈비 터너 2세(윤길순 옮김), 《히틀러의 30일: 1933년 1월》, 수린재, 2005, 33쪽.
73) 《히틀러를 선택한 나라》, 254쪽.
74) 《히틀러의 30일: 1933년 1월》, 47쪽.
75) 《독일현대사》, 356~357쪽.
76) 《히틀러의 30일: 1933년 1월》, 11쪽.
77) 위의 책, 104쪽.
78) 《괴벨스》, 374~377쪽.
79) 위의 책, 377~378쪽.
80) 《히틀러의 30일: 1933년 1월》, 69쪽.
81) 위의 책, 153쪽.
82) 이상 슐라이허와 오스카, 파펜 및 힌덴부르크와의 관계에 대해서는 《히틀러의 30일: 1933년 1월》, 153~166쪽 참조.
83) 위의 책, 180~185쪽.
84) 《괴벨스》, 385쪽.

85) 《히틀러의 30일: 1933년 1월》, 191~197쪽.
86) 《케임브리지 독일사》, 293쪽.
87) 《히틀러를 선택한 나라》, 278쪽.
88) 《괴벨스》, 389쪽.
89) 《히틀러의 30일: 1933년 1월》, 207~210쪽.
90) 《케임브리지 독일사》, 293쪽.
91) 제임스 호즈(박상진 옮김), 《세상에서 가장 짧은 독일사》, 진성북스, 2023, 273쪽.
92) 《히틀러의 30일: 1933년 1월》, 235~236쪽.
93) 위의 책, 220쪽.
94) 《히틀러를 선택한 나라》, 350~351쪽.
95) 《비스마르크에서 히틀러까지》, 228쪽.
96) 바비 야르 학살은 독·소전쟁을 일으켜 소련을 침략한 나치 독일이 1941년 9월 29일에 우크라이나 키예프 근교의 협곡인 바비 야르에서 3만 명 이상의 유대인을 학살한 사건을 말한다.
97) 《히틀러를 선택한 나라》, 352~353쪽.
98) 《독일현대사》, 370쪽.
99) 《히틀러를 선택한 나라》, 288~289쪽.
100) 《케임브리지 독일사》, 296쪽.
101) 위의 책, 298쪽.
102) 《히틀러를 선택한 나라》, 308~311쪽.
103) 《괴벨스》, 443쪽.
104) 위의 책, 416쪽.
105) 《괴벨스》, 462쪽.
106) 위의 책, 555~558쪽.
107) 《케임브리지 독일사》, 307쪽.

108) 《세상에서 가장 짧은 독일사》, 284쪽.

109) 《독일현대사》, 370쪽.

110) 《새로 쓴 독일역사》, 268쪽.

111) 《비스마르크에서 히틀러까지》, 257~258쪽.

112) 티머시 스나이더(조행복 옮김), 《블랙어스》, 열린책들, 2018, 42쪽.

113) 《독일현대사》, 366쪽.

114) 《블랙어스》, 42쪽.

115) 위의 책, 27쪽.

116) 위의 책, 24쪽.

117) 《케임브리지 독일사》, 305쪽.

118) 《괴벨스》, 607~608쪽.

119) 위의 책, 602~603쪽.

120) 《사진으로 읽는 세계사 : 나치즘》, 103쪽.

121) 《새로 쓴 독일역사》, 248쪽.

122) 《괴벨스》 표지 글.

123) 위의 책, 497쪽.

124) 《비스마르크에서 히틀러까지》, 235~236쪽.

125) 《독일현대사》, 389쪽.

126) 위의 책, 394쪽.

127) 위의 책, 404쪽.

128) 《괴벨스》, 576~577쪽.

129) 13세기에 독일 기사단이 개척한 도시로 1871년 독일의 통일까지는 프로이센령이었으며, 나폴레옹 전쟁 때에는 프로이센의 임시수도가 되기도 했다. 제1차 세계대전 후에 리투아니아가 20년간 메멜을 차지했으나, 1939년에 히틀러의 협박에 못 이겨 다시 독일로 반환되었다. 제2차 세계대전 후에는 다시 리투아니아 영토로

편입되었으며, 도시명도 클라이페다(Klaipeda)로 개칭되었다.

130) 《케임브리지 독일사》, 319~320쪽.

131) 《독일현대사》, 411쪽.

132) 단치히는 제2차 세계대전 후 폴란드의 영토가 되었으며, 현재 이름은 그단스크이다.

133) 《괴벨스》, 646쪽.

134) A. J. P. 테일러(유영수 역), 《제2차 세계대전의 기원》, 페이퍼로드, 2020, 31쪽.

135) 《제2차 세계대전의 기원》, 402쪽.

136) 《독일현대사》, 422쪽.

137) 《케임브리지 독일사》, 324쪽.

138) 위의 책, 326쪽.

139) 《블랙어스》, 47~53쪽.

140) 《비스마르크에서 히틀러까지》, 278쪽.

141) 《제2차 세계대전의 기원》, 401쪽.

142) 《독일현대사》, 430쪽.

143) 《비스마르크에서 히틀러까지》, 280쪽.

144) 《블랙어스》, 74쪽.

145) 이상 독일군에게 재점령된 소련군 지역에서의 유대인 학살의 진상에 대해서는 《블랙어스》, 176~272쪽 참조.

146) 니콜라스 스타가르트(김학이 옮김), 《독일인의 전쟁 1939-1945》, 교유서가, 2024, 348쪽.

147) 《독일현대사》, 437쪽.

148) 《케임브리지 독일사》, 329쪽.

149) 홀로코스트 - 나무위키(인터넷) 참조.

150) 《블랙어스》, 290쪽.

151) 《독일현대사》, 538쪽.
152) 《독일인의 전쟁 1939-1945》, 28쪽.
153) 위의 책, 364쪽.
154) 《독일현대사》, 444쪽.
155) 《독일인의 전쟁 1939-1945》, 902쪽.
156) 위의 책, 27쪽.
157) 《괴벨스》, 896쪽.
158) 《비스마르크에서 히틀러까지》, 285쪽.
159) 《괴벨스》, 887쪽.
160) 《독일인의 전쟁 1939-1945》, 24~34쪽.
161) 위의 책, 912~918쪽.
162) 《케임브리지 독일사》, 333쪽.
163) 하랄트 얘너(박종대 옮김), 《늑대의 시간》, 위즈덤하우스, 2024, 449쪽.
164) 이상 2차 대전 후 독일 땅에서 벌어진 폭격으로 파괴된 건물들의 잔해 치우기, 민족 대이동 등에 대한 기록은 《늑대의 시간》, 37~118쪽 참조.
165) 《늑대의 시간》, 240~255쪽.
166) 위의 책, 291~295쪽.
167) 《독일인의 전쟁 1939-1945》, 754쪽.
168) 《늑대의 시간》, 440쪽.
169) 《독일인의 전쟁 1939-1945》, 779쪽.
170) 《늑대의 시간》, 462쪽.
171) 《독일인의 전쟁 1939-1945》, 26쪽.
172) 《세상에서 가장 짧은 독일사》, 285~286쪽.
173) 위의 책, 278~279쪽.

174) 《케임브리지 독일사》, 336쪽.

175) 바르사뱌 게토 봉기는 1943년 4월 19일 폴란드 바르샤바의 유대인 격리 구역인 게토에 거주하는 유대인들이 강제수용소로 끌려가지 않기 위해 일으킨 무장 봉기를 말한다.

176) 동아일보, 2023.4.21.

177) 《세상에서 가장 짧은 독일사》, 346쪽.

178) 동아일보, 2021년 6월 21일, A18면 기사.

179) 카스 무데(권은하 옮김), 《혐오와 차별은 어떻게 정치가 되는가》, 위즈덤하우스, 2021, 129쪽.

180) 동아일보, 2021년 10월 26일, A18.

181) 동아일보, 2022년 12월 9일, A18.

182) 《혐오와 차별은 어떻게 정치가 되는가》, 35쪽.

183) 요한 볼프강 폰 괴테(최은희 옮김), 《시와 진실》, 동서문화사, 2016, 15쪽.

184) 《시와 진실》, 41쪽.

185) 위의 책, 244쪽.

186) '슈트름 운트 드랑(Sturm und Drang) 운동'은 우리 말로 '질풍노도 운동'으로 번역된다. 1770~1790년대에 독일에서 전개된 문학운동으로 기존의 관습과 도덕에 저항하면서 개인적 감정과 자연을 중시하는 운동이다. 헤르더, 괴테 등에 의해 발전한 이 운동은 낭만주의 운동으로 연결되었다.

187) 《시와 진실》, 527쪽.

188) 위의 책, 758쪽.

189) 위의 책, 788쪽.

190) 《시와 진실》, 595~597쪽.

191) 요한 볼프강 폰 괴테(박찬기 옮김), 《젊은 베르테르의 슬픔》, 민음

사, 2017, 205쪽.

192) 요한 볼프강 폰 괴테(안삼환 옮김), 《빌헬름 마이스터의 수업시대》 1, 민음사, 2012, 1~547.

193) 《빌헬름 마이스터의 수업시대》 2, 241~243쪽.

194) 안삼환, "작품해설-인생에의 길을 탐구한 인식소설", 《빌헬름 마이스터의 수업시대》 2, 426~427쪽.

195) 위의 책, 434쪽.

196) 정서웅, "작품해설-인간 존재의 문제를 전형적으로 다룬 작품", 요한 볼프강 폰 괴테(정서웅 옮김), 《파우스트》 1, 민음사, 2017, 252쪽.

197) 《파우스트》 1, 253쪽.

198) 위의 책, 29~113쪽.

199) 위의 책, 114~250쪽.

200) 파우스트의 줄거리에 대해서는 《파우스트》 2, 131~389쪽 참조.

201) 정서웅, "작품해설", 《파우스트》 2, 400쪽.

202) 홍성광, "작품해설-자유와 정의, 격정과 혁명의 작가 실러", 프리드리히 실러(홍성광 옮김), 《빌헬름 텔·간계와 사랑》, 민음사, 2019, 468쪽.

203) 박찬기, "작품해설-군도", 실러(박찬기 옮김), 《군도》, 서문당, 1996, 7쪽.

204) 박찬기, "작품해설-군도", 8쪽.

205) 위의 책, 13쪽.

206) 홍성광, "작품해설", 《빌헬름 텔·간계와 사랑》, 468~475쪽.

207) 홍성광, "작품해설", 477쪽.

208) 《군도》, 282쪽.

209) 위의 책, 283쪽.

210) 홍성광, "작품해설", 《빌헬름 텔·간계와 사랑》, 478~482쪽.

211) 위의 책, 482~484쪽.

212) 《빌헬름 텔·간계와 사랑》, 99쪽.

213) 월터 카우프만(김태경 옮김), 《헤겔》, 한길사, 1987, 128쪽.

214) 피터 싱어(노승영 옮김), 《헤겔》, 교유서가, 23~29쪽.

215) 심옥숙, 《헤겔 역사철학강의》, 주니어김영사, 33쪽,

216) 피터 싱어(노승영 옮김), 《헤겔》, 166쪽.

217) 위의 책, 132쪽.

218) 위의 책, 132~135쪽.

219) 《헤겔 역사철학강의》, 14~17쪽.

220) 피터 싱어(노승영 옮김), 《헤겔》, 36쪽.

221) 《헤겔 역사철학강의》, 25~27쪽.

222) 브로노프스키·매즐리슈(차하순 옮김), 《서양의 지적 전통》, 홍성사, 1980, 594쪽.

223) 피터 싱어(노승영 옮김), 《헤겔》, 150쪽.

224) 프리드리히 마이네케(이광주 옮김), 독일의 비극, 을유문화사, 1965, 29쪽.

225) 피터 싱어(노승영 옮김), 《헤겔》, 184쪽.

226) 김희준, 《역사철학의 이해》, 고려원, 1995, 293쪽.

227) 프리드리히 니체(장희창 옮김), 《차라투스트라는 이렇게 말했다》, 민음사, 2020, 303쪽.

228) 장희창, "작품해설", 《차라투스트라는 이렇게 말했다》, 580쪽.

229) 《차라투스트라는 이렇게 말했다》, 586쪽.

230) 장희창, "작품해설", 《차라투스트라는 이렇게 말했다》, 588쪽.

231) 《차라투스트라는 이렇게 말했다》, 36~38쪽.

232) 위의 책, 20~22쪽.

233) 《차라투스트라는 이렇게 말했다》, 15쪽.

234) 장희창, “작품해설”, 《차라투스트라는 이렇게 말했다》, 594쪽.
235) 이상 니체의 영원회귀 사상에 대하여는 《차라투스트라는 이렇게 말했다》, 383~389쪽 참조.
236) 《차라투스트라는 이렇게 말했다》, 597쪽.
237) 위의 책, 295~296쪽.
238) 장희창, “작품해설”, 《차라투스트라는 이렇게 말했다》, 601~603쪽.
239) 제러미 시프먼(김병화 옮김), 《베토벤, 그 삶과 음악》, 포노, 2018, 70쪽.
240) 위의 책, 108쪽.
241) 위의 책, 119쪽.
242) 이상 베토벤의 사생활에 대한 내용은 《베토벤, 그 삶과 음악》, 142~159쪽 참조.
243) 《베토벤, 그 삶과 음악》, 195쪽.
244) 위의 책, 204쪽.
245) 로맹 롤랑(이정림 옮김), 《베토벤의 생애와 음악》, 범우사, 2022, 42쪽.
246) 작곡가별 명곡해설 라이브러리 ①, 《베토벤》, 음악세계, 2023, 62쪽.
247) 《베토벤, 그 삶과 음악》, 89~90쪽.
248) 위의 책, 34쪽.
249) 《베토벤, 그 삶과 음악》, 112쪽.
250) 《베토벤》, 26~42쪽.
251) 《베토벤, 그 삶과 음악》, 135쪽.
252) 《베토벤》, 74쪽.
253) 위의 책, 142쪽.
254) 위의 책, 450쪽.
255) 위의 책, 331쪽.

256) 위의 책, 176~177쪽.

257) 위의 책, 563쪽.

258) 《베토벤, 그 삶과 음악》, 107~110쪽.

259) 동프로이센의 중심 도시이며, 현재는 러시아의 영토인 칼리닌그라드이다.

260) 서정원, 《바그너의 이해》, 살림출판사, 1989, 9~10쪽,

261) 김문환, 《바그너의 생애와 예술》, 느티나무, 1997, 68쪽.

262) 《바그너의 이해》, 11~16쪽.

263) 위의 책, 64쪽.

264) 위의 책, 73쪽.

265) 《바그너의 생애와 예술》, 89쪽.

266) 《바그너의 이해》, 85~89쪽.

267) 《바그너의 생애와 예술》, 134쪽.

268) 《바그너의 이해》, 135쪽.

269) 《바그너의 생애와 예술》, 152쪽.

270) 이상 '니벨룽의 반지'의 구성에 대해서는 《바그너의 이해》, 92~94쪽 참조.

271) 《바그너의 이해》, 22쪽.

272) 위의 책, 44~50쪽.

273) 《바그너의 생애와 예술》, 189쪽.

274) 위의 책, 199쪽.

275) 닐 맥그리거(김희주 옮김), 《독일사 산책》, 도서출판 옥당, 2018, 544쪽.

276) 마틴 키친(유정희 옮김), 《케임브리지 독일사》, 383쪽.

277) 《독일사 산책》, 536~543쪽.

278) 위의 책, 543쪽.

279) 위의 책, 464쪽.

280) 위의 책, 137쪽.

281) 요한 볼프강 폰 괴테(최은희 옮김), 《시와 진실》, 동서문화사, 2016, 19~20쪽.

282) 《시와 진실》, 37쪽.

283) 위의 책, 217쪽.

284) 위의 책, 207쪽.

285) 위의 책, 210쪽.

286) 곽병휴, 《하이델베르크: 낭만적인 고성의 도시》, 살림지식총서, 2004, 29쪽.

287) 위의 책, 46쪽.

독일사의 이해를 넓히기 위한

독일 역사 산책

1판1쇄 2024년 6월 20일

저자 정선영
발행인 이경화

발행처 디자인21
주소 04560 서울특별시 중구 퇴계로 293-1 3층
전화 02-2269-6561(대)
팩스 02-2269-6568
e-mail 21publish@naver.com
블로그 https://blog.naver.com/publish21
홈페이지 https://21publish.co.kr

등록번호 제1-1128호
등록일자 1991.2.12

ISBN 978-89-6131-153-3 03920

정가 30,000원